## 이 책에 보내 주신 독자 여러분의 찬사

**"중학교 역사 교과 과정을 반영한 유일한 책!"**

지금껏 읽어 왔던 한국사 책과는 다릅니다. 학습 만화처럼 재미로만 읽는 책이 아닌, 아이들로 하여금 '왜?'라는 생각을 할 수 있게 해 주면서 시험 에도 많은 도움이 됩니다. 암기하는 역사가 아니라 아이 스스로 역사를 바 라보고 생각할 수 있는 능력을 키워 줍니다. 그리고 중학교 역사 교과 과 정을 그대로 반영한 유일한 책입니다. 깊이 있는 내용까지 다루고 있어서 한국사 능력 검정 시험을 준비하는 중이라면, 그리고 역사에 관심이 많은 초등 고학년들도 꼭 읽어 보길 추천합니다.

_ 한국어린이교육문화연구원 서평

**"한국사 능력 검정 시험에 좌절한 분이라면 반드시 읽으세요."**

중학생에게 어울릴 법한 책이고 추천하는 바이지만 사실 초등학생부터 한 국사 능력 검정 시험을 준비하는 분들에게도 아주 유용한 책이라 말하고 싶다. 한국사 능력 검정 시험에서 말도 안 되는 점수가 나오신 분들이라면, 그냥 천천히 읽어 보시기를 추천한다. 기출 문제만 풀다 보면 용어 정리에, 시대 흐름에, 왕 이름에, 나라 위치까지… 아이고, 헷갈려 하겠지만, 이 책 에서는 초등학생을 가르치듯이 정말 상냥하게 모든 설명이 잘되어 있다.

_ 세미님

**"역사의 기초를 다지기에 안성맞춤!"**

교과서를 보조해 줄 수 있는 중요한 내용이 다 들어 있어서 자습서로도 활 용도가 높다는 생각이 든다. 물론 역사 지식이 없는 성인들에게도 어렵지 않은 책이므로 역사 공부를 하려는 사람들에게는 기초 역사 지식을 확립 할 수 있도록 돕는다. 이 책으로 역사 지식을 한번 가볍게 알고 한국사 능 력 검정 시험에 도전해 보고 싶은 욕심도 생겼다.

_ 독서의계절님

**"우리 가족의 한국사 교과서!"**

중학교 다니는 아이들의 역사 공부는 물론 어른들의 한국사 공부나 한국 사 능력 검정 시험 대비에도 손색이 없을 것 같습니다. 가족들의 한국사 교 과서로 삼아도 될 정도로 좋은 책이라고 생각해서 일독을 권합니다.

_ k2aemong님

**"저도 읽고 싶은 생각이 들었습니다."**

초급 만화 한국사 등의 초등 도서들만 보다가 중학교 책을 보니 책의 분량에 놀라게 되더라고요. 그래도 중학교 선행 학습을 한다고 생각하고 이야기책 읽듯이 슥 훑어보라고 했어요. 내용 중에 그렇게 어려운 단어는 보기 힘든 것 같고, 가끔 어려운 단어가 나와도 책 한편에 설명을 해 주고 있어요. 흥미를 유발하는 역사적 사건들이 이어져서 저도 읽고 싶은 생각이 들 정도랍니다. 마지막 부분에 실제 중학교 언니오빠들이 이 도서를 읽고 활용한 수기들을 보니 더욱 믿음이 가더라고요. 실제로 보고 읽고 공부하는 당사자들의 경험에서 나오는 말들이 가장 와닿는 것 같아요.

_ 눈부신날에님

**"공무원 시험 준비의 탁월한 선택!"**

몇 년 후에 공무원 시험을 준비할 예정이기 때문에 역사에 관심을 갖고는 있었지만 본격적으로 공부다운 공부는 하고 있지 않았는데, 이 책을 먼저 접한 건 무엇보다도 탁월한 선택이었다. 책은 다소 두껍지만, 오랜 세월의 역사를 한 번에 정리해서 전달한다는 의미에서 정말 대단하다는 생각을 가지게 되었다. 이 책을 통해서 한국사를 다시금 새롭게 시작할 수 있었다.

_ 라따뚜이님

**"만화책 보듯 단숨에 읽었어요."**

공부한다는 마음으로 읽을 생각이었는데(교과서처럼 생김, ㅎㅎ), 술술 재미있게 읽었다. 시대의 배경을 쉽게 풀어서 설명해서 내용을 이해하는 데 좋았다. 역사는 암기라고 생각했는데, 의외로 만화 보듯 읽었다. 초점이 학생들에게 맞추어져 있어서 그런지 전혀 어렵지 않았다. 역사를 어려워하는 학생들에게 정말 좋은 책이다.

_ 조리퐁님

**"입체적인 전달 방식이 아주 좋았어요."**

단순히 역사적 사실을 기술한 것이 아니라, 적절한 그림과 사진을 통해서 이미지화를 극대화했고, 이를 통해서 청소년들이 역사를 보다 입체적으로 쉽게 배울 수 있다는 점이 가장 주목할 만했습니다. 한국사와 세계사의 연관성, 역사를 알아야 하는 목적성 등을 이 책을 통해 확실히 알 수 있을 것입니다. 많은 분들이 가볍게 접해 보실 것을 권해 드립니다.

_ myliferandom님

# 한 번에 끝내는 중학 한국사

① 선사 시대부터 고려 시대까지

# 한 번에 끝내는 중학 한국사

① 선사 시대부터 고려 시대까지

ⓒ 김상훈, 2021

초판 1쇄 발행 2021년 11월 26일
초판 4쇄 발행 2025년  1월 25일

지은이    김상훈
펴낸이    이성림
펴낸곳    성림북스

책임편집  이양훈
디자인    이인선

출판등록  2014년 9월 3일 제25100-2014-000054호
주소      서울시 은평구 연서로3길 12-8, 502
대표전화  02-356-5762
팩스      02-356-5769
이메일    sunglimonebooks@naver.com

ISBN     979-11-88762-34-7 04910
         979-11-88762-33-0 (set)

한 번에 끝내는

| 김상훈 지음 |

# 중학 한국사 ①

선사 시대부터 고려 시대까지

성림원북스

# 역사 교과서를 어려워하는
# 여러분의 고민을 해결해 드립니다

5년 전이었습니다. 둘째 아들이 중학교 2학년에 올라갈 무렵이었어요. 학교에서 2학년 교과서를 받아 왔습니다. 저는 《통 세계사》와 《통 한국사》를 비롯해 꽤 많은 역사 서적을 출간했습니다. 역사 분야에 관심이 많으니 대뜸 역사 교과서에 손이 갔어요. 아들이 2학년 때 배울 역사 과목은 '역사 1'이었습니다. '역사 2'는 3학년 때 배운다더군요.

당시 역사 교과서는 상당히 많은 정보를 담고 있었습니다. 제가 중학교 시절에 보았던 역사 교과서와는 비교가 되지 않을 정도로 완성도가 높았어요. 중학생 때 교과서만 충실하게 공부해도 고등학교 진학 후 역사 공부가 아주 수월할 거라는 생각이 들었어요. 심지어 오랜 시간 여러 권의 역사책을 쓴 제가 아들의 교과서를 보면서 역사의 맥을 다시 정리할 수 있을 정도였어요. 역시 여러 전문가들이 머리를 맞대니 좋은 책이 나오는구나, 라고 생각했습니다.

그런데 아들은 뜻밖의 이야기를 했어요. "애들이 제일 싫어하는 과목이 역사." 라는 거예요. 아이들 표현으로는 '극혐'이라고 하더군요. 제가 보기에 정말 잘 만든 교과서건만, 아이들은 책을 펼치는 것조차 싫어한다고 했습니다. 이유가 뭘까요? 간단했습니다. 무슨 말인지 도통 알아들을 수가 없다는 거예요.


다시 역사 교과서를 펼쳐 보니 아들의 말을 이해할 수 있었습니다. 중학교 2학년의 눈높이가 아니었습니다. 저처럼 역사 지식이 어느 정도 있는 사람에게는 좋은 책이지만, 역사 지식이 부족하고 아직 지적 능력이 충분히 발현되지 않은 열네 살 청소년이 소화하기에는 어려웠던 겁니다.

지나치게 많은 정보가 짧은 분량에 압축되어 있었어요. 역사 분야에서는 백지 상태나 다름없는 중학교 2학년에게는 압축된 정보를 풀어 낼 능력이 없습니다. 어려운 용어가 많고 이야기는 너무 적었어요. 그러니 아이들 눈에 들 수가 없겠죠.

그때 일종의 '중학 역사 교과서 해설서'를 만들어 보는 건 어떨까 하는 생각을 했습니다. 중학생의 눈높이에서 친절하게 역사의 흐름을 짚어 주고, 어려운 용어는 풀어 주며, 스토리를 들려주면서 역사를 보다 친근하게 공부할 수 있도록 말이지요. 물론 학교 시험에 큰 도움이 되어야 하는 것은 당연합니다. 청소년들에게는 학교 성적이 중요한 현실이니까요.

중학 역사 교과서 9종을 구입해 비교하고 분석했습니다. 그 결과, 다음과 같은 원칙을 정해 책을 지었습니다.

첫째, 역사의 큰 줄기와 9종 교과서에 공통적으로 수록된 내용은 모두 정리한다.

둘째, 일부 교과서에는 누락돼 있지만 5종 이상에서 다룬 내용은 가급적 정리한다.

셋째, 일부 교과서에만 수록돼 있지만 흥미로운 부분은 가급적 포함시킨다.

넷째, 어려운 용어는 풀어서 설명한다.

다섯째, 고등학교 과정에 대비해 꼭 알아 두면 좋을 내용은 추가한다.


이게 4년 전인 2017년의 일이었습니다.


그로부터 4년이 지난 2021년, 중학교 역사 교과 과정이 개편되었습니다. 다시 중학교 역사 교과서를 구입해 과거와 비교해 보았습니다. 많이 달라졌더군요.

일단 한국사와 세계사를 분리했습니다. 역사 1에서 세계사를, 역사 2에서 한국사를 공부하도록 구성되었죠. 장단점이 있겠지만, 세계사와 한국사를 분리하면 학생들이 쉽게 이해하는 데 도움이 될 것 같습니다. 게다가 새로운 교과서에는 지도가 많아서 학생들이 스스로 공부하기에 좋아진 점은 장점으로 꼽을 만합니다.

여기에 덧붙여 특히 달라진 점이 있습니다. 정보량이 많이 줄었어요. 구체적으로 서술하기보다는 개괄적으로, 그러니까 중요한 내용을 대충 추려서 진술하는 방식을 택했습니다. 역사를 깊이 이해하는 것보다는 폭넓게 이해하는 쪽으로 교육 방향을 바꾸었다는 생각이 들었습니다.

하지만 역사를 공부하다 보면 때로는 깊이 들어가야 할 때도 있습니다. 수박 겉핥기식의 공부로는 역사를 제대로 이해할 수 없습니다. 배경 지식을 모르고서는 역사적 사건의 의의에 대해서도 알 수 없습니다.

이런 점 때문에 개편된 역사 교과서 역시 역사 공부에 취약한 아이들에게는 지루한 책이 될 확률이 높습니다. 저는 4년 전에 출간했던 《교과서가 쉬워지는 통 한국사 세계사》(전3권)를 다시 쓰면서 예전에 세운 다섯 개의 원칙을 그대로 지키기로 했습니다.

마지막으로 이 책을 효과적으로 공부하는 방법을 알려 드리겠습니다. 《통 한국사 세계사》를 읽는 방법과 동일합니다. 중요한 것은 실천이지, 번드르르한 설명이 아니니까요.

첫째, 평소에 교양서적 읽듯이 혹은 소설책을 본다고 생각하면서 부담 없이 읽는 게 중요합니다. 물론 요즘 아이들은 책보다 게임을 좋아하니 쉽지 않을 수 있습니다. 독서하는 것 자체를 공부로 생각하니까요. 하지만 독서만큼 실력을 키워 주는 것은 없습니다. 독서하는 습관을 꼭 길러야 합니다.

둘째, 책을 읽을 때는 각 장의 도입부에 제시된 학습 목표를 염두에 두는 것이 좋습니다. 그 목표를 생각하면서 독서를 하면 나머지 부분은 다 잊더라도 큰 역사의 흐름과 맥은 제대로 짚을 수 있습니다.

셋째, 여러분의 교과서에 나오는 지도와 그림, 사진을 잘 활용하세요. 이 책을 읽으면서 교과서에 나오는 지도와 그림, 사진을 참고하면 내용이 더 잘 이해될 거예요.

넷째, 시험 기간이 중요합니다. 시험 기간에 반드시 이 책을 다시 읽어야 합니다. 이때는 시험 범위에 해당하는 구간을 집중적으로 읽도록 하세요. 2~3회 반복해서 읽다 보면 많은 내용을 이해할 수 있을 겁니다. 그러면 암기하기에도 훨씬 쉬워져요.

역사는 외우는 것이 중요한 과목이기는 합니다. 다만 역사의 맥과 흐름을 이해하고 암기하느냐, 어려운 용어를 제대로 알고 외우느냐, 아니면 닥치는 대로 암기하느냐에 따라 역사에 대한 관심도나 이해도, 시험 점수가 달라집니다.

이 책이 대한민국 청소년들이 역사에 관심을 갖는 작은 계기가 되기를 바랍니다. 또한 이 책을 통해 청소년들의 역사 시험 점수가 쑥쑥 올라가기를 기대합니다. 역사는 빠져들수록 재미있는 학문입니다. 여러분도 느껴 보세요.

김상훈

# 교과서보다 더 교과서 같은 중학교 역사 지침서

송림중학교 역사 교사 정희연(전국역사교사모임 소속)

한국사가 수능의 필수 과목이 되었습니다. 절대 평가로 등급을 매기기 때문에 난이도가 높지는 않지만, 고등학교 과정에서 한국사 과목은 1학년 과정에 배치되어 있어 나중에 수능을 앞두고 다시 공부해야 하는 번거로움이 있습니다. 게다가 세계사의 맥락이 잡혀 있지 않은 상태에서 한국사를 정확히 이해하기가 쉽지 않은데, 현재의 역사 교육 과정은 한국사와 세계사가 분리되어 있을 뿐만 아니라 세계사를 선택하지 않으면 아예 공부할 기회조차 없습니다.

과제는 또 있습니다. 최근 역사 교육계는 지식을 습득하기보다는 역사적 사고력을 기르는 토론과 글쓰기 수업을 강조하고 있습니다. 역사적 사고력은 시대적 배경을 고려한 역사의 맥락을 이해하는 것이 바탕이 되어야 합니다. 하지만 여러 가지 이유로 행간의 의미를 압축하거나 생략할 수밖에 없는 교과서 서술만으로는 성과를 기대하기 힘든 것이 현실입니다.

《한 번에 끝내는 중학 한국사》(전2권)는 제목에서 알 수 있듯이, 중학생 수준에서 한국사를 이해하기에 적합하도록 구성되어 있습니다. 우선 읽기 쉬운 구어체로 서술되어 딱딱하지 않게 접근할 수 있고, 누군가 옆에서 이야기를 들려주는 것 같은 착각을 일으킬 정도로 부드럽게 책장을 넘기면서 이해할 수 있도록 돕습니다.

특히 교과서에는 싣기 힘든 설화나 뒷이야기 등을 자세히 서술함으로써 흥미를 잃지 않도록 해 줍니다. 역사의 큰 흐름과 구체적 사실을 때로는 망원경으로 넓게 조망하고, 때로는 현미경으로 세세하게 짚어 내어 역사적 맥락을 이해하도록 도와줍니다. 또한 중학교 교육 과정과 동일하게 차례가 구성되어 교육 과정 순서대로 학습을 해 나갈 수 있습니다. 역사 전개 과정이 시기별로 나뉘어 있지만, 이해를 돕는 데 필요하다면 어느 지점에서든 해당 부분을 설명하고 넘어갑니다. 이러한 구성과 서술은 한국사와 세계사를 연결하면서 이해의 폭을 넓혀 줍니다. 그리고 무수히 많은 역사적 사실들을 씨줄과 날줄로 촘촘하게 엮어 내면서 교과서 서술에서 생략되어 있는 행간의 의미를 찾아 줍니다. 이를 통해 한국사와 세계사의 경계, 시대사와 주제사의 경계 등에서 나타나는 간극을 메우고 독자로 하여금 온전한 역사적 실체에 접근하도록 안내합니다.

각 장의 서두에는 핵심을 짚어 내는 질문을 던집니다. 이 질문이 호기심을 자극

해 새로운 페이지에 대한 기대를 갖게 함과 동시에, 자칫 사실의 망망대해에서 길을 잃기 쉬운 독자들에게 답을 찾아 나가도록 하는 지침이 되어 줍니다. 이 책은 역사를 어려워하고 두려워하는 청소년들의 새로운 길이 되어 줄 것입니다.

# 그래서 《한 번에 끝내는 중학 한국사》는 다릅니다!

**1** 개정된 새 역사 교과서에 완벽하게 맞추었습니다

이 책은 2020년에 새롭게 펴낸 중학교 역사 교과서의 교과 과정에 맞추어 구성했습니다. 교과서는 물론 문제집, 참고서와 함께 공부할 수 있는 최적의 교재입니다.

**2** 중학교 역사를 쉽고 깊이 있게 해설한 유일한 책입니다

참고서나 자습서에서 제시하는 요약 형태의 설명이 아니라, 청소년 누구나 쉽게 이해할 수 있도록 재미있는 이야기 형태로 서술하였습니다. 중학교 교과서를 쉽고 깊이 있게 전달하는 대한민국 유일의 해설서임을 자부합니다.

**3** 고등학교 과정에 대비할 수 있도록 구성했습니다

모든 중학교 교과서의 내용을 총망라할 뿐 아니라, 반드시 알아야 할 역사 상식을 폭 넓게 다루어 고등학교 교과 과정을 위한 선행 학습에도 대비했습니다.

# 《한 번에 끝내는 중학 한국사》, 이렇게 **활용**하세요!

**1**
### 이야기책을 읽듯이 부담 없이 즐기세요
공부를 한다는 생각보다는 옛날이야기를 듣거나 소설을 읽는다는 마음으로 재미있게 즐기세요. 그러다 보면 머릿속에 저절로 들어올 거예요.

**2**
### 각 장의 시작 부분에 제시한 학습 목표를 마음에 새기세요
도입부에 제시한 학습 목표를 생각하면서 읽으세요. 질문의 답을 찾아가는 방식으로 읽으면 더욱 쉽게 익힐 수 있습니다.

**3**
### 교과서의 지도와 사진, 그림을 함께 보세요
중학교 교과서는 시각적으로 아주 훌륭한 책입니다. 이 책을 읽으면서 교과서에 있는 지도와 그림 등을 참고한다면, 더욱 쉽게 이해할 수 있습니다.

**4**
### 시험 기간에는 반드시 2~3번 반복해서 읽으세요
역사는 외우는 것이 중요한 암기 과목이지만, 내용을 이해하면 보다 쉽게 외울 수 있어요. 시험 범위에 해당하는 부분을 2~3번 반복해서 읽으면 내용을 쉽게 이해할 수 있어서 보다 좋은 성적을 얻을 거예요.

**차례**

 **선사 문화와 고대 국가의 형성**
: 우리 민족의 뿌리를 찾다

## 1 선사 문화와 고조선
└최초의 국가를 세우다

## Ⅱ 남북국 시대의 전개
: 남북에서 두 나라가 성장하다

### 5 신라의 삼국 통일과 발해의 건국
└민족 문화 발전의 토대를 만들다

### 6 남북국의 발전과 변화
└신라와 발해, 이름을 떨치다

# I

# 선사 문화와
# 고대 국가의 형성

우리 민족의 뿌리를 찾다

약 70만 년 전 만주와 한반도에 인류가 살았어요. 우리의 역사가 바로 이때부터 시작됐지요. 역사 이전의 이 시기를 선사 시대라고 해요. 이 단원에서는 선사 시대의 문화부터 고조선을 거쳐 부여, 동예, 옥저와 같은 여러 나라들의 이야기를 할 거예요.

그다음에는 삼국 시대로 여행할 거예요. 고구려, 백제, 신라의 건국 과정과 이들 나라가 국가의 체제를 정비해 가는 모습을 먼저 이야기하고, 이어 세 나라의 문화에 대해서도 살펴볼 거랍니다.

세 나라의 역사를 따라가다 보면 중국의 여러 나라들이 등장할 수도 있어요. 비단 삼국 시대뿐 아니라 이후에도 우리 역사는 중국 역사와 밀접하게 관련을 맺으면서 흘러왔어요. 따라서 어느 정도는 중국 역사를 이해해야 우리 역사의 맥락을 잘 알 수 있죠. 중국 이야기가 나와도 어렵거나 복잡하다고 생각하지 말고 재미있게 공부해 보세요.

자, 본격적으로 한국사의 대장정을 시작해 볼까요?

# 역사연표

## 한국사 　　　　　　　　　 세계사

| 한국사 | | | | 세계사 |
|---|---|---|---|---|
| 구석기 시대 시작 | 약 70만 년 | | | |
| 신석기 시대 시작 | 기원전 1만 년 ~ 8000년경 | | | |
| | | 기원전 3500년경 | 메소포타미아 문명 발생 | |
| | | 기원전 3000년경 | 이집트 문명 발생 | |
| | | 기원전 2500년경 | 인도 · 중국 문명 발생 | |
| 고조선 건국 | 기원전 2333년 | | | |
| 청동기 문화 보급 | 기원전 2000년경 | | | |
| | | 기원전 1100년경 | 중국, 주 건국 | |
| 철기 문화 보급 | 기원전 400년경 | | | |
| | | 기원전 221년 | 진, 중국 통일 | |
| | | 기원전 206년 | 진 멸망 | |
| | | 기원전 202년 | 한, 중국 통일 | |
| 고조선 멸망 | 기원전 108년 | | | |
| 신라 건국 | 기원전 57년 | | | |
| 고구려 건국 | 기원전 37년 | | | |
| | | 기원전 27년 | 로마, 제정 시작 | |
| 백제 건국 | 기원전 18년 | | | |

⇧ 기원전 ⇧
⇩ 기원후 ⇩

| 한국사 | | 세계사 |
|---|---|---|
| | | 320년   인도, 굽타 왕조 성립 |
| 고구려, 불교 수용   372년 | | |
| 백제, 불교 수용   384년 | | |
| 고구려, 평양 천도   427년 | | |
| 나제 동맹 성립   433년 | | |
| | | 439년   중국, 남북조 성립 |
| 백제, 웅진 천도   475년 | | |
| 신라, 율령 반포   520년 | | |
| 백제, 사비 천도   538년 | | |
| 신라, 대가야 정복(대가야 멸망)   562년 | | |

# 선사 문화와 고조선

## : 최초의 국가를 세우다

- 만주와 한반도의 선사 시대 문화에 대해 이야기해 보세요.
- 청동기 시대에 나타난 변화에 대해 설명해 보세요.
- 단군 신화에 숨겨진 역사적 사실은 무엇일까요?
- 8조 법과 여러 자료를 통해 고조선 사회의 모습과 특징을 설명해 보세요.

## 매머드 화석이 한반도에서 발견된 까닭은?

### └ 만주와 한반도의 구석기 시대

우리 민족의 활동 무대였던 한반도와 만주의 구석기 시대는 어 땠을까요?

충청북도 단양군에 금굴 유적이 있어요. 우리나라에서 가장 오 래된 구석기 시대 유적인데, 연대를 측정해 보니 70만 년 전의 것 으로 나타났어요. 어떤 학자들은 이 시기를 60만 년 전에서 50만 년 전으로 추정하기도 해요. 호모 네안데르탈렌시스<sup>약 40만 년 전 출현</sup>가 지구에 등장하기 전이지요. 그러니 한반도와 주변 지역에 이때부

터 호모 에렉투스<sup>약 180만 년 전 출현</sup>가 살았다는 사실을
알 수 있어요.

지구촌 다른 곳의 구석기 시대 모습과 만주·한
반도의 구석기 시대 모습은 크게 다르지 않았어
요. 만주와 한반도의 구석기인들도 동굴에서 살
거나 강가에 막집*을 지어 살았어요. 사용하던 도
구도 크게 다르지 않았어요. 초기에는 찍개*와 주
먹 도끼처럼 단순한 뗀석기를 사용했어요. 그러
다 도구 제작 기술이 발전하면서 긁개*나 밀개*와
같은 것을 만들어 썼고, 나중에는 슴베찌르개*처
럼 정교한 것도 만들었지요.

만주와 한반도의 구석기 유적지를 살펴보다 보면 특이한 점을 발
견할 수 있어요. 지금은 멸종된 거대 동물인 매머드, 열대와 아열대
기후에서 사는 원숭이의 뼈가 발견된다는 점이에요. 매머드는 추운
기후에서 살았어요. 이런 매머드가 한반도에서 발견된다는 건 당시
한반도가 빙하기, 간빙기*를 거치면서 기온이 오르락내리락했다는
사실을 짐작할 수 있는 증거이지요. 그리고 원숭이 뼈가 발견된다
는 건 아주 더울 때도 있었다는 사실을 뜻해요.

실제로 빙하기와 간빙기가 반복되던 당시에는 중국과 한반도, 일
본이 연결되어 있었어요. 빙하기에 해수면이 낮아지면서 바다가 거
의 사라졌기 때문이에요. 지금과 같은 땅덩어리 모양은 1만 2,000

**매머드 복원도**
추운 지방에 살았던 매머드의 화석이 발견된다는 점에서 한때 만주와 한반도가 아주 추웠다는 사실을 알 수 있다.

- 막집 임시로 머물기 위해 나무와 풀잎, 동물 가죽 등을 이용하여 천막 형태로 지은 집
- 찍개 돌의 한쪽 면을 날카롭게 만들어서 무언가를 찍는 데 사용한 석기
- 긁개 무언가를 긁는 데 쓰는 기구
- 밀개 돌을 손질하여 일반적으로 길게 만든 것으로, 옷을 만들 때 사용한 것으로 추정되는 석기
- 슴베찌르개 나무로 만든 자루에 끼워서 쓰는 창이나 화살의 촉이 되는 부분
- 간빙기 빙하기와 빙하기 사이의, 기후가 비교적 따뜻한 시기

년 전 빙하기가 끝나면서 만들어진 거랍니다.

구석기 시대의 모습을 엿볼 수 있는 유적지로는 어디가 있을까요? 이미 말했던 충북 단양군 금굴 유적은 약 70만 년 전의 것으로 추정되는, 한반도에서 가장 오래된 구석기 유적지예요. 평양의 대현동 동굴에서는 10만 년 전의 여자 아이 화석이 발견되었는데, 이 화석을 '역포 아이'라고 해요. 역포 아이가 호모 사피엔스인지 호모 네안데르탈렌시스인지를 놓고 아직도 의견이 분분하답니다. 이 역포 아이는 한반도에서 발견된 인류 화석 중에 가장 오래된 것이기도 해요.

북한의 평안남도 덕천시 승리산 동굴에서는 호모 사피엔스의 뼈 화석이 발견되었고, 충북 청원군 두루봉 동굴에서는 완벽한 형태를 갖춘 호모 사피엔스의 뼈가 발굴되었어요. 이 화석은 발견한 사람의 이름을 따서 '흥수 아이'라고 불러요.

이 밖에도 충청남도 공주시 석장리 집터 유적에서는 불을 땐 흔적이 발견되었어요. 당시에 이미 화덕을 사용했다는 사실을 알 수 있죠? 경기도 연천군 전곡리, 충북 제천시 점말 동굴, 평안북도 상원군 검은모루 동굴도 대표적인 구석기 시대 유적지예요.

이 가운데 연천군 전곡리는 특히 알아 두는 게 좋을 것 같아요. 전곡리에서 주먹 도끼가 발견되었는데 아시아권에서는 볼 수 없는 유형이었어요. 주로 서양에서 발굴되던 주먹 도끼였죠. 원래 아시아에서는 주먹 도끼보다는 찍개가 더 많이 발견되었어요. 그래서

많은 학자들이 "서양은 주먹 도끼, 아시아는 찍개 문화권이다."라
고 구분했고, 일부 학자들은 "주먹 도끼가 찍개보다 더 발달한 구
석기 문화다."라며 아시아권을 무시하기도 했어요. 이런 상황에서
전곡리에서 서양의 것과 같은 주먹 도끼가 발견된 거예요. 지금까
지 이야기했던 구분법이 틀렸다는 게 증명된 셈이죠. 전곡리 주먹
도끼 유적 발굴은 꼭 기억해 둬야겠죠?

찍개

만주와 한반도의 여러 구석기 유적지에서는 예술품도 많이 출토
되었어요. 공주 석장리에서는 고래와 물고기가 새겨진 조각이 발견
되었고, 청원군 두루봉 동굴에서는 사람의 얼굴이 새겨진 동물 뼈
가 발견되었어요. 아마도 사냥의 성공을 기원하며 이런 예술품을
만들었을 것으로 짐작돼요.

주먹 도끼

## 탄화된 좁쌀은 무엇을 의미할까?
└ 만주와 한반도의 신석기 시대

신석기 시대가 지구촌의 여러 지역에서 시작된 것은 대략 1만 년
전이었어요. 만주와 한반도에서도 같은 시기에 신석기 시대로 돌
입했어요. 한반도에서 가장 오래된 신석기 유적인 제주도 한경면
고산리 유적의 연대를 측정해 보니 이와 비슷한 시기의 것으로 나
타났거든요.

신석기 시대로 접어들면서 어떤 점이 달라졌을까요? 일단 이 무렵 지구는 빙하기가 막 끝난 직후였어요. 기온이 올라가니 사람이나 동물이나 살기 좋은 환경이 되었겠죠? 작은 짐승도 많아져서 사냥할 일도 많아졌어요.

도구가 더욱 뾰족해지고 정교해졌어요. 맞아요. 신석기 시대에는 구석기 시대 때보다 세련된 석기를 사용했어요. 구석기 시대에는 돌을 떼어 내서 만든 뗀석기를 썼죠? 신석기 시대에는 돌을 갈아서 도구를 만들었어요. 그래서 간석기라고 불러요. 돌을 정교하게 갈면 아주 날카롭게 만들 수 있어요. 아무래도 뗀석기보다는 기능이 훨씬 뛰어났겠죠? 돌화살촉, 돌창, 돌도끼, 돌괭이 등이 대표적인 간석기예요.

신석기인들은 처음에는 바닷가나 강가에 살면서 채집이나 수렵을 통해 식량을 확보했어요. 하지만 얼마 후 곡물을 재배하면서 농경 생활을 시작했죠. 이제 산과 들을 헤매며 채집이나 수렵을 하는 것보다 훨씬 손쉽고 안정적으로 식량을 얻을 수 있게 되었어요. 사람들은 곡물을 키우기 위해 물을 쉽게 구할 수 있는 강가에 모여 살기 시작했어요. 이때부터 야생 동물을 가축으로 기르기 시작했어요. 개, 돼지, 소, 양 같은 가축이 생긴 시기가 바로 이 신석기 시대인 거예요.

농사를 시작했으니 농기구도 필요하겠죠? 돌괭이나 동물 뼈로 괭이를 만들어 땅을 일구었어요. 돌낫으로 곡식을 수확했고 갈돌과 갈판으로 곡식의 껍질을 벗겼죠. 식량을 보관하고 음식을 조리하려면 그릇이 필요하겠죠? 신석기인들은 흙으로 빗살무늬 토기를 만들어 썼어요.

신석기인들은 움집을 짓고 살았어요. 서울 강동구 암사동의 집터 유적을 보면 그 사실을 확인할 수 있어요. 씨족 사회와 부족 사회를 구성한 점, 옷과 그물을 만들어 사용한 점도 여느 신석기 지역과 비슷해요. 실제로 옷을 만들어 입었다는 증거도 있어요. 가락바퀴란 것이 출토되었는데, 이것은 실을 뽑을 때 사용하는 도구예요. 실을 뽑았다는 것은 곧 옷을 만들어 입었다는 이야기가 되죠. 그물은 뼈바늘로 만들었어요. 동물의 뼈로 작살을 만들기도 했어요. 오늘날의 낚시 바늘과 같은 것도 만들어 사용했어요. 구석기 시대보다는 확실히 인류의 삶이 나아진 것 같죠?

원시 신앙도 등장했어요. 한반도의 여러 신석기 유적에서는 흙으로 사람의 얼굴을 빚은 가면 같은 것이 발견되는데, 이것들은 원시 신앙과 관련이 있는 것으로 보고 있죠. 또 조개껍데기나 동물의 뼈 같은 것으로 몸을 치장하기 시작한 것도 신석기 시대의 특징 중 하나랍니다.

**빗살무늬 토기**
인류는 농사를 지으면서 식량을 저장하기 위해 그릇을 발명했다. 한반도의 신석기 시대 유적에서는 빗살무늬 토기가 발견된다. 사진은 빗살무늬 토기를 복원한 것이다.

**신석기 시대의 움집**
서울 암사동 신석기 유적지에 복원한 것이다.

신석기 유적지를 좀 더 살펴볼까요?

황해도 봉산군 지탑리 유적 등 여러 곳에서 불에 탄 잡곡이 발굴되었어요. 비슷한 시기에 한반도에서도 농경이 시작되었다는 증거죠. 한반도에서는 주로 조나 기장, 피 같은 작물을 재배했어요. 한반도의 또 다른 신석기 유적으로는 부산 동삼동, 강원도 양양군 오산리 등이 있어요.


## 거대한 고인돌을 왜 만들었을까?
└만주와 한반도의 청동기 시대

만주와 한반도에서 신석기 시대는 대략 1만 년 전 무렵에 시작되었어요. 청동기 시대는 대략 기원전 2000년경에서 기원전 1500년경 사이에 시작되었지요. 기원전 1000년경에 청동기가 보급되었다고 말하는 학자들도 있답니다. 참고로 알아 두세요.

청동기 시대가 되었으니 농기구를 청동으로 만들었을까요? 아니에요. 청동은 구리와 주석을 섞어 만드는데, 재료를 구하기가 쉽지 않았어요. 재료를 구했다 하더라도 청동기를 만드는 과정이 어려웠어요. 그러니 지배 계급이 몸치장을 하는 데 쓰는 장신구나 제사할 때 사용하는 도구들, 장수들이 쓰는 무기 같은 것을 청동기로 만들었어요.

만주와 한반도에서는 주로 비파형 동검을 만들어 썼어요. 비파형 동검은 손잡이를 따로 만들어서 칼자루에 끼우는 형태의 청동기였어요. 중국의 청동기는 이와 모양이 달라서 몸체와 손잡이가 분리되어 있지 않아요. 이처럼 청동기의 모양이 다르다는 것은, 두 지역의 문화가 서로 다른 계통에 속해 있다는 뜻이에요. 이 점 확실히 알아 두세요.

청동기 시대에 농기구는 여전히 돌이나 나무로 만들었어요. 하지만 신석기 시대의 것보다는 훨씬 정교했죠. 곡식의 이삭을 따는 반달 돌칼이 청동기 시대 때 처음 사용된 대표적인 농기구지요. 재배하는 작물도 늘었어요. 신석기 시대에는 조, 피, 수수, 콩, 보리와 같은 잡곡을 주로 재배했어요. 여기에 덧붙여 청동기 시대에는 쌀을 재배하기 시작했어요. 벼농사가 시작된 거예요.

신석기 시대에서 청동기 시대로 나아가면서 농업 생산량이 크게 늘었어요. 심지어 식량이 남기도 했죠. 이를 잉여 생산물이라고 하는데, 이런 식량은 공동 창고에 보관했어요. 곡식을 저장하는 토기에도 변화가 생겨 이 무렵에는 주로 무늬가 없고 밑바닥이 납작한 민무늬 토기가 사용되었어요. 다만 청동기 시대 초기에는 만주와 한반도 북서 지방에서 항아리 모양의 미송리식 토기가 널리 사용되었어요. 또 청천강 이남의 평안도와 황해도에서는 팽이 모양의 팽이형 토기가 발견되고 있지요.

청동기 시대에는 주택 형태도 달라졌어요. 땅을 얕게 파서 집을

**비파형 동검**
우리 민족 고유의 비파형 동검은 칼자루에 칼을 끼우는 형태다.

**중국의 청동 검**
중국의 세형동검으로, 칼날과 칼자루가 붙어 있는 형태다.

**반달 돌칼**
한반도의 청동기를 대표하는 농기구다.

**민무늬 토기**
청동기의 대표적인 토기로, 밑바닥이 납작하고 무늬가 없다. ©국립나주박물관

**청동 거울과 청동 방울**
제사를 지낼 때 사용했다.
ⓒ국립중앙박물관

짓던 신석기 시대와 달리 지상에 직사각형 형태로 집을 지었어요.

예전에는 모든 사회가 평등했지만 청동기 시대에는 그렇지 않았어요. 특히 다른 부족과의 전쟁은 큰 부담이 되었지요. 전쟁은 남자들이 주로 치렀어요. 여자들은 집안 살림에 더욱 신경을 쓰게 되었지요. 이 때문에 모계 중심이었던 사회가 청동기 시대 이후로는 부계 중심의 사회로 바뀐답니다.

경제적·정치적 격차도 벌어졌어요. 권력은 소수에게 집중되었지요. 지배하는 사람과 지배당하는 사람, 즉 지배 계급과 피지배 계급이 확연하게 나뉘었어요. 이를 계급 사회라고 해요.

권력을 잡고 부족을 이끄는 족장을 군장이라고 했어요. 군장은 정치와 종교 모두를 장악했어요. "한 해 농사를 잘 짓게 해 달라." 며 하늘에 제사를 지낼 때는 귀한 청동 거울이나 청동 방울을 사용하며 권위를 부각시켰지요. 이처럼 정치와 종교를 한 명의 지배자가 맡는 것을 제정일치祭政一致*라고 하는데, 곧 살펴볼 고조선이 제정일치 국가였어요.

군장을 비롯한 지배 계급은 권력을 누렸고, 법과 제도를 만들어 피지배 계급을 통치하고 질서를 유지했어요. 지배 계급은 죽은 후에도 특별한 대우를 받았어요. 만주와 한반도에서 많이 볼 수 있는 고인돌이 지배 계급의 무덤이었어요.

한반도에는 고인돌이 참 많아요. 전 세계에 분포한 고인돌의 40%가 한반도에 있답니다. 인천 강화를 비롯한 국내의 고인돌 유

● 제정일치 제사와 정치가 일치한다는 뜻. 고대 사회에서는 신앙과 종교가 정치 못지않게 중요했는데, 종교와 정치를 한 명의 지배자가 모두 장악할 때 제정일치 사회라고 표현한다. 그리스도교가 위세를 떨치던 중세 유럽에서는 정교일치(政敎一致)라고 표현했다.

적지 몇 곳은 유네스코 세계 문화유산으로 지정되어 있어요.

고인돌은 여러 종류가 있어요. 첫째가 탁자식 고인돌인데, 말 그대로 탁자처럼 생겼어요. 덮개돌이 크고 기둥 역할을 하는 받침돌이 높은 게 특징이지요. 탁자식 고인돌은 강화를 비롯해 북한과 랴오둥遼東 지방에 많아요. 둘째는 바둑판식 고인돌이에요. 덮개돌을 지탱하는 돌을 굄돌이라고 하는데, 이 굄돌이 작아요. 그 때문에 바둑판처럼 보인다고 해서 이런 이름이 붙었지요. 한반도 남부 지방에서는 바둑판식 고인돌을 많이 볼 수 있어요. 이 밖에도 탁자식 고인돌이기는 한데, 받침돌이 좀 작은 것을 변형 탁자식 고인돌로 분류하기도 해요. 또 아예 받침돌이나 굄돌이 없고 덮개돌만 보이는 고인돌도 있는데, 이런 것은 덮개식 고인돌이라고 하지요.

고인돌은 대부분 거대해요. 이처럼 거대한 돌로 만든 유적을 거석 기념물이라고 해요. 한반도에만 있는 게 아니라 세계 전역에 골고루 분포되어 있어요. 예를 들면 영국 윌트셔에 있는 스톤헨지나 칠레 이스터섬에 있는 모아이 석상 같은 것이 대표적이죠. 이런 거석 기념물은 대부분 지배자의 무덤이었을 것으

탁자식 고인돌

덮개식 고인돌

영국 윌트셔의 스톤헨지

로 추정돼요. 종교적인 목적에서 만들었다고 분석하는 학자들도 많아요.

울산 울주군 대곡리 반구대에는 고래, 사슴, 호랑이 등 300여 개의 동물과 기하학적 무늬가 새겨진 커다란 바위가 있어요. 이 반구대 바위그림은 청동기 시대에 만들어진 것으로 추정되어요. 당시 사람들은 농사를 짓는 것 이외에 사냥이나 고기잡이를 하면서 살았는데, 풍성한 수확을 기대하면서 벽에 그림을 그린 것으로 짐작되고 있어요. 고령 장기리에도 암각화*가 남아 있는데 여기에는 동심원 무늬가 많이 보여요. 아마 태양을 상징하는 것으로 여겨져요.


## 고조선은 기원전 2333년에 건국되었을까?
└고조선의 성립

만주와 한반도에서 청동기 문화가 발전할 무렵 우리 민족 최초의 국가가 탄생했어요. 바로 고조선이에요. 고조선의 탄생 과정을 자세히 살펴볼까요?

이 무렵 만주의 랴오닝성 일대에 군장이 통치하는 여러 부족들이 생겨났어요. 이 부족들은 서로 경쟁하면서 성장했어요. 때로는 다른 부족을 정복했고, 때로는 다른 부족과 연맹을 맺었지요. 이 과정에서 탄생한 게 바로 고조선이었어요. 물론 고조선이 처음부터

• 암각화 바위나 절벽, 동굴 벽에 칠을 하거나 쪼개고 새기는 등의 방법으로 그린 그림

통일 왕국과 같은 형태는 아니었어요. 부족들의
연맹 국가에 더 가까웠지요.

　고조선은 점차 세력을 키워 만주의 여러 지역
을 정복했고, 이윽고 한반도 북서 지방으로까지
진출했어요. 이를 짐작할 수 있는 증거가 있어
요. 바로 청동기 시대 초기의 비파형 동검, 미송
리식 토기, 탁자식 고인돌, 청동 방울, 거친무늬
거울 등이 만주 지방 오늘날 중국의 랴오닝성과 지린성, 헤이룽장성 일대
과 한반도 북서부에서 골고루 발견되고 있는 거
예요. 만약 만주와 한반도 북서 지방의 문화가

**고조선의 영역**
한반도 북서부와 만주에서 우리 민족 고
유의 유물이 발견되고 있다.

다르다면 이런 일이 일어날 수 있겠어요? 결국 고조선이 초기에는
만주와 한반도 북서 지방을 동시에 다스렸다는 결론이 나오지요.

　고조선은 후기로 가면서 만주보다는 한반도에 더 근접하게 돼요.
철기 시대로 접어든 후에는 한반도에서만 사용되던 동검이 따로 나
타났어요. 바로 몸통 부분이 가느다란 세형동검이에요. 이 세형동
검과 잔무늬 거울은 만주 지방에서는 잘 발견되지 않아요. 시간이
흐르면서 고조선이 한반도로 영역을 옮겼다는 뜻이 되지요.

　중국과 고조선의 문화는 많이 달랐어요. 이 또한 유물로 알 수 있
어요. 일단 중국에서는 청동으로 만든 솥이 많이 출토되었어요. 이
것은 제사를 지낼 때 쓰는 도구였지요. 이 청동 솥은 만주와 한반도
에서는 볼 수 없어요. 고조선 초기의 비파형 동검, 후기의 세형동

**세형동검**
중국의 세형동검과는 달리 칼을 칼자루에
끼우는 형태다.

검은 손잡이를 끼우는 형태예요. 하지만 중국의 청동 검은 손잡이와 칼날이 붙어 있답니다. 앞에서 이야기했죠?

이제 고조선의 건국 연도에 대해 정리해 볼게요. 보통 고조선을 기원전 2333년에 세웠다고 하는데, 이는《동국통감》의 기록에 따른 것이에요.《동국통감》은 15세기 후반 조선 성종 때 서거정이 왕명에 따라 만든 역사서예요. 이 책에서 중국 요임금 재위 50년에 고조선을 건국했다고 했는데, 이것을 계산해 보니 기원전 2333년이 된 거예요.

국내 역사서 중에서 가장 먼저 고조선과 관련한 내용을 담은 책은 고려 시대 김부식이 쓴《삼국사기》예요.[1145년]《삼국사기》에는 고조선의 수도가 평양이었으며 신라 건국 때 고조선 유민*들이 많이 들어왔다고 적혀 있어요.

조선의 건국 신화인 단군 신화를 본격적으로 기록한 첫 역사서는《삼국유사》예요.[1281~1285년경 완성 추정]《삼국유사》와 비슷한 시기에 나온 역사서《제왕운기》에도 단군 신화가 수록되어 있어요.[1287년]《제왕운기》에서는 고조선을 건국한 단군을 우리 민족의 시조로 규정했답니다.

이제 고조선의 건국 과정과 건국 이념 등에 대해서 알아볼 차례예요. 이와 관련해서는 보통《삼국유사》와《제왕운기》에 기록된 단군 신화를 많이 참고하는데, 여기서는《삼국유사》의 내용을 위주로 살펴보도록 할게요.

● 유민 멸망한 나라의 백성

하늘의 신 환인의 아들 환웅은 인간 세계에 관심이 많았어요. 환웅은 청동 검, 청동 거울, 청동 방울 등 천부인天符印*을 들고 바람을 관장하는 풍백, 비를 통제하는 우사, 구름을 요리하는 운사와 함께 인간 세계로 내려왔어요. 환웅은 태백산 신단수에 신시神市를 열고는 인간 세계를 통치하기 시작했어요.

그러던 어느 날, 곰과 호랑이가 환웅을 찾아와 "인간이 되는 게 소원입니다."라고 했어요. 환웅은 빛이 통하지 않는 굴 안에서 21일간 쑥과 나물만 먹으면서 버티면 인간이 될 것이라고 했지요. 호랑이는 실패했고, 곰은 성공했어요. 이 곰이 여자가 되었는데, 바로 웅녀예요.

환웅은 웅녀와 결혼해 아들을 낳았어요. 바로 단군왕검이지요. 단군왕검은 평양성에 도읍을 두고 고조선을 건국했어요. 단군왕검은 1,500년 동안 고조선을 다스렸고, 1,908세가 된 후에는 산신이 되었지요.

이 단군 신화가 역사적 사실은 아닐 거예요. 다만 신화의 내용을 분석하면 역사적 사실을 짐작할 수는 있어요. 이 신화를 분석해 볼까요?

첫째, 인간을 이롭게 하고 싶다는 환웅의 신념은 곧 고조선의 건국 이념인 '홍익인간弘益人間'을 뜻해요.

둘째, 환웅이 천부인을 가지고 있었고, 바람, 비, 구름을 다스리는 신을 데리고 왔다는 대목은 고조선이 청동기를 사용하는 농업

● 천부인 하늘의 신이, 신을 대신하여 땅을 다스리는 천자(天子)에게 내린 보물. 왕위를 상징한다.

사회였다는 사실과, 고조선을 세운 세력이 하늘을 숭상하고 있으며 다른 부족보다 우월하다는 선민사상을 가졌다는 뜻이에요.

셋째, 곰과 호랑이 부족이 등장하는 것은 동물을 숭상하는 토착 세력과 하늘을 숭상하는 외부 세력이 함께 나라를 세웠다는 뜻이에요. 또한 당시에 동물을 숭배하는 토템 신앙이 있었다는 사실도 알 수 있지요.

넷째, 단군왕검이 고조선을 세우고 통치했다는 것은 정치적 지배자인 왕검, 종교적 지배자인 단군이 동일 인물이었음을 뜻해요. 즉, 고조선이 제정일치 국가였다는 뜻이지요. 단군왕검이 1,500년 간 통치했다는 대목에서는 단군왕검이 오늘날의 대통령처럼 지배자를 부르는 호칭이었다는 점을 알 수 있어요.

## 위만은 어느 나라 사람이었을까?
└고조선의 성장과 멸망

고조선이 발전에 속도를 높이기 시작한 시기는 기원전 10세기경으로 추정하고 있어요. 기원전 7세기경에 만들어진 중국 역사서 《관자》에는 고조선이 중국의 제(齊)와 교역했다는 기록이 남아 있지요.

이 무렵 중국은 춘추 전국 시대의 혼란기였어요. 이때는 크게 춘

추 시대와 전국 시대로 나눌 수 있어요. 춘추 시대
에 가장 강했던 다섯 나라를 춘추 5패, 전국 시대 때
강했던 일곱 나라를 전국 7웅이라고 해요. 춘추 전
국 시대의 혼란을 끝내고 기원전 3세기 후반에 중국
을 통일한 나라는 진이었어요. 진은 오래지 않아 멸
망했고, 그 뒤를 이어 한이 들어섰어요. 고조선은 이
한에 의해 멸망하지요.

　고조선과 교역한 제는 춘추 5패와 전국 7웅에 속
하는 나라였어요. 중국 동부 지역에 있었기에 고조
선과 교역을 한 거죠.

　만주와 한반도에 철기가 보급되기 시작한 것은 대략 기원전 5세
기에서 기원전 3세기 사이예요. 철기 문화는 중국의 연燕으로부터
보급되었어요. 또 새로운 나라가 등장했지요? 연은 중국 북동부,
그러니까 만주와 접해 있었어요. 춘추 5패에는 들지 못했지만 전국
7웅 중 하나에 들었던 강대국이었지요. 한반도 북서부에서는 연의
화폐인 명도전과 여러 철기들이 출토되었답니다.

　고조선은 기원전 5세기경 철기 문화를 받아들인 후 빠르게 성장
했어요. 기원전 4세기경에는 지배자가 스스로를 왕이라 칭했지요.
이 무렵부터 왕위를 세습했을 것으로 추정돼요.

　고조선은 이후 연과 대등하게 겨루었어요. 그러다가 기원전 3세
기경 연과 전쟁을 벌였어요. 이 전쟁에서 패해 요동<sup>라오둥</sup> 지방을 잃

**명도전**
춘추 전국 시대에 연과 제에서 사용한 칼
모양의 청동 화폐

었고 수도를 왕검성<sup>평양</sup>으로 옮긴 것으로 추정되어요. 이 다음부터 고조선의 중심 영역이 한반도로 이동했거든요. 이후 세형동검이 한반도에서만 발견된다고 했지요?

얼마 후 중국에서 큰 변화가 생겼어요. 진이 중국을 통일한 거예요. 하지만 진은 얼마 지나지 않아 멸망했고, 기원전 3세기 말에 한이 들어섰어요. 중국의 정치가 혼란스러워지자 연에 살던 위만이 1,000여 명의 무리를 이끌고 고조선으로 들어왔어요. 당시 고조선의 준왕은 위만을 신임해 국경을 수비하는 지위를 내렸어요. 하지만 위만은 곧 준왕을 몰아내고 고조선의 왕에 올랐어요<sup>기원전 194년</sup>.

이어 위만 혈통이 대대로 왕위를 차지했어요. 바로 이 위만 왕조 때 고조선은 그 어느 때보다 강성했어요.

이쯤에서 위만의 국적에 대해 따져 봐야 할 것 같네요. 중국 역사서는 위만이 연에 살았으니 당연히 중국 사람이라고 기록하고 있어요. 하지만 또 다른 기록에는 위만이 연에 살던 고조선계 사람이며 고조선에 들어올 때 상투를 틀고 있었고 중국인과 다른 옷을 입었다고 해요. 뿐만 아니라 위만이 중국인이라면 고조선을 장악한 후 나라 이름이나 제도를 바꾸었을 거예요. 하지만 위만은 고조선의 모든 것을 계승했고, 오히려 중국과 대결을 벌였어요. 그러니 위만은 고조선 혈통이라고 보는 것이 훨씬 합리적이겠지요?

위만 왕조 이후 고조선에서는 철기 문화가 널리 확산했어요. 고조선 군대는 철제 무기로 무장해 주변 지역을 하나씩 정복하기 시작했어요. 당시 한반도 남부에는 여러 나라가 있었는데, 고조선은 이 나라들과 중국의 한 사이에서 중계 무역*을 하면서 경제적으로 도 번성했어요. 고조선은 중국의 통일 왕국인 한도 경계할 만큼 강한 나라로 성장했어요.

고조선의 지배자들은 사회 질서를 유지하기 위해 법도 만들었어요. 8개의 조항으로 되어 있는데, 오늘날에는 3개 조항만 전해지고 있어요. 그 내용을 살펴볼까요? 첫째, 사람을 죽이면 사형에 처한다. 둘째, 다른 사람에게 상해를 입히면 곡식으로 죄를 갚는다. 셋째, 도둑질하면 노비로 삼되, 노비가 되지 않으려면 50만 전을 낸다.

단군 건국 신화에서도 역사적 사실을 추정할 수 있듯이 이 8조법에서도 고조선 사회의 특징을 파악할 수 있어요. 우선 사람을 죽이면 사형에 처한다는 사실에서 생명을 중요하게 여겼다는 점을 알수 있어요. 곡식으로 변상한다는 점에서는 당시가 농업 사회였음을 알 수 있고, 50만 전을 냈다는 사실에서 화폐를 사용했을 거라는 점을 알 수 있어요. 또한 노비가 있었던 것으로 보아서 계급이 존재했다는 사실도 알 수 있지요. 실제로 고조선은 지배층과 피지배층이 확실하게 구분되어 있었어요. 지배층은 상相, 경卿, 대부大夫 등의 관직에 있었어요.

기원전 2세기 중반 한의 무제가 황제에 등극했어요. 이 무렵 고조선이 점점 강해지고 있었다고 했죠? 무제는 고조선이 더 강해지

* 중계 무역 다른 나라에서 구입한 물건에 약간의 이익을 붙여 또 다른 나라에 판매하는 무역 형태

기 전에 손을 보기로 하고 침략했어요. 고조선은 우거왕을 중심으로 단결해 약 1년간 저항했어요. 하지만 역부족이었어요. 게다가 지배층이 분열했어요. 결국 수도 왕검성이 함락되면서 고조선은 멸망하고 말았어요<sup>기원전 108년</sup>.

한은 자기 나라에 군과 현을 설치했듯 고조선 땅에도 여러 개의 군현˚을 두었어요. 하지만 고조선 유민들은 한의 군현들을 몰아내기 위한 저항 운동을 벌였어요. 이 저항 운동은 훗날 고구려가 이어받아요. 4세기 초, 고구려가 낙랑군을 몰아냄으로써 마침내 한의 군현이 한반도에서 영원히 축출되었답니다.

˚ 군현 군과 현을 이르는 말. 지방 행정 구역이다.

# ★ 단원 정리 노트 ★

1. 구석기 시대 만주와 한반도의 모습

   ① 구석기 시작 연대

   약 70만 년 전

   ② 생활 모습

   동굴 또는 강가의 막집에서 거주, 뗀석기 사용, 수렵과 채집을 하며 이동 생활

   ③ 대표 유물

   찍개, 주먹 도끼, 긁개, 밀개, 슴베찌르개 등

   ④ 대표 유적지

   – 충청북도 단양군 금굴 유적 _ 70만 년 전 유적으로 추정

   – 평양 대현동 동굴 _ 역포 아이 화석 발굴

   – 평남 덕천시 승리산 동굴 _ 호모 사피엔스 화석 발굴

   – 충북 청원군 두루봉 동굴 _ 호모 사피엔스(흥수 아이) 화석 발굴, 사람의 얼굴이 새
   겨진 동물 뼈 발견

   – 충청남도 공주시 석장리 유적 _ 불을 땐 흔적과 고래, 물고기가 새겨진 조각 발견

   – 경기도 연천군 전곡리 _ 주먹 도끼 발굴

   – 충북 제천시 점말 동굴

   – 평안북도 상원군 검은모루 동굴

## 2. 신석기 시대 만주와 한반도의 모습

① 신석기 시작 연대

약 1만 년 전

② 생활 모습

강가의 움집에서 거주, 간석기 사용, 수렵과 채집을 하다가 농경과 목축 시작하며

정착 생활

③ 대표 유물

돌화살촉, 돌창, 돌도끼, 돌괭이, 돌낫, 갈돌과 갈판, 빗살무늬 토기, 가락바퀴

④ 대표 유적지

- 제주도 한경면 고산리 유적

- 황해도 봉산군 지탑리 유적 _ 불에 탄 곡식 발견

- 부산 동삼동 유적

- 강원도 양양군 오산리

## 3. 청동기 시대 만주와 한반도의 모습

① 청동기 시작 연대

약 기원전 2000년 ~ 기원전 1500년경

② 생활 모습

농경과 목축을 중심으로 사냥과 고기잡이 병행, 청동기를 쓰면서 농기구는 나무와 돌

로 만듦, 부계 중심 사회, 계급 발생

③ 대표 유물

비파형 동검, 반달 돌칼, 민무늬 토기, 미송리식 토기, 팽이형 토기, 청동 거울, 청동 방울, 고인돌

④ 대표 유적지

– 울산 울주군 대곡리 반구대 _ 사냥과 고기잡이의 성공을 기원하는 동물, 물고기 그림

– 고령 장기리 암각화 _ 종교적 의미를 지닌 동심원 무늬


# 4. 청동기 시대에 나타난 대표적인 특징

① 모계 사회에서 부계 사회로 변화

청동기 시대에는 인류의 무리와 집단이 커지고 무기가 발달하면서 전쟁이 빈번하게 일어났다. 전쟁은 남자의 몫이었다. 이처럼 남성의 사회적 비중이 커지면서 청동기 시대의 사회는 이전 시대와 달리 남성을 중심으로 하는 부계 사회로 변화한다.

② 계급 사회

신석기 시대 후반에 형성된 지배층과 피지배층의 계급 구도가 더욱 확립되면서 지배층의 권력이 강화되었다. 그리고 전쟁에 패한 무리의 사람들이 노예로 전락하면서 청동기 시대의 계급 사회는 더욱 확고해졌다.

③ 고인돌 등의 거석 기념물 등장

신앙과 종교의 체계가 갖추어지면서 죽음 이후의 세계에 대한 관심이 높아졌다. 지배층은 거대하고 화려한 무덤을 만들도록 했다. 고인돌과 같은 거석 기념물은 지배층의 종교 · 정치적 권력이 강화되었음을 말해 준다.

④ 다양한 직업이 발생

농업 생산량이 늘어나면서 생존에 대한 문제가 어느 정도 해결되자, 농업 이외의 활

동을 하는 사람들이 생겨났고, 이를 통해 다양한 직업이 나타났다.

⑤ 농기구는 여전히 석기로 제작

청동을 만들기 위해서는 높은 수준의 기술력이 필요했기 때문에 대량으로 청동기를

생산할 수 없었다. 그래서 제사 도구와 지배층의 장신구, 고급 무사들의 무기만 청동

으로 만들었고, 농기구와 일상생활에 필요한 물건들은 여전히 석기와 나무로 제작

했다.


## 5. 고조선의 건국과 멸망

① 만주, 한반도 북서부 지역에 부족 국가 성립

오늘날 만주와 한반도 북서부 지역에 여러 부족 국가가 발생하고, 이들 나라들은 서

로 경쟁하면서 발전 · 성장

② 고조선 건국

기원전 2333년 단군왕검이 통일 국가인 고조선 건국

③ 청동기 수용

기원전 1500년~1000년경 청동기를 수용하면서 더욱 발전

④ 위만 조선 성립

진이 멸망하고 한이 중국을 통일하는 혼란기에 중국에서 고조선 혈통의 위만이 유민

무리를 이끌고 고조선으로 들어와 준왕을 몰아내고 왕에 오름(기원전 194년)

⑤ 철기 문화의 보급과 중계 무역

위만이 왕에 오른 뒤 철기가 널리 보급되고, 고조선은 한반도 남부의 여러 작은 나라와 한 사이에 중계 무역을 하며 발전

⑥ 고조선 멸망

진에 이어 중국을 통일한 한에 의해 고조선 멸망(기원전 108년)

⑦ 한의 군현 설치

고조선을 멸망시킨 한이 고조선 지역에 군현을 설치


## 6. 고조선의 유물이 알려 주는 몇 가지 사실들

① 세형동검과 잔무늬 거울

고조선 전기에 사용했던 비파형 동검, 청동 방울, 거친무늬 거울 등은 만주와 한반도 북서부에서 골고루 발견되었다. 하지만 고조선 후기에 고조선에서만 사용한 세형동검과 잔무늬 거울 등은 만주에서는 발굴되지 않고 한반도에서만 발견되고 있다. 이로써 만주까지 뻗어 있던 고조선의 영토가 후기에 이르러 한반도 안으로 축소되었다는 사실을 알 수 있다.

② 비파형 동검과 세형동검

중국에서 발견되는 청동 검은 칼날과 칼자루가 이어져 있는 '일체형'이다. 반면에 만주와 한반도에서 발견되는 비파형 동검과 세형동검은 칼날을 칼자루에 끼워서 쓰는 형태를 보인다. 이는 만주와 한반도 지역에서 우리 민족이 중국과는 다른 독자적인 문화를 발달시켰다는 사실을 말해 준다.

## 7. 고조선을 다룬 우리의 역사서

① 《삼국사기》 _ 고조선에 대해서 다룬 국내 최초의 역사서다. 1145년 고려 시대의 문신 김부식이 지었다.

② 《삼국유사》 _ 1281년부터 1285년 사이 고려가 대몽 항쟁을 벌이던 시기에 고려 시대의 승려 일연이 지었다. 《삼국사기》에서는 다루지 않은 단군 신화를 최초로 다루었다.

③ 《제왕운기》 _ 1287년에 고려의 문인 이승휴가 지었다. 《삼국유사》와 함께 단군 신화를 다루고 있다.

④ 《동국통감》 _ 조선 초기에 왕명에 따라 서거정 등의 문신이 1458년 편찬을 시작하여 1485년에 완성한 역사서다. 기원전 2333년이라는 고조선의 건국 연도는 이 책의 기록에 따른 것이다.

## 8. 단군 신화에 나타난 역사적 사실

① '홍익인간' 건국 이념 : 하늘 신의 아들인 환인이 "인간을 이롭게 하고 싶다."는 뜻을 갖고 인간 세계에 내려옴

② 청동기 농업 사회 : 환인이 천부인이라는 청동 보물과 농사에 큰 영향을 미치는 기후를 다스리는 신들과 함께 내려옴

③ 외부 세력과 토착 세력의 결합 : 스스로 하늘의 자손이라 여기는 환인 무리가 곰에서 인간으로 변한 웅녀와 혼인

④ 제정일치 사회 : 제사장을 뜻하는 '단군'과 정치적 지배자를 뜻하는 '왕검'이라는 명

칭이 결합되어 있음


## 9. 8조 법의 3개 조항을 통해서 알 수 있는 고조선 사회

"다른 사람을 죽이면 사형에 처한다."

고조선의 사람들이 생명을 중시했음을 알 수 있다.


"다른 사람에게 상해를 입히면 곡식으로 죄를 갚는다."

해를 끼친 사람에게 곡식으로 보상한다는 사실에서 고조선 사회가 농업 사회였음을 알

수 있다.


"도둑질을 하면 노비로 삼되, 노비가 되지 않으려면 50만 전을 낸다."

고조선 사회가 화폐를 사용했으며, 사유 재산제가 있었음을 알 수 있다. 또한 노비가 존

재하는 계급 사회였음을 알 수 있다.

2

# 여러 나라의 성장

## : 한반도, 왕국 시대로 돌입하다

- 철기를 사용한 이후 달라진 문화를 설명해 보세요.
- 부여의 풍속과 고구려의 풍속을 비교해 설명해 보세요.
- 옥저와 동예의 성장 과정과 풍속을 이야기해 보세요.
- 삼한의 성장과 풍속에 대해 이야기해 보세요.

## 항아리 두 개로 만든 무덤을 뭐라 부를까?

└만주와 한반도의 철기 문화

고조선이 철기 문화를 발전시키고 있을 때 한반도와 만주에 고조선만 있었던 것은 아니에요. 만주에는 부여가 있었고, 한반도 남부에는 한(韓)이라는 나라가 있었어요. 고조선이 멸망한 후에도 이 나라들은 번성했어요. 뿐만 아니라 여러 나라들이 새로 생겨나기도 했지요.

이들 나라의 공통점이 있어요. 모두 철기 문화를 바탕으로 성장했다는 거예요. 철기 문화는 기원전 5세기경 만주와 한반도에 전해

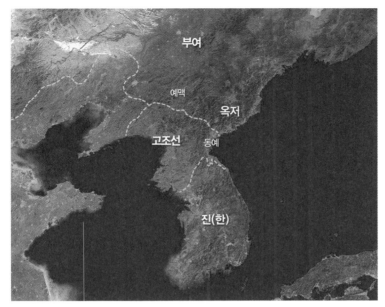

기원전 2세기경 우리 민족의 국가들

졌어요. 학자에 따라서는 이 시기를 기원전 4세기 혹은 기원전 3세기로 보기도 해요. 그러니까 기원전 5세기에서 기원전 3세기 사이에 철기 문화가 보급되었다고 생각하면 될 것 같아요. 이어 기원전 1세기경에는 철기가 널리 사용되었어요. 비로소 만주와 한반도 전역이 철기 문화권으로 들어간 거예요.

철기는 청동기보다 여러 점에서 우수했어요. 우선 철은 매장량이 풍부해서 쉽게 얻을 수 있었어요. 만드는 과정도 철기가 훨씬 쉬웠지요. 철기는 청동기보다 더 단단해서 농기구를 만들든 무기를 만들든 훨씬 튼튼했어요. 농기구가 좋아지니 농업 생산력이 늘어났어요. 땅을 파기도 쉬워졌기 때문에 고인돌을 세우는 대신 구덩이를 파고 널<sup>棺</sup>을 넣는 형태의 무덤이 만들어지기 시작했어요.

또한 철제 무기는 청동기보다 파괴력이 뛰어났기 때문에 군사력도 강해졌지요. 철제 무기를 앞세우고 여러 지역에서 정복 전쟁이 일어났어요. 그 덕분에 만주와 한반도에 여러 나라가 생겨날 수 있었던 거죠.

대체로 철기 문화는 만주와 한반도 북서부에서 널리 퍼진 후 한반도 남쪽으로 확산했어요. 이유가 있어요. 앞에서 살펴보았는데, 고조선이 멸망한 후 많은 유민들이 남쪽으로 이동했죠? 바로 그때 철기 문화도 함께 전파된 거랍니다.

철기 시대라고 해서 청동기가 완전히 사라진 건 아니었어요. 여전히 제사나 각종 의식에 쓰이는 도구는 청동으로 만들었어요. 청동기 시대에 만주와 한반도에서는 비파형 동검이 많이 사용되었죠? 철기 시대에는 비파형 동검보다 가늘고 따로 손잡이가 있는 세형동검이 한반도 전역에서 사용되었어요. 세형동검을 만들 때 사용했던 거푸집도 발견되었죠. 이 세형동검을 한국형 동검이라고도 해요. 철기 시대에 청동으로 만든 검도 사용되었다는 점, 기억해 두세요.

철기 시대의 유적은 한반도 곳곳에서 발견되었어요. 이 유적을 통해 철기 시대의 특징을 살펴볼까요?

평안북도 위원에서는 명도전이라는 중국 화폐가 발굴되었어요.

네, 중국과 교류한 증거이지요. 이런 금속 화폐는 이곳 말고도 경남 창원 유적에서도 발굴되었어요. 경남 창원 유적에서는 흥미로운 게 더 많이 발견되었는데, 붓이 그중 하나예요. 당시에 붓으로 한자를 쓰기 시작했다는 뜻이죠.

경남 창원 유적에서는 무덤도 나왔어요. 그런데 무덤의 형태가 두 종류였어요. 한 종류는 나무 관으로 만든 것이었고, 또 다른 종류는 항아리 두 개를 붙여서 관으로 사용한 것이었어요. 앞의 것을 널무덤, 뒤의 것을 독무덤이라고 하죠. 특히 이 독무덤은 철기 시대에 많이 만들었어요. 경남 창원 말고도 광주 신창동, 전남 영암 등 여러 곳에서 독무덤이 발견되었죠.

자, 이제 철기 문화를 바탕으로 만주와 한반도에 생겨난 나라들을 살펴볼 거예요. 부여, 고구려, 옥저, 동예, 삼한을 말하는 거예요. 물론 이 나라들도 처음에는 부족이 연맹한 수준이었어요. 그런 나라를 부족 연맹 왕국*이라고 하지요. 북쪽에서부터 한 국가씩 차례대로 살펴볼게요.

## 제천과 동맹은 무슨 행사일까?
### └만주 지역 부여와 고구려의 성장

부여 이야기부터 할게요. 고조선 이후 나타난 여러 나라 중에서

● 부족 연맹 왕국 여러 부족이 연합하여 만든 나라다. 각각의 부족이 독자성을 유지하는 가운데 가장 세력이 강한 부족의 족장이 지도자(왕)가 되었다. 중대한 일은 각 부족의 대표들과 협의하여 처리했기 때문에 지도자의 권력이 강하지 못했다.

가장 먼저 등장한 나라가 부여거든요.

부여는 쑹화강 유역에서 태동했어요. 주변에 평야와 초원 지대가 많아 밭농사를 하거나 목축을 하는 부족들이 많았어요. 대략 기원전 3세기경부터 이런 부족들이 하나둘 연합하기 시작해 연맹 국가를 건설했다고 짐작돼요.

여러 부족 중에서 가장 강한 부족의 군장이 왕에 올랐어요. 하지만 왕의 권력은 그다지 강하지 않았어요. 각 부족의 군장은 각자 군대를 거느렸어요. 외부에서 적이 침략하면 군장들과 왕이 연합해 싸웠지만 평상시에 왕은 다른 부족의 일에 간섭할 수 없었어요. 심지어 홍수나 가뭄이 나면 군장들이 왕을 갈아 치우거나 심한 경우 책임을 묻는다며 죽이기도 했어요. 부여에서는 전쟁을 시작할 때는 소를 잡아 굽의 모양으로 점을 쳤어요. 굽이 모여 있으면 길한 조짐으로, 갈라져 있으면 흉한 조짐으로 여겼다고 해요.

왕 밑으로는 가축의 이름을 딴 마가말, 우가소, 저가돼지, 구가개가 있었어요. 이들은 각 부족의 군장으로, 각자의 부족을 다스렸지요. 그러니 실제로는 왕과 마가, 우가, 저가, 구가 사이에 권력의 격차가 크지 않았어요. 이 네 군장이 다스린 마을을 사출도라고 했답니다.

부여도 고조선과 마찬가지로 지배층과 피지배층의 구분이 엄격했어요. 군장 아래로 지배층이 있었고, 그 아래로는 피지배층으로, 하호라 부르는 평민과 노비가 있었지요. 또한 강력한 법도 있었어요. 이 법에 따르면 부여에서도 사람을 죽이면 사형에 처했고, 도둑질하면 훔친 물건 값의 12배를 배상하도록 했어요. 이를 1책 12법이라고 하지요. 또 간음한 사람과 투기가 심한 사람도 사형에 처했어요. 어쩌면 고조선보다 더 엄격했던 것 같기도 해요.

부여 사람들은 흰 옷을 즐겨 입었어요. 우리 민족을 예로부터 흰 옷을 즐겨 입는다 해서 '백의민족白衣民族'이라 했어요. 그렇다면 부여의 사람들은 확실히 우리 민족이 맞는 것 같지요? 부여에서는 또 왕이나 족장이 죽으면 노비를 함께 묻는 순장, 그가 쓰던 물건

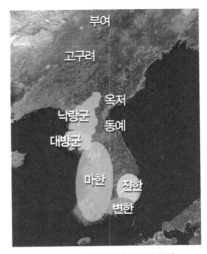
고조선 멸망 후 한반도의 국가들

을 함께 묻는 껴묻거리 풍습이 있었어요. 부여는 또한 형이 죽으면 그 동생이 형수를 아내로 삼아 부양하는 형사취수兄死娶嫂* 풍습이 있었어요. 이 형사취수 풍습은 고구려에도 있었답니다. 고구려와 부여가 비슷한 점이 많거든요.

부여 사람들은 12월이 되면 영고迎鼓라는 제천 행사祭天行事를 지냈어요. 제천 행사는 하늘에 제사를 지내는 것을 가리켜요. 이때 모두 모여 노래 부르고 춤을 추면서 수확을 축하하고 내년의 풍년을 기원했지요. 동시에 이런 제천 행사를 통해 백성을 통합하려고 했어요. 이렇게 발전하던 부여는 고구려가 성장하면서 점차 약해졌어요. 그러다가 최종적으로 5세기 후반, 고구려에 의해 멸망한답니다.

● 형사취수 한자의 뜻풀이 그대로 '형이 죽으면 형수를 아내로 취한다'는 뜻이다. 주로 유목 민족에게서 나타나는 풍습으로, 형이 죽었을 경우 그의 아내에게 상속된 재산이 다른 가문으로 유출되는 것을 막기 위한 동시에 홀로 된 미망인의 생계를 동생이 책임지기 위해 생겨났다.

이제 고구려에 대해 살펴볼까요? 고구려는 부여와 풍습이 상당히 비슷했어요. 고구려의 지배층이 대부분 부여 출신이었거든요. 고구려는 압록강 중류에 살던 토착민과 부여 계통의 이주민이 힘을 합쳐 탄생했어요.<sup>기원전 37년</sup> 나라가 건국되기 전부터 이들은 한이 설치한 군현<sup>낙랑군과 대방군</sup>과 싸우면서 성장했답니다.

고구려도 부여와 마찬가지로 5개 부족이 모여 연맹 왕국을 세웠어요. 왕 밑으로 상가와 대가 등의 군장이 있었어요. 그런데 고구려가 세워진 땅은 무척 척박했어요. 평야 지대였던 부여와 달리 고구려는 산간 지역에 있었어요. 그러니 농사가 잘될 리 없었고, 식량도 부족했지요. 고구려는 이러한 어려움을 극복하기 위해 주변 지역을 정복하기 시작했어요. 그 결과 작은 나라들을 흡수하면서 영토를 넓힐 수 있었고, 나중에는 한의 군현들도 몰아낼 수 있었답니다. 옥저와 동예를 사실상 속국<sup>●</sup>으로 만들어 놓기도 했지요. 이처럼 정복 전쟁이 많다 보니 고구려에서는 자연스럽게 무인이 대우받았어요. 무예를 숭상하는 분위기가 강했고, 실제로 사람들은 신체를 단련하는 것을 미덕으로 여겼어요.

부여와 마찬가지로 고구려에서도 10월에 동맹<sup>東盟</sup>이라는 제천 행사를 열었어요. 고구려만의 독특한 풍습으로는, 서옥제가 있어요. 서옥은 '사위의 집'이란 뜻이에요. 결혼한 후 신랑이 신부의 집 뒤꼍에 이 서옥을 짓고 살다가 부부가 낳은 자식이 성장하면 신랑의 집으로 돌아가는 제도이지요. 이 서옥제가 당시 기준으로는 현명

● 속국 외형상으로는 독립국의 형태를 취하지만, 실제로는 다른 강한 나라에 의해 정치·경제·군사적으로 지배를 받는 나라

하다고 볼 수도 있어요. 당시에는 노동력을 확보하는 것이 아주 중요했거든요. 혼인한 후에 신부가 신랑의 집에 가 버리면 신부 집의 노동력이 줄어들지요. 이 부족한 노동력을 보상하기 위해 신랑이 신부의 집에서 일정 기간 동안 살았던 거랍니다.

## 소도에 죄인이 들어가면 못 잡는 이유는?
└한반도의 옥저, 동예, 삼한의 발전

이번에는 철기 문화를 바탕으로 한반도 내부에서 성장한 나라들을 살펴볼게요. 우선 함경도 동해안, 그러니까 오늘날의 함흥과 그 일대에 있었던 옥저와 강원도 북부의 동해안에 있었던 동예부터 볼까요?

옥저는 토지가 비옥한 데다 해안가에 있어 농업과 어업이 모두 발달했어요. 하지만 고구려의 속국이 되면서 소금과 어물을 바쳐야 했고, 더 이상 발전하지 못했어요.

옥저의 독특한 풍습으로는 민며느리제가 있어요. 장차 신부가 될 여성이 신랑이 될 사람의 집에서 어렸을 때부터 살다가 성인이 되면 비로소 결혼하는 제도예요. 이때 신랑 집에서 지참금을 주는데, 신부 집이 받아들이지 않으면 결혼은 무효가 됐어요. 물론 그런 경우는 많지 않았다고 해요.

옥저에서는 이 밖에도 가족 공동 무덤이 유행했어요. 가족의 시신을 임시로 매장했다가 썩고 나면 그 뼈를 추려서 나무로 된 상자에 넣고 안치한 거지요. 이를 세골장洗骨葬이라고도 해요. 뼈만 씻어서 매장한다는 뜻이에요.

동예도 옥저와 마찬가지로 토지가 비옥하고 해산물이 풍부했어요. 특산물도 많았는데, 특히 짧은 활을 뜻하는 단궁, 토종말인 과하마, 바다표범의 가죽을 뜻하는 반어피가 유명했어요.

동예에서도 부여, 고구려와 마찬가지로 10월에 무천舞天이라는 제천 행사를 열었어요. 다만 동예의 결혼 풍속은 고구려, 옥저와 달랐어요. 같은 씨족끼리는 절대 결혼하지 않았고, 다른 씨족과만 결혼한 거예요. 이런 풍습을 족외혼族外婚이라고 해요. 또 씨족 사회 전통이 강해 다른 부족이나 읍락을 침범하면 큰 문제가 되기도 했어요. 이런 경우 손해를 끼치게 했다면 소나 말 혹은 노비로 보상하는 풍습이 있었어요. 이를 책화責禍라고 했답니다.

옥저와 동예는 부여와 고구려에 비해 발전이 더뎠어요. 한반도 북동쪽에 치우쳐 있었던 것이 이유 중의 하나예요. 두 나라는 왕도 없었어요. 읍군 혹은 삼로라 부르는 군장이 읍락을 다스렸지요. 옥저와 동예는 군장이 그 읍락을 다스리는 군장 국가 수준에서 부족 연맹 국가 단계로 발전하지 못한 채 멸망했답니다.

자, 이제 한반도 남부 지방으로 가 볼까요? 이곳에는 고조선이 한창 발전하고 있을 때 원래 진이라는 나라가 있었어요. 고조선이 멸망한 후에는 고조선의 준왕이 무리를 이끌고 내려와 한을 세웠지요. 이 나라들이 중심이 되어 삼한으로 발전했다고 생각하면 크게 틀리지 않아요.

삼한은 마한, 진한, 변한을 아울러 부르는 명칭이에요. 중국 사서인《후한서》의 기록에 따르면 마한은 54개, 진한과 변한은 각각 12개의 소국小國*들로 구성되어 있었어요. 마한, 진한, 변한에도 왕은 없었어요. 각 소국마다 신지, 읍차라 부르는 군장이 있어 독자적으로 나라를 다스렸지요. 그 대신 마한의 소국 중 하나인 목지국의 군장이 삼한 전체를 대표하는 왕의 역할을 했어요. 당시 목지국을 진국이라고도 했기 때문에 목지국의 군장을 진왕이라고도 불렀어요.

삼한의 가장 큰 특징은 정치와 종교가 분리되어 있었다는 점이에요. 종교를 관장하는 지배자를 천군이라 불렀어요. 천군이 통치하는 지역은 소도라고 했는데, 이 소도에는 정치권력자인 군장의 영향력이 미치지 못했어요. 도둑이 소도로 들어가면 천군이 내쫓거나 스스로 나올 때까지 체포하지 못했지요.

삼한에서는 일찍이 철제 농기구를 사용해 농사를 지었어요. 그 중에서도 벼농사가 크게 발달했어요. 농사를 하려면 물을 잘 다스려야 해요. 삼한에서는 이를 위해 벽골제김제, 수산제밀양, 의림지제천와 같은 저수지를 만들었지요. 농사가 발달해서 제천 행사도 두 번이나 열었어요. 한 번은 씨뿌리기를 끝낸 5월, 또 한 번은 추수를

* 소국 국력이 약하거나 영토가 작은 나라

끝낸 10월이었지요.

삼한 사람들은 초가지붕으로 된 반움집이나 귀틀집을 짓고 살았어요. 남성들은 도포 같은 옷을 입고 상투를 틀었으며 짚신을 신었지요. 변한은 철이 풍부해서 철을 화폐처럼 쓰거나 일본, 낙랑 등에 수출하기도 했어요.

삼한 중에 세력이 가장 강했던 나라는 마한이었어요. 마한은 나중에 백제로 발달하지요. 진한은 신라로 발전하고, 변한은 가야로 발전해요. 삼한의 변천 과정에 대해서는 곧 살펴볼 거예요.

# ★ 단원 정리 노트 ★

## 1. 철기가 보급된 뒤 생활의 변화

① 철기가 생활 전반에 널리 쓰이다

청동기 시대에는 제사 용구와 귀족의 장신구, 고급 무사들의 무기에만 청동기를 쓰고 생활 용품에는 석기를 사용했으나, 철기는 농기구 등 생활 전반에 널리 활용되었다. 하지만 철기가 보급된 뒤에도 여전히 청동기가 쓰였다.

② 고인돌이 사라지고 널을 매장하는 무덤 양식이 나타나다

철기는 청동기보다 훨씬 단단했기 때문에 땅을 파기가 수월해졌다. 따라서 많은 노동력을 필요로 하는 고인돌보다는 땅을 파서 널(관)을 매장하는 형태의 무덤이 나타났다.

③ 정복 활동이 활발해지고 여러 국가가 성립하다

철제 무기를 앞세운 부족들이 정복 활동을 활발하게 펼치는 과정에서 여러 부족이 통합되었고, 이를 통해 여러 국가가 성립되었다.

## 2. 부여와 초기 고구려의 개요

|  | 부여 | 고구려 |
|---|---|---|
| 국가 형태 | 부족 연맹 국가 | 부족 연맹 국가 |
| 국가 지도자 | 왕 | 왕 |
| 군장의 명칭 | 마가 · 우가 · 저가 · 구가(사출도) | 상가 · 대가 등 |

| | | |
|---|---|---|
| 대표적인 풍습 | 1책 12법 · 형사취수제 · 순장과 껴묻거리 · 영고 | 동맹 · 서옥제 |
| 특이 사항 | 고구려에 병합됨 | |

## 3. 옥저와 동예, 삼한의 개요

| | 옥저 | 동예 | 삼한 |
|---|---|---|---|
| 국가 형태 | 군장 국가 | 군장 국가 | 군장 국가 |
| 국가 지도자 | 군장 | 군장 | 군장 + 마한의 목지국(진왕) |
| 군장의 명칭 | | 읍군 · 삼로 | 신지 · 읍차 |
| 대표적인 풍습 | 민며느리 · 세골장 | 족외혼 · 무천 · 책화 | 5월과 10월에 제천 행사 |
| | | | 제정 분리 사회 |
| | | | 천군이 다스리는 소도 |
| 대표적인 유적 | | | 벽골제 · 수산제 · 의림지 |
| | | | → 벼농사 발달 |
| 특이 사항 | | | 마한은 백제로, |
| | | | 진한은 신라로, |
| | | | 변한은 가야로 발전 |

# 삼국의 성립과 발전

## : 세 나라가 천하를 다투다

- 삼국의 건국 과정과 체제 정비 과정을 설명해 보세요.
- 3~4세기 백제 근초고왕의 업적을 이야기해 보세요.
- 5세기 고구려 광개토 대왕과 장수왕의 업적을 이야기해 보세요.
- 6세기 신라 지증왕, 법흥왕, 진흥왕의 업적을 이야기해 보세요.

## 고구려가 국내성으로 수도를 옮긴 까닭은?

### └고구려의 체제 정비(1~4세기)

고구려에 대해 다시 자세히 살펴볼까요?

고구려는 압록강 유역의 졸본 지방<sup>오늘날의 랴오닝성 환런현</sup>에서 건국되었어요<sup>기원전 37년</sup>. 먼저 《삼국사기》에 실린 고구려의 건국 이야기를 들려줄게요.

부여 왕의 궁궐에 살던 유화 부인이 어느 날 큰 알을 낳았어요. 부여 왕은 불길하다며 알을 들판에 버렸어요. 뜻밖에도 들짐승들은 알을 짓밟거나 먹지 않고 극진히 보호했어요. 부여 왕은 어쩔 수

졸본 지방과 국내성 위치

졸본성으로 추정되는 중국 라오닝성 환런
현의 오녀산성

없이 알을 거두어 유화 부인에게 돌려주었어요. 얼마 후 이 알에서 고주몽이 태어났어요. 고주몽은 훗날 부여를 떠나 졸본 지방으로 가서 고구려를 세웠지요.

이 이야기를 보면 고구려를 건국한 고주몽<sup>동명성왕, 1대</sup>이 부여 계통이란 점을 알 수 있어요. 부여 계통의 이주민이 졸본 지방으로 가서 현지 주민과 함께 고구려를 세운 거죠. 당시 졸본에는 여러 부족이 살고 있었는데, 5부<sup>계루부, 소노부, 절노부, 순노부, 관노부</sup>의 세력이 컸어요. 이 중에서 소노부의 세력이 가장 강했기에 계루부에 속한 고주몽은 소노부와 손을 잡았어요. 이런 상황이었으니 초기에 왕권은 약했고, 모든 결정은 부족장 회의에서 내렸어요.

졸본 지방은 물자가 부족한 산악 지대였어요. 교통도 불편하고 농경 생활에는 적합하지 않았지요. 이 때문에 고구려는 얼마 후 국내성<sup>오늘날의 지린성 지안</sup>으로 수도를 옮겼어요. 나라를 키우려면 산악 지방보다는 평야 지대가 더 적합하니까요. 어쩌면 고구려 왕실이 소노부의 힘이 강한 졸본 지방을 떠나고 싶었을지도 몰라요.

이후 고구려는 주변의 작은 나라들을 정복하면서 영토를 넓혔어요. 중국의 한이 고조선을 무너뜨리고 설치한 군현도 하나씩 몰아 냈죠. 이런 과정을 거치면서 고구려는 더 강해졌어요. 고구려인들은 스스로를 세계의 중심으로 생각하며 나라를 성장시켜 갔어요.

나라의 기틀을 갖추고 강력한 고대 국가로 성장하려면 무엇보다 중앙 집권 체제를 정착시켜야 해요. 왕의 통치가 지방 구석구석까지 미치는 정치 체제가 중앙 집권 체제이지요. 그러려면 왕의 권력이 강해야 하며 체제를 탄탄하게 정비해야죠. 왕의 권위가 살아야 통치 행위에 위엄이 서지 않겠어요?

삼국<sup>고구려·신라·백제</sup> 가운데 가장 먼저 이 중앙 집권 체제를 시도한 나라가 고구려였어요. 중앙 집권 국가로 발전하기 위한 고구려의 노력을 살펴볼까요?

고구려에서 중앙 집권 체제를 본격적으로 시도한 첫 왕은 1세기 후반의 태조왕<sup>6대</sup>이었어요. 태조왕은 동해안의 옥저를 정복하고 남쪽으로는 청천강 일대로 영역을 넓혔어요. 또 서쪽으로는 요동 지방으로 진출하려고 노력했어요.

태조왕의 업적은 또 있어요. 고구려가 5부의 연맹 국가로 출범했다고 했지요? 왕은 다섯 부족의 부족장 회의에서 선출했어요. 태조왕은 이를 바꾸어 오로지 주몽 혈통인 계루부 고씨만 왕이 될 수 있도록 했어요. 왕족이 될 수 있는 범위를 제한했으니 왕권이 많이 강해졌겠지요?

2세기 후반의 고국천왕<sup>9대</sup>은 한 걸음 더 나아가 왕위를 아들에게만 물려주는 부자 상속 제도를 시행했어요. 부자 상속 제도를 도입해 왕의 후계자를 확정해 버리니 왕의 친척들이 더 이상 왕위를 넘볼 수 없게 되었어요. 이 제도가 시행되면서 왕권은 더욱 강해졌지요. 그런데 안타깝게도 고국천왕은 아들이 없었어요. 그래서 동생에게 왕위를 넘겨주었어요.

고국천왕의 또 다른 업적이 있어요. 다섯 부족이 각각 독자적으로 생활해 오던 5부를 해체하고, 방위에 따라 동부, 서부, 남부, 북부, 중부의 5부로 개편한 거예요. 이때 각 부족의 지배자들은 중앙 귀족으로 탈바꿈했어요. 부족장들이 왕 밑으로 들어간 거죠. 이는 큰 의미가 있어요. 부족장의 세력이 약해졌다는 뜻이거든요. 맞아요. 이런 개혁은 고구려가 부족 연맹 국가 단계에서 중앙 집권 국가로 발전하는 큰 전환점이 되었답니다.

나아가 고국천왕은 봄에 백성들에게 곡식을 빌려주고 수확이 끝난 가을에 돌려받는 진대법을 시행했어요. 이 제도는 고려 시대의 의창, 조선 시대의 환곡으로 이어지지요. 진대법의 시행으로 가난한 농민들이 많은 혜택을 받게 되었어요. 그러자 농민들은 국가와 왕에게 더욱 충성했어요. 고국천왕이 왕권을 강화하고 중앙 집권 체제를 갖추는 데 상당히 기여했지요?

고구려가 쑥쑥 성장하고 있죠? 물론 위기도 있었어요. 3세기 중엽 동천왕[11대] 때 중국의 위가 침략해 온 거예요. 이때 고구려의 환도성이 함락되었어요. 환도성은 고구려의 수도인 국내성의 북쪽에 있는 성으로, 적이 침략해 들어오면 병사들과 백성이 들어가서 싸우는 산성이었답니다.

4세기 초 미천왕15대이 기운을 되찾아 다시 영토를 확장했어요. 미천왕은 요동 지방으로 진출해서 서안평오늘날의 중국 지린성 단둥을 점령했어요. 서안평은 당시 중국과 한반도를 연결하는 교통로였어요. 사실 미천왕은 한반도 내부에 있던 낙랑군과 대방군이 서안평을 통해 중국과 연결되는 게 탐탁치 않았어요. 낙랑군과 대방군은 한이 고조선을 멸망시키고 우리 옛 땅에 세운 기구거든요. 미천왕은 서안평을 친 후에 낙랑군과 대방군까지 진격해 멸망시켰어요. 이런 기구들을 몰아냄으로써 고구려는 중국 세력을 물리치고 대동강 이남까지 영토를 확보할 수 있었죠.

이 무렵 중국은 아주 혼란스러웠어요. 후한이 멸망하고 그 뒤를 이어 위→진→남북조 시대°로 이어지고 있었지요. 이 시기를 위진남북조 시대라고 해요.

이 시기에 진이 중국을 통치할 때 외부에서 이민족이 침입했어요. 진은 중국의 남동쪽으로 달아났고, 진이 자리를 비운 영토에는 5개 민족이 16개 나라를 세웠어요. 중국 북쪽에는 5호 16국, 남쪽에는 달아난 진동진이 각각 존재한 거예요.

얼마 지나지 않아 5호 16국, 동진이 모두 멸망했어요. 하지만 여전히 중국은 통일되지 않았고 북쪽 왕조북위·동위·서위·북제·북주와 남쪽 왕조송·제·양·진가 따로 존재했어요. 이 시기가 남북조 시대예요. 남북조

• 남북조 시대 중국의 북쪽에는 유목 민족이 세운 나라들이, 남쪽에는 한족이 세운 나라들이 존재하던 시기

시대는 수가 중국을 통일함으로써 끝이 나요. 그러니까 후한이 멸망한<sup>220년</sup> 이후부터 수가 통일하기<sup>589년</sup> 전까지 중국은 상당히 혼란스러웠다고 이해하면 돼요.

5호 16국 시절, 고구려는 선비족이 세운 연과 접해 있었어요. 이 연은 곧 멸망했는데, 얼마 후에 선비족이 다시 연을 세워요. 두 개의 연이 존재했으니 앞의 나라를 전연, 뒤의 나라를 후연이라고 불러요. 참, 헷갈리지 마세요. 앞에서 고조선과 겨루었던 연은 이 전연, 후연과는 아무런 상관이 없는 다른 나라입니다.

미천왕의 뒤를 이어 고국원왕<sup>16대</sup>이 통치하던 4세기 중반, 고구려는 양쪽으로 위기를 맞았어요. 요서 지역으로부터는 전연이 침략하는 바람에 환도성을 다시 빼앗겼어요. 아버지 미천왕의 시신도 전연에 빼앗겼지요. 이마저도 힘든 상황인데 그사이에 힘을 키운 남쪽의 백제가 치고 올라왔어요. 고구려가 협공을 당한 거예요. 백제군은 고구려 평양성을 공격했고, 이 전투에서 고국원왕은 목숨을 잃었지요.

고구려가 큰 위기를 맞았어요. 다행히 고국원왕의 아들인 소수림왕<sup>17대</sup>이 이 위기를 극복했어요. 소수림왕은 우선 5호 16국 중에서 저족이 세운 전진과 수교를 맺고 선진 문물을 받아들였어요. 또 삼국 중에서 가장 먼저 전진으로부터 불교를 수입했어요. 불교는 왕권을 강화하는 데 큰 도움을 주었어요. 불교를 통해 백성의 신앙을 하나로 통일시킬 수 있었거든요.

소수림왕은 우리 역사상 최초의 국립 중앙 교육 기관인 태학도 설립했어요[372년]. 주로 귀족의 자제들이 태학에 입학해 유교 경전이나 역사 서적을 공부했어요. 소수림왕은 오늘날로 치면 법률이라고 할 수 있는 율령°도 반포했어요[373년]. 이로써 고구려의 중앙 집권 체제가 확립되었답니다.


## 백제 고분과 고구려 고분은 왜 비슷할까?
└백제의 체제 정비와 확장(3~4세기)

백제의 건국 이야기도《삼국사기》에 실려 있어요. 고주몽이 고구려를 건국하던 시절로 돌아가 볼까요?

주몽은 고구려를 세우는 과정에서 졸본 지방의 실력자로 소노부 출신인 소서노와 재혼했어요. 두 사람 사이에는 비류와 온조, 두 아들이 있었어요. 하지만 두 아들은 고구려의 왕위를 이을 수 없었어요. 주몽이 부여에 있을 때 아들을 낳았는데, 그 아들인 유리가 고구려로 건너왔거든요. 유리가 맏아들이니 고구려의 왕위를 이을 태자가 되었어요. 왕위에서 멀어진 비류와 온조는 신하와 백성을 이끌고 남쪽으로 내려갔어요. 비류는 미추홀<sup>오늘날의 인천</sup>, 온조는 위례성<sup>오늘날 서울 지역</sup>에 나라를 세웠어요. 얼마 후 비류가 죽자 비류의 백성은 온조에게 갔어요. 온조가 이들을 모두 받아들인 후 나라를 세웠는

● 율령 범죄·형벌에 관한 제도와 정치 조직의 규칙, 일반 사회를 다스리는 법과 명령 등이 포괄된 법률

중국 지린성에 있는 고구려의 돌무지무덤. 장군총 또는 장수왕릉으로 불린다.

서울 석촌동에 있는 백제 고분

데, 이 나라가 바로 백제이지요<sup>기원전 18년</sup>.

백제 또한 고구려와 마찬가지로 토착민과 이주민이 힘을 합쳐 세운 나라예요. 《삼국사기》의 건국 이야기에서도 한강 유역의 토착민과 부여 및 고구려에서 내려온 이주민이 함께 백제를 세웠다는 사실이 잘 나타나 있어요. 백제도 고구려와 마찬가지로 이들 부족이 나중에는 동부, 서부, 남북, 북부 등 여러 부로 재편된답니다.

백제가 부여 및 고구려 계통이었다는 사실을 입증하는 증거가 적지 않아요. 대표적인 것이 서울 석촌동에 있는 백제의 초기 무덤이에요. 이 무덤은 돌을 쌓아서 만든 돌무지무덤인데, 장군총을 비롯해 고구려의 여러 무덤이 이와 같은 양식으로 만들어졌답니다. 멀리 떨어진 두 나라의 무덤 양식이 비슷하다는 것은, 두 나라의 혈통이 유사하다는 뜻으로 해석할 수 있어요.

여기서 잠깐. 백제의 첫 수도였던 위례성에 대해 조금만 더 정리하고 넘어갈게요. 위례성의 위치에 대해 논란이 좀 있거든요.

예전에는 경기 하남 일대와 서울의 몽촌토성을 위례성이라고 여겼어요. 하지만 요즘에는 풍납동 토성이 위례성이었다는 주장이 더 설득력을 얻고 있어요. 이 풍납동 토성을 발굴하다 보니 건물터가 여러 곳에서 발견되었거든요. 뿐만 아니라 백제 초기의 유물도 상당히 많이 발굴되었어요. 그렇다면 몽촌토성은 어떤 목적을 위해 만든 성일까요? 학자들은 풍납동 토성을 수비하기 위해 몽촌토성을 쌓았을 것으로 짐작하고 있답니다.

**풍납동 토성**
서울시 송파구 풍납동에 있다. 백제의 위례성으로 추정되고 있다.

백제는 초기에 마한의 여러 작은 나라 중 하나에 불과했어요. 하지만 기름진 평야가 많아 농업이 빠른 속도로 발전했어요. 한강을 끼고 있으니 해상 교통도 발달했고 중국과 교류하면서 선진 문물을 받아들이기도 유리했지요.

고구려가 그랬던 것처럼 백제도 주변의 소국들을 하나씩 정복하면서 영토를 넓혀 나갔어요. 이런 과정을 거치면서 백제는 한반도 중부와 남서부를 대표하는 강국으로 성장했어요.

**몽촌토성**
서울시 송파구 방이동의 올림픽 공원에 있다. 풍납동 토성을 수비하기 위해 쌓은 것으로 추정된다.

고구려는 1세기 후반인 태조왕 때부터 본격적으로 중앙 집권 체제를 확립하기 위해 노력했어요. 하지만 4세기 중반까지도 완전히 체제를 정비하지는 못했어요. 오히려 삼국 중에 가장 늦게 건국된 백제에서 가장 먼저 체제를 정비했답니다. 그 주역은 3세기 중엽의 고이왕[8대]이었어요.

고이왕은 고구려가 수백 년에 걸쳐 서서히 진행한 개혁을 단숨에 이루어 냈어요. 그 결과 백제의 왕권은 강해졌고, 중앙 집권 체제도 어느 정도 정착되었지요. 고이왕의 개혁 내용을 살펴볼까요?

영토가 넓어지고 백성들도 늘어났어요. 고이왕은 이 상황에 맞추어 우선 율령을 제정했어요[262년?]. 이 율령에 따라 통치 조직도 정비했지요. 관리를 총 16개의 등급, 즉 관등으로 나누었기 때문에 이를 16관등이라고 해요. 가장 높은 관등은 제1관등[1품]인 좌평이었어요. 좌평은 6명을 두었어요. 오늘날로 치면 행정부의 장관이 이 좌평에 해당한다고 할 수 있어요. 좌평 중에서 우두머리를 상좌평이라고 했는데, 이 상좌평은 오늘날의 국무총리와 비슷하다고 이해하면 크게 틀리지 않아요.

관리마다 등급이 다르니 관리들이 입는 옷, 즉 관복의 색깔도 달랐어요. 가장 높은 1~6품은 자색 관복을 입었어요. 이어 7~11품은 비색, 12~16품은 청색 관복을 입게 함으로써 관리의 서열을 확실하게 했지요. 이처럼 관리의 등급과 서열을 정한 것은 삼국 중에서 백제가 처음이라는 사실, 기억해 두세요.

고이왕 이전에도 백제의 왕들은 지속적으로 영토를 넓히고 있었어요. 하지만 여전히 마한의 우두머리는 백제가 아니라 목지국이었어요. 고이왕은 바로 이 목지국을 쳐서 병합했어요. 목지국을 제압하면서 백제는 마한의 중심이자, 한반도 중부의 최고 강대국으로 떠올랐지요. 백제의 그다음 이야기는 신라와 가야의 초기 역사를 살펴본 후 이어 갈게요.

## 신라에서는 왕을 어떻게 불렀을까?
### └신라의 체제 정비

고구려, 백제, 신라 세 나라 가운데 어느 나라가 가장 먼저 세워졌을까요? 고구려의 영토가 광활했기 때문인지, 의외로 많은 사람이 고구려가 가장 먼저 건국되었다고 생각하는 것 같아요. 하지만 《삼국사기》에 따르면 가장 먼저 세워진 나라는 신라랍니다. 《삼국사기》에서는 신라가 기원전 57년에, 고구려는 기원전 37년에 건국되었다고 기록하고 있어요.

정말로 신라가 고구려보다 먼저 건국되었을까요? 이에 대해서는 논란이 좀 있어요. 《삼국사기》를 쓴 김부식이 신라 계통의 문벌 귀족이었기에 신라 위주로 역사를 서술했다고 주장하는 학자들도 적지 않답니다. 참고로 알아 두세요.

고구려, 백제와 마찬가지로 신라의 건국 이야기도 살펴볼까요? 이 이야기 또한 《삼국사기》에 수록되어 있어요.

한반도의 남동쪽에 위치한 진한 서라벌의 알천 언덕에 6개 부락 촌장이 모여 어진 임금을 내려 달라며 하늘에 빌었어요. 알천 언덕 남쪽의 양산이란 곳에서 빛이 피어올랐지요. 촌장들이 가서 보니 천마天馬 한 마리가 우물 옆에 큰 알을 남기고 하늘로 날아갔어요. 그 알에서 사내아이가 나왔어요. 알이 박처럼 생겼기에 그 아이를 박혁거세라 불렀지요.

같은 날, 알영이란 연못에서는 닭의 머리를 한 용이 나타나서 옆구리로 여자아이를 낳았어요. 촌장들은 이 여자아이를 알영이라 불렀어요. 두 아이가 13세 되던 해, 촌장들은 두 아이를 사로국의 왕과 왕후로 추대했어요. 진한의 소국 중 하나였던 이 사로국이 훗날 신라로 발전했으니 신라가 이 해에 건국된 셈이지요<sup>기원전 57년</sup>.

이 이야기에도 역사가 담겨 있어요. 박혁거세는 6개 부락 촌장들의 추대를 받아 왕에 올랐지요? 이 말은, 신라가 여러 세력이 연합해 건국되었다는 뜻이에요.《삼국사기》에도 '고조선이 경주로 와서 6촌을 이루었다.'라고 기록되어 있어요. 그러니까 신라 초기에는 6부가 각자의 영역을 통치하는 연맹 국가 형태였어요. 고구려, 백제, 신라 건국의 공통점이 바로 이것이에요. 세 나라 모두 토착민과 이주민이 연합해 세웠다는 거예요.

신라는 상당히 더디게 발전했어요. 일단 한반도의 남동부에 있어 지리적으로 중국의 우수한 문물을 수입하기에 불리했어요. 왕권도 약했어요. 심지어 한 혈통이 왕위를 독차지하지도 못했을 정도예요. 그래도 신라는 고구려와 백제가 그랬던 것처럼 주변 지역을 하나씩 정복하며 세력을 키웠어요. 신라의 초기 상황을 살펴볼까요?

신라 초기에는 박씨, 석씨, 김씨가 번갈아 가면서 왕에 올랐어요. 심지어 왕의 호칭도 자주 바뀌었어요. 신라 시조인 박혁거세는 '거서간'이라고 했는데 군장 혹은 귀인<sup>貴人</sup>이라는 뜻이 담겨 있죠. 박혁거세의 뒤를 이은 2대 남해왕은 '차차웅'이라고 했어요. 차차웅은 무당이란 뜻인데, 아마도 당시 왕이 정치뿐 아니라 종교까지 관장해서 이런 이름으로 불렸을 가능성이 커요.

유리왕3대부터 4세기 중엽의 흘해왕16대까지 14명의 왕은 '이사금'이라 불렸어요. 이사금은 무언가를 깨물었을 때 난 치아의 자국을 뜻하는 '잇금'이란 말에서 유래했어요. 지혜가 많은 사람이 잇금이 많다는 속설이 있었는데, 유리왕이 다른 왕 후보자보다 잇금이 많아 왕에 올랐다는 이야기가 전해지고 있어요. 이후로 왕을 이사금이라 부른 거지요. 이사금은 연장자란 뜻이에요.

이사금이 통치하던 시기에 신라의 영토가 크게 넓어졌어요. 신라는 소백산맥 일대에 있는 진한의 소국들을 대부분 정복했어요. 그 결과 신라가 진한을 대표하는 나라가 되었지요.

내물왕17대부터 지증왕22대까지 6명의 왕은 '마립간'이라 불렸어요. 훗날 '마님'이란 호칭이 이 마립간에서 나왔다고 해요. 마립간은 대장군 혹은 최고의 우두머리를 뜻하는 말이었어요.

마립간이란 호칭은 그전의 호칭보다 존칭의 의미가 더 강했어요. 이런 호칭을 쓴 점만 봐도 내물왕이 왕권 강화에 힘을 썼다는 사실을 짐작할 수 있지요. 실제로 신라가 중앙 집권 체제를 확립하면서 고대 국가로 나아가기 시작한 게 바로 이 내물왕이 통치하던 4세기 중반이었답니다.

내물왕은 세 성씨가 번갈아 가면서 왕위에 오르던 전통을 깨고, 오로지 김씨만 왕이 될 수 있도록 했어요. 이미 말한 대로 왕의 칭호도 마립간으로 높였지요. 또한 내물왕 때 신라는 진한의 땅 대부분을 차지했어요. 어느 정도는 중앙 집권 국가로 성장할 기반을 갖춘 셈이지요.

하지만 아직 신라는 많이 약했어요. 바로 이 내물왕 때 신라는 백제의 요청을 받은 왜와 가야 연합군의 침략을 받았어요. 내물왕은 고구려에 급히 도움을 요청했어요. 고구려의 광개토 대왕은 5만 명의 병사를 보내 왜군을 물리치도록 했어요. 이후 신라는 고구려의 속국과 다름없는 신세로 전락했어요.

실제로 경주에 있는 신라 때의 무덤 호우총에서 발견된 청동 그릇 밑면에는 '광개토 대왕'이란 글자가 선명하게 찍혀 있어요. 당시 고구려와 신라의 관계가 어떠했는지를 잘 알 수 있는 증거인 셈이지요. 하지만 신라가 고구려의 속국이나 다름없는 신세가 되었다고 해서 불행하기만 했던 것은 아니에요. 신라는 고구려를 통해 중국의 우수한 문물을 받아들일 수 있었거든요.


## 귀족이 강했을까, 왕이 강했을까?
└삼국의 정치 체제와 신라 골품제

지금까지 1~4세기의 고구려, 백제, 신라 역사를 살펴보았어요. 가야에 대해서는 곧 자세히 다룰 거예요. 마지막으로 삼국의 정치 체제를 서로 비교하면서 살펴보도록 할게요. 따로따로 알아 두면 혼동할 수 있으니 세 나라를 비교하면서 익혀 두는 게 좋거든요.

세 나라 모두 귀족의 권력이 강했어요. 물론 왕권이 강해지고는 있었어요. 하지만 여전히 귀족들을 무시할 수는 없었지요. 이 때문에 세 나라 모두 따로 귀족 회의가 운영되었어요. 고구려에서는 대대로를 의장으로 하는 제가 회의가 열렸어요. 백제에서는 상좌평을 의장으로 하는 정사암 회의, 신라에서는 상대등을 의장으로 하는 화백 회의가 있었지요.

물론 귀족들의 세력이 강했다고 해서 왕이 허수아비였던 것은 아니에요. 왕들은 중앙 집권 체제를 구축하면서 중앙 정치 조직과 지방 행정 조직을 차례차례 정비해 나갔어요.

고구려는 대대로 이하로 10여 등급의 관리가 있었어요. 백제는 좌평 이하로 16등급, 신라는 이벌찬 이하로 17등급의 관리가 있었지요. 고구려의 수상은 대대로, 백제의 수상은 상좌평이었어요. 신라의 수상은 상대등이었지요. 세 나라는 각 부족이 지배하던 지방을 국가 행정 구역으로 개편했어요. 이 과정에서 부족장들은 중앙의 귀족으로 성장했지요.

세 나라는 모두 지방을 다섯 구역으로 나누어 관리를 파견했어요. 세 나라의 행정 조직을 비교해 볼까요? 우선 고구려는 수도와 지방을 모두 각각 5부로 나누었어요. 왕권이 강해지면서는 지방에 관리를 파견했지요. 백제도 고구려와 비슷해 수도는 5부, 지방은 5

방으로 나누었으며 지방에 관리를 파견했어요. 백제는 이와 별도로 22담로를 설치하기도 했어요. 신라는 수도를 6부, 지방을 5주로 나누었어요. 또 특수 행정 구역인 소경을 2곳 두었지요.

신라에는 다른 나라에 없는, 골품제라는 독특한 신분제가 있었어요. 골품제는 골제와 두품제를 합친 말이에요. 가장 높은 두 신분이 골이었고, 그 아래가 두품이었어요. 이를테면 부모가 모두 왕족이면 성골, 한쪽만 왕족인 고위 귀족이면 진골이었어요. 왕족이 아닌 일반 귀족들은 6두품에서 1두품까지 서열을 정했지요.

이 골품제에 따라 정해진 신분은 바꿀 수 없었어요. 벼슬도 골품제의 등급에 따라 정해졌어요. 집의 크기나 타고 다니는 수레의 크기, 의복까지도 골품제에 따라 정해졌죠. 완벽한 신분 사회였다는 사실을 알 수 있겠죠?

## 가야가 있다면 사국 시대가 맞는 게 아닐까?
└ 가야 연맹의 성립과 부여의 멸망

지금까지 삼국의 역사를 살펴보았어요. 그런데 엄밀히 말하면 한 나라가 더 있었어요. 바로 가야예요. 세 나라와 마찬가지로 가야에도 건국 설화가 있어요. 우선 건국 이야기부터 살펴볼까요?

마을 족장들이 어진 임금을 내려 달라며 하늘에 제사를 지냈어요. 신라의 건국 신화와 비슷하지요? 족장들은 모여서 노래를 불렀는데, 이것이 한국 문학 역사상 최초의 서사시인 〈구지가〉예요. 가사를 보면, "거북아, 거북아, 머리를 내어라. 내놓지 않으면 구워서 먹으리."로 비교적 단순해요.

족장들의 노력에 감동했는지 하늘이 6개의 황금 알을 내려 보냈어요. 이 중에서 가장 먼저 알을 깨고 나온 아이가 김수로였어요. 이어서 나머지 알들도 깨지면서 아이들이 나왔어요. 이 여섯 명이 각각 가야의 왕에 올랐지요. 이렇게 해서 가야가 건국된 거예요<sup>42년</sup>. 김수로의 왕후는 멀리 인도 아유타국에서 온 허황옥이었지요.

이 건국 이야기에서도 역사적 사실을 읽을 수 있어요. 알의 개수가 6개였던 것은 가야가 연맹 국가였으며, 그중에 세력이 비교적 큰 가야가 6개였다는 뜻이에요. 고구려, 백제, 신라와 마찬가지로 토착민과 이주민이 힘을 합쳐 나라를 건국했다는 사실도 알 수 있지요.

가야는 신라 진흥왕<sup>24대</sup> 때 신라에 병합되면서 완전히 사라졌어요<sup>562년</sup>. 약 500년의 역사를 가진 셈이지요. 그런데 왜 우리는 가야를 합쳐 사국 시대라 부르지 않고 삼국 시대라 부르는 걸까요?

가야는 여러 소국으로 구성되어 있었어요. 백제와 신라 사이에 있는 변한 땅, 그중에서도 낙동강 하류 지역에 세워졌어요. 땅이 비옥해서 농업이 발달했고, 철이 많아 철기 문화가 발전했지요. 여러 나라 가운데 특히 세력이 컸던 금관가야<sup>김해</sup>, 대가야<sup>고령</sup>, 성산가야

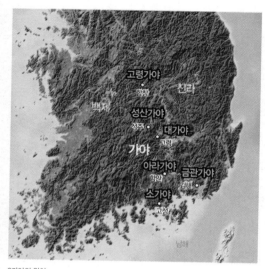
6가야의 위치

성주, 아라가야<sup>함안</sup>, 고령가야<sup>함창</sup>, 소가야<sup>고성</sup>를 보통 6가야라고 불러요.

가야에 속한 이 나라들은 각자 독립적인 정치권력을 유지했고 필요할 때 힘을 합쳤어요. 부여와 비슷하지요? 맞아요. 가야 또한 부족 연맹 국가였거든요. 고구려, 백제, 신라가 일찍부터 왕권을 강화하며 중앙 집권 국가로 발전한 것과는 상당히 다른 모습이라고 할 수 있지요.

가야 연맹체, 그중에서도 금관가야는 토지가 비옥한 덕분에 농업 생산력이 상당히 높았어요. 뿐만 아니라 철기 문화가 상당히 발전했어요. 철로 무기나 농기구를 만들었고, 심지어 덩이쇠라는 화폐도 사용했어요. 일본과 낙랑 등지로 철을 수출했고, 중국을 넘어 북방 유목 민족과도 교류를 했어요. 경남 김해 대성동 고분에서 발굴된 유물을 보면 말의 얼굴을 가리는 말갖춤과 청동 솥이 있는데, 모두 북방의 유목 민족이 사용하던 것이랍니다.

이런 모든 상황을 감안하면 4세기까지만 하더라도 가야는 결코 신라보다 약한 나라가 아니었다는 사실을 알 수 있어요. 《삼국유사》에는 금관가야의 수로왕이 나중에 신라의 왕이 되는 석탈해와 대결하는 이야기가 수록되어 있어요. 그 이야기도 해 볼까요?

어느 날 석탈해가 금관가야에 가서 수로왕에게 왕위를 내놓으라고 하지요. 수로왕은 거절했고, 두 사람은 각각 매와 독수리로 변해 대결을 벌였어요. 이 대결에서 패한 석탈해는 신라로 달아났고, 나중에 신라의 왕이 되었지요<sup>탈해왕</sup>. 설화이기는 하지만 이 이야기에서 한때는 금관가야가 신라보다 강했다고 추측할 수 있어요.

가야는 크게 전기 가야와 후기 가야로 나눌 수 있어요. 전기 가야는 5세기 초반까지 이어졌어요. 김수로왕을 배출한 김해의 금관가야가 맏형 노릇을 했지요. 금관가야는 백제, 왜와 돈독한 관계를 유지했고, 신라를 공격하기도 했어요.

하지만 금관가야는 고구려군의 남진으로 큰 타격을 받았어요. 왜와 가야 연합군이 신라를 공격했을 때 내물왕의 요청으로 광개토 대왕이 5만 병사를 보냈다고 했지요? 바로 그때 금관가야가 큰 공격을 받고 휘청거렸어요. 금관가야는 곧 연맹 국가의 맹주 자리를 잃었지요.

맏형 격인 금관가야가 힘을 쓰지 못하니 가야 연맹 왕국도 쇠퇴할 수밖에 없었어요. 그래도 가야 연맹 왕국은 쓰러지지 않았어요. 고구려의 공격에 큰 타격을 입지 않은 고령의 대가야가 나서서 가야 연맹체를 재건했거든요. 대가야 또한 비옥한 토지와 풍부한 철 자원을 바탕으로 힘을 키웠어요. 이로써 후기 가야의 역사가 시작되었지요. 후기 가야의 역사는 뒤에서 다룰게요.

## 근초고왕은 정말 중국 땅에 진출했을까?
└백제, 먼저 치고 나가다

　지금까지 고구려, 백제, 신라가 중앙 집권 체제를 구축하는 과정을 살펴봤어요. 세 나라가 경쟁하는 이야기는 많이 하지 않았어요. 하지만 세 나라가 한반도 안에 있는데 서로 간에 대결이 없었을 리가 없죠. 지금부터는 세 나라가 어떻게 성장하고, 경쟁하고 대결했으며, 그 결과가 어떻게 됐는지를 이야기할 거예요. 가장 먼저 이야기할 나라는 백제예요.

　앞에서 백제는 고이왕이 중앙 집권 체제를 상당히 구축했다고 했죠? 하지만 그 후로 백제는 한동안 혼란스러웠어요. 왕위를 놓고 귀족들 사이에 권력 다툼이 심했거든요. 4세기 중엽에 권력 투쟁에서 승리해 왕에 오른 인물이 근초고왕[13대]이에요. 근초고왕 시절 백제는 최고의 전성기를 누리지요. 근초고왕의 행적을 따라가 볼까요?

　근초고왕은 왕권을 강화하기 위해 왕위 부자 상속 제도를 확립했어요. 또한 지방에는 왕명을 받드는 지방관을 파견했어요. 이제는 중앙 집권 체제가 꽤 갖추어진 것 같지요? 왕권이 안정되자 근초고왕은 대대적으로 영토를 확장하기 시작했어요. 남쪽으로는 마한의 남은 세력을 정복함으로써 전라도 지방을 완전히 차지했어요. 또 낙동강 유역의 가야도 제압했지요.

한반도 중부와 남부를 평정한 근초고왕은 이어 북쪽으로 말을 달렸어요. 이 무렵 고구려의 고국원왕은 선비족의 전연을 막느라 정신이 없었어요. 그 틈을 타서 근초고왕은 평양성을 공격했지요. 이 전투에서 근초고왕은 고국원왕을 죽이고 대승을 거두었어요. 이 전투에서 승리함으로써 백제는 황해도 일부 지역까지 세력을 넓힐 수 있었답니다.

4세기 중반 한반도 국가의 영토

근초고왕은 중국과도 교류를 늘려 나갔어요. 이 무렵 중국의 북쪽에는 5호 16국, 남쪽에는 동진이 있었어요. 고구려는 북쪽의 전연과 대결했지요? 근초고왕은 중국 남부에 있던 나라인 동진과 우호적인 외교 관계를 맺었어요.

근초고왕은 남서해의 해상 교통을 완전히 장악했어요. 이어 황해를 건너 요서 지방까지 진출했다는 기록이 중국 역사서인 《송서》와 《양서》에 남아 있어요. 그런데 우리 역사서에는 이런 기록이 없어요. 그러다 보니 중국 역사서의 기록대로 백제가 요서 지방에 진출했는지를 놓고 아직도 논쟁이 계속되고 있답니다.

일본의 규슈 위치

근초고왕은 왜<sup>일본</sup>와도 교류하면서 규슈 지방까지 활동 무대를 넓혔어요. 왜 왕에게 보낸 칠지도가 그 증거이지요. 칠지도는 현재 일본 덴리시 이소노카미 신궁에 보관되어 있는, 일본의 국보예요.

**칠지도**
근초고왕이 일본의 왕에게 하사한 철로 만든 칼이다. 양 옆으로 세 개의 가지가 뻗어 있는 모양은 세계 어느 곳에서도 발견된 적이 없어 칼의 용도에 대한 의견이 분분하다.

근초고왕 시기에 만들어진 것으로 추정되는 칠지도는 길이 74센티미터의 칼이에요. 62개의 글자가 새겨져 있는데, 이 글을 해석하면 '백제의 왕세자가 왜왕에게 하사한다.'는 내용이 돼요. 그런데 일본 학계에서는 백제가 왜왕에게 칼을 '바친 것'이라고 주장했어요. 이 때문에 한동안 한국과 일본 학계에서 꽤 논쟁이 일었지요. 확실한 것은, 당시 백제의 힘이 상당히 강했다는 점이에요. 그런 백제가 조공*할 만큼 일본이 강했을까요? 글쎄요. 그것보다는 근초고왕이 왜국과 우호적으로 지내기 위해 이 칼을 선물로 보냈다고 보는 게 더 합리적이지 않을까요?

근초고왕 이후로도 백제는 동진과 계속 우호적인 관계를 이어 갔어요. 덕분에 4세기 후반의 침류왕¹⁵ᵈ 시절에 동진으로부터 불교를 수입할 수 있었지요. 왕들은 불교와 같은 종교를 통해 백성의 사상을 통합하려 했어요. 고구려 소수림왕 때 불교를 수입한 것도 같은 목적이었어요. 앞에서 이야기했는데 기억하죠? 실제로 불교 수입은 왕권 강화와 중앙 집권 체제 구축에 큰 도움을 주었답니다.

## 중국 후연이 멸망한 까닭은?
└광개토 대왕의 영토 확장(5세기)

* 조공 정치·군사적으로 종속된 국가가 힘이 강한 지배 국가에 예물을 바쳐 충성심을 드러내는 행위

한반도의 4세기는 백제의 시대였어요. 근초고왕이 맹활약을 펼

치며 고구려까지 제압했으니까요. 그러나 고구려가 주저앉은 것은 아니었어요. 앞에서 살펴본 대로 소수림왕이 체제를 정비해 중앙 집권 체제를 다시 강화했어요. 그 덕분에 고구려는 세력을 확대할 수 있는 토대를 탄탄하게 갖출 수 있게 되었지요.

소수림왕은 아들이 없었어요. 왕위는 동생인 고국양왕[18대]이 이어 받았어요. 고국양왕이 짧게 통치하고 사망한 후, 그러니까 4세기 말에 고국양왕의 아들이 고구려 19대 왕에 올랐어요. 이 왕이 바로 광개토 대왕이에요. 광개토 대왕과 그의 아들 장수왕은 고구려를 동북아시아의 절대 강자로 만들면서 전성기를 이끌었어요. 지금부터 이 두 왕의 이야기를 해 볼까요?

광개토 대왕이 즉위할 무렵 중국은 위진 남북조 시대였어요. 북쪽에는 5호 16국, 남쪽에는 동진이 자리 잡고 있었지요. 중국이 분열과 혼란의 시기를 맞고 있었던 거예요. 중국의 분열과 혼란은 고구려가 크게 성장할 수 있는 좋은 기회가 되었죠. 광개토 대왕은 이 기회를 놓치지 않고 사방으로 정복 전쟁을 벌였어요. 그 결과 5세기 초 고구려는 동북아시아의 대제국으로 우뚝 설 수 있었답니다.

우선 남쪽 상황부터 보면, 광개토 대왕은 여러 차례 백제를 공격했어요. 그 결과 백제로부터 수십 개의 성을 빼앗았어요. 심지어 백제의 17대 왕인 아신왕까지 포로로 잡았지요. 아신왕은 "고구려의 노예가 되겠다."라며 항복할 수밖에 없었어요. 광개토 대왕은 백제의 왕족과 귀족을 인질로 데리고 고구려로 귀환했어요. 이로써 광개토 대왕은 한강 이북 지역을 차지했고, 평양성 전투에서 백제에 당했던 치욕을 확실하게 되갚아 주었지요.

백제 아신왕은 굴욕적인 항복을 만회하겠다며 고구려를 다시 공격할 기회를 엿보았어요. 하지만 그런 기회는 오지 않았어요. 광개토 대왕이 워낙 강했으니까요. 꿩 대신 닭이랄까, 결국 아신왕은 왜국, 가야를 부추겨 신라를 치도록 했어요. 왜 신라냐고요? 이 무렵 신라는 고구려에 공물을 바치고 있었거든요. 고구려를 못 치니까 고구려와 동맹을 맺은 신라를 친 셈이죠.

신라가 위급해졌어요. 이때 신라를 통치하던 왕은 내물왕 <sup>내물 마립</sup> <sup>간</sup>이었어요. 처음으로 김씨가 왕위를 세습할 수 있도록 제도화해서 신라의 체제를 정비한 바로 그 왕이에요. 하지만 이때까지만 해도 신라는 아주 약한 나라였어요. 내물왕은 어쩔 수 없이 고구려에 도움을 요청했어요. 광개토 대왕은 곧바로 5만의 군사를 보냈어요. 왜군은 고구려군의 상대가 되질 못했어요. 제대로 싸워 보지도 못하고 도망가기에 급급했지요.

이때 왜군은 금관가야로 후퇴했어요. 고구려군은 내친 김에 금관가야까지 공격했어요. 금관가야가 가야 연맹의 맹주*였거든요. 가야의 우두머리인 금관가야가 고구려군의 공격으로 초토화되었어요. 이때 받은 충격으로 가야는 크게 휘청거렸지요.

이로써 고구려가 한반도의 남쪽을 평정했어요. 자, 이번엔 한반도의 북쪽, 그러니까 고구려의 서쪽을 볼까요? 같은 시기에 광개토

● 맹주 서로 동맹이나 연맹을 맺은 무리의 우두머리

대왕은 중국도 공략했거든요.

고구려군은 고구려 국경 주변 지역을 하나씩 평정했어요. 거란, 비려, 숙신<sup>말갈</sup> 등의 민족들이 모두 항복했죠. 그다음에는 동부여까지 정복했어요. 동부여는 공식적으로는 고구려 문자명왕 때 멸망했지만 사실상 광개토 대왕이 정복 전쟁을 벌이던 이 무렵 고구려에 무너졌답니다.

그다음 광개토 대왕이 노린 곳은 어디였을까요? 바로 요동 지방의 후연이었어요. 후연은 전연이 멸망한 후에 선비족이 다시 일으켜 세운 나라예요. 광개토 대왕은 우리 민족의 땅이었던 요동 지방을 되찾아야 한다고 생각했어요. 그러니 후연과의 전쟁은 피할 수 없었지요.

사실 먼저 공격한 쪽은 후연이었어요. 기습 공격을 해서 고구려를 제압하려는 속셈이었지요. 하지만 호랑이를 건드린 꼴이 되어 버렸어요. 광개토 대왕은 군대를 이끌고 요동으로 진격했어요. 모든 전투에서 고구려가 승리했고, 마침내 요동성도 되찾았어요. 고구려에 연패한 후연은 그 충격을 이기지 못하고 결국 5세기 초반에 내분으로 멸망했지요.

고구려군의 공격력이 막강하죠? 이는 당시 고구려가 철갑옷을 입은 기병 부대를 편성했기 때문이에요. 고구려에는 품질이 좋은 철광석이 많이 나왔어요. 이 철을 이용해 철갑 기병을 운영했는데, 병사뿐 아니라 말에게도 철갑옷을 입혔어요. 고구려의 기병을 개

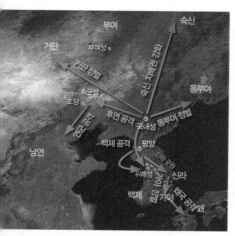

광개토 대왕의 영토 확장

마 무사라고 불렀답니다.

　고구려는 정복 전쟁을 통해 만주의 대부분 지역과 연해주의 일부 지역을 차지했어요. 좀 더 구체적으로 광개토 대왕 시절 고구려의 영역을 살펴볼까요? 서쪽으로는 요동반도, 북서쪽으로는 몽골, 북쪽으로는 쑹화강송화강. 북동쪽으로는 연해주 어귀까지에 이르렀어요. 동북아시아의 상당 부분을 장악한 셈이지요. 이러니 고구려를 동북아시아의 대제국이라 부르는 게 이상할 게 없어요.

　광개토 대왕은 고구려가 천하의 중심이라고 생각했어요. 그래서 자신을 중국의 황제와 대등한 존재로 인식했고, 중국 황제에 버금가는 호칭인 태왕이나 성왕이라는 호칭을 사용했어요. 또 중국 황제들이 사용하던 연호年號도 직접 썼어요. 광개토 대왕이 쓴 독자 연호가 영락이었어요. 우리 역사 중에서 독자 연호를 가장 먼저 쓴 왕이 바로 광개토 대왕이랍니다. 이 연호에 맞추어 광개토 대왕을 영락 태왕이라 부르기도 했어요.

5세기 한반도 국가의 영토

　사실 광개토 대왕은 백제와 신라를 이미 정복했다고 생각했어요. 백제의 왕으로부터 항복을 받아 냈고, 신라의 왕자는 고구려에 인질로 잡혀 있었으니까요.

## 장수왕의 묘호가 장수왕인 이유는?
└고구려 장수왕의 남진 정책(5세기)

안타깝게도 이후 고구려는 북쪽이나 서쪽으로 영토를 더 넓히지 못했어요. 5세기 초반에 광개토 대왕의 뒤를 이어 20대의 젊은 왕인 장수왕이 즉위했는데, 그가 남진 정책을 폈기 때문이에요.

장수왕은 먼저 도읍을 평양성으로 옮겼어요[427년]. 이어 본격적으로 백제와 신라를 공략했어요. 백제와 신라, 두 나라가 힘을 합치면 고구려를 막아 낼 수 있을까요? 백제와 신라는 동맹을 체결했어요. 이것이 나제 동맹이에요[433년].

그러나 나제 동맹도 고구려 군대를 막기에는 역부족이었어요. 특히 백제가 큰 위기를 맞았어요. 5세기 후반 고구려 군대는 3만의 군사를 보내 백제 수도인 한성[위례성]을 함락했어요. 이 과정에서 백제의 개로왕[21대]이 전사했지요. 수도가 함락되고 왕이 전사했으니 백제는 멸망의 위기를 맞았어요. 다행히 개로왕의 아들이 신속하게 문주왕[22대]에 올라 수도를 웅진[충남 공주]으로 옮김으로써 백제는 생명을 이어 갈 수 있었지요.

고구려는 순식간에 한강을 넘어 오늘날의 충청도까지 진격했어요. 장수왕은 영토 확장을 기념해 충주에 중원[충주] 고구려비를 세웠지요. 신라도 위기를

장수왕의 남진 정책에 따른 국경의 변화

맞은 것은 마찬가지였어요. 고구려군은 신라를 향해 진격해 죽령 이북의 영토를 모두 차지했어요. 만약 백제 군대가 돕지 않았다면 이때 신라는 멸망했을지도 몰라요. 이로써 고구려는 한반도의 중부 지역까지 차지했어요. 당시 고구려의 남쪽 경계선은 오늘날의 아산 만에서 영일만에 이르렀어요.

장수왕은 98세에 세상을 떠났어요. 당시 의학 수준으로는 상당히 오랫동안 살았던 셈인데, 그래서 장수왕이란 묘호*가 붙은 거예요. 장수왕 재위 중에 백제는 18대 전지왕에서부터 24대 동성왕까지 7명의 왕이, 신라는 18대 실성왕에서부터 21대 소지왕까지 4명의 왕이 바뀌었답니다.

광개토 대왕과 장수왕 시절 고구려는 한반도 삼국의 경쟁에서 주도권을 확실하게 잡았어요. 뿐만 아니라 사상 최대의 영토를 확보하기도 했지요. 혹시 장수왕이 북진 혹은 서진 정책을 폈다면 고구려의 역사가 달라졌을지도 몰라요. 어쩌면 오늘날의 중국 내륙 깊숙한 곳까지 진출했을지도 모르지요. 그런데 장수왕은 왜 광활한 대륙으로 진격하지 않고 한반도로 시선을 돌린 걸까요?

우선 장수왕이 왕위에 오르고 얼마 지나지 않아 중국 상황에 또 변화가 생겼어요. 북중국에는 북조, 남중국에는 남조가 따로따로 왕조를 세운 남북조 시대가 시작된 거예요. 남북조 시대에는 아무래도 그전보다 분열과 혼란이 줄어들었어요. 중국이 조금 더 강해진 셈이지요.

* 묘호 임금이 죽은 뒤에 생전의 업적을 기려 붙이는 이름

장수왕은 외교 노선을 바꾸어 중국 북조, 남조 모두와 교류했어요. 북조 위쪽에 있는 유목 민족 국가인 유연과도 교류했어요. 이 무렵 유연은 빠른 속도로 세력을 키우고 있었거든요. 맞아요. 장수왕은 광개토 대왕처럼 중국 대륙을 향해 진격하기보다는 세 나라와 모두 교류하면서 실리를 챙기는 것이 현명하다고 판단했어요. 어쩌면 이 판단은 옳은 것일 수도 있어요. 요동 지방을 지켜 내려면 중국과 계속 충돌해야 했을 테고, 전쟁이 잦아지면 국력이 약해졌을 테니까요. 어쨌든 장수왕의 이 실리 외교* 정책으로 고구려는 큰 전쟁을 치르지 않고 동북아시아의 4강 중 하나로 인정받았다는 평가를 받고 있어요.

사실 만주를 비롯한 그 일대의 땅은 척박해요. 그 땅을 얻기 위해 많은 노력을 기울였는데, 정작 그 땅에서 나오는 곡식의 수확량은 그리 많지 않았어요. 이와 반대로 한반도에는 곡창 지대가 드넓게 펼쳐져 있었어요. 새로운 수도인 평양성은 대동강 유역의 평야가 발달해 있었고 바다로 진출하기에도 수월한 교통의 요지였어요. 바로 이런 점 때문에도 장수왕이 한반도로의 남진 전략을 폈을 가능성이 커요.

여기에 또 하나의 이유를 보탠다면, 아마도 국내성의 귀족들을 견제하기 위해 수도를 평양성으로 옮겼을 거예요. 새 도읍지로 옮기면 국내성 귀족들이 졸지에 중앙 귀족의 지위를 잃고 힘을 쓸 수 없으니까 왕권이 더 강해지겠지요?

• 실리 외교 명분을 앞세워 대립하기보다는 원만한 이해관계를 유지하면서 실제적인 이득을 취하는 외교 정책

오늘날 장수왕의 남진 정책을 비판하는 학자도 있어요. 평양으로 도읍을 옮기는 바람에 고구려가 대륙으로 더 이상 진출하지 못했고, 결국에는 우리 민족이 만주 땅을 잃게 되었다는 거지요. 하지만 모든 정책에는 장점과 단점이 있기 마련이에요. 과연 장수왕의 남진 정책은 장점이 많았을까요, 아니면 단점이 많았을까요? 한 번쯤은 생각해 볼 주제죠.

## 백제가 남부여로 이름을 바꾼 까닭은?
└백제의 재기 노력과 제2의 중흥(5~6세기)

근초고왕이 다스리던 시절인 4세기의 백제는 천하무적이었어요. 하지만 이 영광은 5세기로 이어지지 못했어요. 5세기는 고구려의 시대였거든요. 광개토 대왕과 장수왕의 정복 전쟁 때문에 백제는 건국 이후 최악의 위기를 맞았지요.

백제의 비유왕[20대]은 신라의 눌지왕[19대]과 나제 동맹을 맺고 고구려에 맞섰어요. 하지만 이 또한 역부족이었어요. 백제는 광개토 대왕의 공격 때 한강 이북 지역을 잃었고 왕이 굴욕적인 항복을 해야 했지요? 장수왕의 공격 때는 이보다 더한 어려움에 처해 수도인 한성을 잃었고, 백제의 개로왕이 오늘날의 아차산 아래에서 고구려군에 살해되기까지 했어요.

개로왕의 아들로 왕에 오른 문주왕은 수도를 웅진으로 옮겨 전열을 가다듬었어요[475년]. 하지만 재기하는 것이 그리 쉽지는 않았어요. 무엇보다 한강을 잃은 것이 쓰라렸어요. 한강을 중심으로 무역을 활발히 펼쳤는데, 한강 유역을 잃었으니 무역이 극도로 침체되었고 경제 상황이 나빠졌거든요. 설상가상으로 귀족들의 권력 다툼도 다시 심해졌어요. 급기야 문주왕이 군사를 총괄하는 병관좌평*에게 살해되기까지 했어요.

백제의 동성왕[24대]은 이 혼란을 극복하려고 신라와의 동맹을 더욱 강화했어요. 동성왕은 신라 왕실의 여성을 아내로 맞아들였지요. 이렇게 함으로써 나제 동맹은 한 단계 더 높은 혼인 동맹*으로 발전했어요[493년].

혼인 관계로 똘똘 뭉친 백제와 신라는 안간힘을 쓰며 고구려의 남진 정책에 맞섰어요. 동성왕은 내부 개혁에도 힘을 써 기존 귀족들에 대항하기 위해 신진 세력을 등용하기도 했어요. 하지만 결말이 좋지 않았어요. 동성왕마저 자객에게 피살된 거예요. 백제의 상황이 정말 어수선하지요?

하지만 동성왕의 노력이 전혀 의미 없는 것은 아니었어요. 바로 다음 왕부터 노력의 성과가 나타나기 시작했거든요. 마침 고구려의 장수왕도 세상을 떠난 후였어요. 그러니 백제로서는 재기할 수 있는 기회가 생긴 거예요.

6세기 초에 동성왕의 둘째 아들이 왕에 올랐어요. 바로 무령왕[25]

● 병관좌평 백제의 여섯 좌평 가운데 군사 업무를 담당하던 으뜸 벼슬
● 혼인 동맹 두 나라의 왕이나 왕족이 서로 결혼함으로써 동맹을 맺는 것

<sup>대</sup>이에요. 무령왕은 지방 행정 구역을 정비해 전국에 22개의 담로를 설치했어요. 이 담로에는 왕족을 파견해 다스리게 했어요. 중앙 집권 체제가 강화되었겠지요? 기력을 되찾은 무령왕은 고구려와 전투를 벌였어요. 많이 강해진 백제는 고구려와 대등하게 싸울 수 있었어요.

고구려의 장수왕은 중국 북조, 남조 모두와 교류했어요. 백제 무령왕은 지리적으로 가까운 남조와 교류하면서 중국의 우수한 문물을 받아들였어요. 이처럼 무령왕은 동성왕의 뒤를 이어 백제가 제2의 중흥을 할 수 있는 기반을 마련했다는 평가를 받고 있어요. 다행히 수도인 웅진은 차령산맥과 금강으로 둘러싸여 있어 외적이 침략하기 어렵다는 이점이 있었어요. 덕분에 무령왕은 백제의 재건에 전념할 수 있었지요.

하지만 웅진은 사방으로 뻗어나가기가 어렵다는 단점이 있었어요. 세력을 키우려면 새로운 수도가 필요했지요. 무령왕의 뒤를 이은 성왕<sup>26대</sup>은 넓은 평야와 강을 끼고 있는 사비<sup>지금의 부여</sup>로 수도를 옮겼어요. 나라 이름도 남부여로 바꾸었어요. 백제의 뿌리가 광활한 만주를 누비던 부여에 있으니, 그 부여인의 기상을 이어받아 나라를 부흥시키겠다는 의지가 엿보이지요. 참고로 백제는 성왕이 죽고 난 후에 나라 이름을 다시 백제로 돌려놓았답니다.

성왕은 이어 본격적으로 체제를 정비하기 시작했어요. 중앙과 지방의 정치 조직을 모두 정비했어요. 중앙에는 22부의 관청을 두었고, 수도와 지방 행정 구역을 확실히 나누었어요. 성왕은 또 중국 남조와의 교류를 강화했어요. 왜국과도 교류를 늘려 다양한 선진 문물을 전파했지요.

이 무렵 고구려는 상당히 어수선했어요. 광개토 대왕, 장수왕처럼 강력한 제왕이 더 이상 등장하지 않자 귀족들이 권력 다툼을 벌이고 있었던 거예요. 나제 동맹은 고구려를 쳤어요. 나제 동맹은 승리했고 백제는 한강 유역을 되찾았어요. 하지만 백제는 한강을 지키지 못했어요. 신라의 진흥왕이 돌연 백제를 공격해 한강 유역을 빼앗았거든요.

성왕은 분노했어요. 성왕은 한강 유역을 되찾으려고 신라를 공격했어요. 하지만 관산성<sup>지금의 충북 옥천</sup>에서 치러진 전투에서 백제는 패했어요. 성왕도 이 전투에서 전사했지요<sup>554년</sup>.

이 관산성 전투 이후 나제 동맹은 깨졌고, 백제는 다시 기울기 시작했어요. 반대로 신라는 놀라운 속도로 세력을 뻗어 나갔어요. 고구려는 침체의 늪에서 쉽게 빠져나오지 못했지요. 6세기 이후 한반도는 신라가 주도권을 갖고, 고구려와 백제가 여제 동맹을 맺어 신라에 맞서는 모양새로 바뀐답니다.

# 울릉도와 독도를 우리 영토로 만든 왕은 누구일까?
## └신라의 체제 정비 및 팽창(6세기)

4세기에는 백제가, 5세기에는 고구려가 전성기를 누렸어요. 6세기에는 한반도의 주도권이 신라로 넘어간답니다.

5세기에 고구려의 남진 정책이 본격화했을 때는 백제뿐 아니라 신라도 위기를 맞았어요. 신라 19대 눌지왕은 백제 비유왕과 나제 동맹을 맺어 고구려에 맞섰어요. 하지만 이미 살펴본 대로 이때까지는 나제 동맹이 큰 성과를 거두지 못했어요.

이후 신라는 독자적으로 발전 방법을 찾기 시작했어요. 그 결실이 6세기 이후에 나타났어요. 지증왕<sup>22대</sup>, 법흥왕<sup>23대</sup>, 진흥왕<sup>24대</sup>이 신라를 강력한 중앙 집권 국가로 만들어 놓은 거예요. 이후 신라는 놀라운 속도로 세력을 뻗었어요.

지증왕은 중국의 선진 문물과 제도를 적극 받아들였어요. 왕의 칭호를 마립간에서 왕으로 바꾸고 나라 이름도 서라벌에서 신라로 바꾸었지요. 사실 신라는 그전까지만 해도 서라벌, 사로, 계림 등 여러 이름으로 불렸답니다. 이것을 신라로 통일한 것이지요.

지방 행정 구역도 정비해 전국을 주로 나누고 그 밑에 군과 현을 두었어요. 영토도 크게 늘렸어요. 이사부를 시켜 우산국<sup>울릉도와 독도</sup>을 병합해 신라 영토로 만들었고, 경주를 넘어 경상도 북부까지 진출했지요.

지증왕은 경제를 살리는 데도 많은 노력을 기울였어요. 소가 쟁기를 끄는 우경을 처음 도입했고, 경주에는 시장을 개설했어요. 왕이나 귀족이 죽으면 식솔을 함께 매장하는 순장도 금지시켰어요. 이를 통해 야만적 풍습을 없애고 노동력도 확보하는 일거양득의 효과를 보았지요.

법흥왕은 율령을 반포하고 군대를 총괄하는 병부를 신설했어요. 법과 군대를 왕이 장악했으니 왕권이 더 강화되었겠지요? 나아가 법흥왕은 골품제도 정비했어요. 관리를 총 17개 관등으로 나누었고, 골품제에서 지정한 신분에 따라 승진 상한선을 정했어요. 이를테면 진골은 1관등인 이벌찬까지 오를 수 있지만 6두품은 6관등인 아찬까지만 오를 수 있게 한 거예요. 백제와 마찬가지로 관등에 따라 관복도 달리했어요.

법흥왕은 또 귀족 회의를 주재하는 우두머리 격인 상대등 벼슬을 신설했어요. 귀족 중에서 뽑은 상대등은 왕을 보좌하는 역할을 했어요. 오늘날로 치면 국무총리에 해당하는, 나라의 2인자라고 볼 수 있지요. 법흥왕은 건원이란 연호도 썼어요. 고구려보다는 늦었지만 신라에서도 독자 연호를 쓴 거예요. 고구려 광개토 대왕의 공격 이후 쇠퇴한 김해의 금관가야를 병합한 것도 법흥왕의 업적이랍니다532년.

법흥왕은 불교도 공인했어요. 신라에서 불교가 공인되는 과정은 고구려, 백제보다 험난했어요. 사실 불교가 신라에 들어온 것은 훨씬 이전의 일이었어요. 하지만 귀족들이 불교를 받아들이지 않으려 했어요. 불교 사상이 왕권 강화에는 도움이 되지만 귀족들의 권력은 약화시킨다는 이유에서였지요. 결국 이차돈°이 순교함으로써 신라에서도 불교를 인정하게 되었지요.

법흥왕에 이르러 신라는 완벽한 중앙 집권 체제를 갖추었어요. 덕분에 그 다음 왕인 진흥왕은 공격적으로 영토를 확장하기 시작했어요. 백제의 근초고왕, 고구려의 광개토 대왕이 그랬듯이 진흥왕은 사방으로 말을 달렸어요.

진흥왕은 새로운 나라를 건국하겠다는 포부가 강했어요. 연호도 개국이라 지었지요. 마침 백제에서도 성왕이 등극하면서 강력한 백제의 부활을 외치고 있었어요. 그러니 나제 동맹의 위력은 그 어느 때보다 강했어요. 게다가 고구려는 귀족들 사이에 권력 다툼이 심해 어수선한 상황이었어요.

그 결과 나제 동맹은 고구려에 대승을 거두었어요. 백제는 한강 하류, 신라는 한강 상류 지역을 차지했지요. 이대로 나제 동맹이 북쪽으로 진격했더라면 어땠을까요? 하지만 그런 일은 일어나지 않았어요. 뜻밖의 일이 발생했거든요. 신라가 갑자기 백제를 공격해 한강 하류 지역을 차지한 거예요. 진흥왕은 중국과 직접 교류하기를 원했어요. 그러려면 한강 하류의 땅이 반드시 필요했어요.

신라는 이제 직접 중국과 교류할 수 있게 되었어요. 한강 북쪽의 고구려와 남쪽의 백제를 완전히 갈라놓아 두 나라의 협력도 막을

• 이차돈 왕을 가까이에서 모시는 관리를 지냈다. 불교를 국교로 삼고자 하는 법흥왕의 의도가 귀족의 반대에 부딪히자 왕명을 가장하여 절을 짓다가 처형당했다. 그가 처형당했을 때 일어난 기괴한 일로 인해 신라는 불교를 받아들이게 된다.

수 있었지요. 이처럼 신라는 많은 것을 얻었지만 백제 성왕은 배신감을 느꼈어요. 성왕은 신라를 응징하겠다며 직접 군대를 이끌고 관산성으로 향했어요. 이 관산성 전투는 신라, 백제 모두에게 운명이 걸린 승부였어요. 결과는 신라의 승리였어요. 관산성 전투 이후 신라가 한반도의 주도권을 잡았다고 했지요?

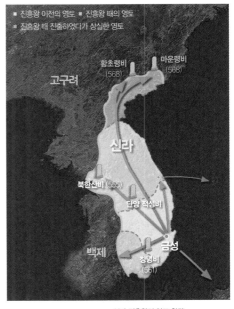

신라 진흥왕의 영토 확장

진흥왕의 다음 목표는 가야였어요. 관산성 전투에서 가야가 백제 편을 들었기 때문이에요. 진흥왕은 가야의 수장 역할을 하는 고령의 대가야를 쳐 사실상 속국으로 만들었어요. 가야는 신라의 지배를 받아들이려 하지 않았어요. 곧 반란이 일어났지요. 진흥왕은 이참에 신라군을 투입해 대가야를 정복했어요. 이로써 가야는 역사 속으로 사라졌어요[562년].

진흥왕 시절 신라는 동해안을 따라 북쪽의 함경도까지 진출했어요. 고구려 장수왕이 한강 이남으로 영토를 넓힌 기념으로 충주에 고구려비를 세운 적이 있었지요? 진흥왕도 영토 확장 기념물을 세웠어요. 고구려의 영토였던 적성을 점령한 것을 기념해 단양 신라 적성비를 세운 것 외에도 창녕, 북한산, 황초령, 마운령 등 4곳에 진흥왕 순수비*를 세웠지요.

신라는 삼국 중에서 가장 나중에 중앙 집권 체제를 구축했고, 발

* 순수비 왕이 국토를 살피며 돌아다닌 것을 기념하여 그 지역에 세운 비석

전 속도도 가장 더디었어요. 하지만 진흥왕이 통치한 시기에 고구려, 백제를 제치고 한반도의 1인자로 우뚝 섰어요. 여기에는 화랑도의 공이 컸어요. 화랑도는 오늘날로 치면 사관 학교라 할 수 있는데, 이 또한 진흥왕이 창설했어요.

화랑도는 세속오계라는 계율을 엄격히 지켰어요. 다섯 가지 계율은 다음과 같아요. 첫째, 충으로써 임금을 섬기는 사군이충事君以忠. 둘째, 효로써 부모를 섬기는 사친이효事親以孝. 셋째, 믿음으로써 친구를 사귀는 교우이신交友以信. 넷째, 전쟁터에서는 물러서지 않는다는 임전무퇴臨戰無退. 다섯째, 생물을 함부로 죽이지 않는 살생유택殺生有擇이랍니다.

훗날 신라가 한반도를 통일해요. 그 통일의 기초가 바로 이 진흥왕 시절에 만들어졌다고 해도 과언이 아니랍니다.

**화랑도**
신라의 각 촌락에 형성되어 있던 청소년 심신 수련 단체를 진흥왕이 중앙 정부에 흡수하여 만든 청소년 집단이다. 교육과 군사, 사교 등 다양한 방면의 수련을 했다.

## 가야와 부여가 성장하지 못하고 멸망한 까닭은?
└후기 가야의 성장과 멸망

고구려군의 침입을 받아 금관가야가 휘청거리면서 전기 가야의 역사가 끝났어요. 다행히 고령에 있던 대가야가 그 뒤를 이어 가야 연맹체를 재건함으로써 후기 가야의 역사가 시작되었어요.

대가야도 금관가야처럼 비옥한 토지와 철 자원을 바탕으로 힘을 키웠어요. 이즈음 고구려 장수왕의 남진 정책으로 백제와 신라는 모두 경황이 없었어요. 대가야는 다시 일본과 교역했고, 중국과도 무역을 확대했어요. 중국 남조에 사신을 보내기도 했어요. 한때 소백산맥을 넘어 오늘날의 전라북도까지 진출해 일부 지역을 점령하기도 했지요.

하지만 제2의 중흥을 노리던 백제의 왕들은 호남 지역으로 세력을 확장하는 가야를 그대로 두지 않았어요. 가야와 백제 사이에 여러 차례 전쟁이 벌어졌고, 가야의 세력은 갈수록 약해졌어요.

신라 법흥왕이 통치하던 시기에 금관가야가 신라에 병합되었어요. 대가야도 위태로워졌어요. 경남 함안에 있던 아라가야가 대가야를 대신해 새로운 가야 연맹을 만들어 보려 했지만 실현되지는 못했어요. 아라가야는 대가야보다 먼저 멸망하고 말았지요. 이어 진흥왕 때는 가야의 맏형 격인 대가야마저 신라에 병합되었어요. 이로써 가야는 역사 속으로 사라졌답니다562년.

금관가야와 마찬가지로 대가야의 유적도 남아 있어요. 경북 고령에 가면 산 능선을 따라 거대한 고분이 수백 기 있어요. 아마 대가야의 왕을 비롯한 지배층의 무덤이었을 것으로 추정돼요. 사람을 함께 묻은 순장의 흔적이 있고, 각종 금관과 철제 무기, 갑옷 등이 출토되었답니다.

가야의 귀족 중 상당수는 신라에 투항했어요. 특히 가야 시조인 김수로의 혈통은 신라에서 진골 귀족으로 거듭났어요. 대표적인 인물이 삼국 통일의 일등 공신인 김유신이에요. 우륵은 가야의 가실왕이 만든 가야금을 들고 신라로 건너가 가야금을 이용한 신라 음악을 만들었지요. 가야는 사라졌지만 그 정신과 문화는 신라로 넘어가 대대로 이어져 온 셈이에요.

끝으로 가야가 왜 더 크게 성장하지 못하고 멸망했을까를 정리해 볼게요. 사실 이는 부여가 멸망한 것과 같은 이유예요. 두 나라 모두 연맹 국가의 단계에 머물렀던 게 가장 큰 원인이에요. 연맹을 구성하는 작은 나라나 부족들이 자신의 영역을 다스리다 보면 중앙 집권 체제가 정착될 수 없어요. 그러면 왕권이 강해질 수도 없고, 왕이 중대한 결정을 내리는 것도 쉽지 않아요. 그러니 국력이 약할 수밖에 없지요.

고구려, 백제, 신라도 모두 처음에는 연맹 국가로 출발했어요. 하지만 세 나라는 중앙 집권 국가로 성장했기에 한반도의 주도권을 놓고 대결을 벌일 수가 있었던 거예요.

마지막으로 고구려, 백제, 신라 세 나라가 어떤 과정을 거치며 중앙 집권 국가로 발전했는지 정리해 볼게요.

첫째, 정복 전쟁을 벌여 영토를 꾸준히 넓혔어요. 둘째, 왕위를 자식에게 물려주거나 특정 부족에게만 허용하는 식으로 왕권을 강화했지요. 셋째, 각 부족이 독자적으로 자신의 영역을 다스리지 못하도록 행정 구역으로 편입시켰어요. 이에 따라 부족장들은 중앙 귀족으로 변신했지요. 넷째, 율령을 반포하고 관등 제도를 만들었으며 지방관을 파견했어요. 다섯째, 불교를 받아들여 왕실의 권위를 높이고 백성들을 통합했지요. 이제 삼국과 가야, 부여가 어떤 점이 달랐는지 확실히 이해가 되지요?

# ★ 단원 정리 노트 ★

## 1. 왕권 강화와 중앙 집권 체제 성립 과정

① 일정한 지역에 강력한 세력이 들어서거나 나타나 그 지역의 부족(소국)을 규합한다.

② 부족장이나 소국의 군장이 왕을 추대하고, 부족장과 군장이 번갈아가며 왕에 오른다.

③ 강력한 왕이 등장하여 왕권을 같은 씨족에게 물려주는 제도를 마련하고 정복 전쟁을 벌인다.

④ 지방을 통치하던 부족장이나 군장은 중앙 관리나 귀족이 된다.

⑤ 왕이 율령(법과 정치 체제)을 반포함으로써 정부를 조직화하고 관리를 임명하여 지방관을 파견하는 등의 사회 질서 체제를 세운다.

⑥ 불교를 비롯한 종교를 수용하여 백성들의 사상이 통일되도록 한다.

## 2. 고구려 왕의 계보와 주요 업적(기원전 1세기부터 5세기 말까지)

1대    B.C. 37 ~ B.C. 19, 동명성왕(고주몽)

– 고구려 건국(기원전 37년)

부여 출신으로 졸본성으로 옮겨와 고려를 건국함

2대    B.C. 19 ~ A.D. 18, 유리왕

– 수도를 졸본성에서 국내성으로 옮김

고주몽이 부여에서 낳은 맏아들

3대~5대   18 ~ 53, 대무신왕 → 민중왕 → 모본왕

6대   53 ~ 146, 태조왕

  – 옥저 정복

  – 요동 지방으로 진출

  – 계루부 고씨 왕위 세습

  계루부 고씨가 왕위를 세습하도록 하면서 왕권 강화 시작

7대, 8대   146 ~ 179, 차대왕 → 신대왕

9대   179 ~ 197, 고국천왕

  – 왕위 부자 상속 확립

  – 5부의 부족장을 중앙 귀족으로 편입

  – 진대법 실시

10대   197 ~ 227, 산상왕

11대   227 ~ 248, 동천왕

  – 중국의 위가 침략하여 환도성 함락 당함

12대~14대   248 ~ 300, 중천왕 → 서천왕 → 봉상왕

15대   300 ~ 331, 미천왕

- 영토 회복하며 요동 진출하여 서안평 점령

- 낙랑군과 대방군 축출

동천왕 때 빼앗긴 영토 회복


16대   331 ~ 371, 고국원왕

- 북쪽의 전연과 남쪽의 백제로부터 공격 당함

백제와의 전투에서 사망


17대   371 ~ 384, 소수림왕

- 전진과 교류하며 선진 문물 수용

- 불교 수입

- 태학 설립

- 율령 반포

불교를 수입하고 율령을 반포하면서 중앙 집권 체제 확립


18대   384 ~ 391, 고국양왕


19대   391 ~ 412, 광개토 대왕

- 백제를 공격하여 한강 이북 지역 진출

- 백제(아신왕)와 왜, 가야가 신라를 공격했을 때 신라에 원군 보냄

- 금관가야 공격

- 북방의 유목 민족과 동부여 정복

- 요동 정벌

- 독자 연호를 처음 사용

고구려의 영토가 넓어지며 동북아시아의 대제국으로 발전


20대    412 ~ 491, 장수왕

- 국내성에서 평양성으로 천도

- 남진 정책을 펼치며, 백제와 신라 공격

- 백제의 한성(위례성) 함락(475년)

중국의 정치 상황이 안정됨에 따라 한반도 남쪽으로 확장 정책을 폄


## 3. 백제 왕의 계보와 주요 업적(기원전 1세기부터 5세기 중반까지)

1대    B.C. 18 ~ A.D. 28, 온조왕

- 위례성을 수도로 백제 건국(기원전 18년)

고구려 시조 고주몽의 아들. 맏아들 유리가 태자에 오르자 오늘날의 서울 지

역에서 건국


2대~7대    28 ~ 234, 다루왕 → 기루왕 → 개루왕 → 초고왕 → 구수왕 → 사반왕

| 8대 | 234 ~ 286, 고이왕 |
| | - 율령 반포하여 관직을 16관등으로 정비 |
| | - 목지국 병합 |
| | 목지국 병합하며 마한의 대표 국가로 부상 |

| 9대~12대 | 286 ~ 346, 책계왕 → 분서왕 → 비류왕 → 계왕 |

| 13대 | 346 ~ 375, 근초고왕 |
| | - 영토 확장하여 전라도 점령 |
| | - 고구려의 평양성 공격 |
| | - 중국의 동진과 교류 |
| | - 황해를 건너 요서 지방으로 진출 |
| | - 일본에 칠지도 하사 |
| | 고구려의 평양성 공격했을 때 고구려의 고국원왕 사망(371년) |

| 14대 | 375 ~ 384, 근구수왕 |

| 15대 | 384 ~ 385, 침류왕 |
| | - 불교 수입 |

| 16대 | 385 ~ 392, 진사왕 |

17대     392 ~ 405, 아신왕

         – 고구려 광개토 대왕의 공격 때 항복

         – 신라 공격

         광개토 대왕의 공격 때 포로로 붙잡힘


18대, 19대   405 ~ 427, 전지왕 → 구이신왕


20대     427 ~ 455, 비유왕

         – 나제 동맹 결성(433년)

         신라는 눌지왕


21대     455 ~ 475, 개로왕

         고구려 장수왕의 공격 때 전사


22대     475 ~ 477, 문주왕

         – 한성(위례성)에서 웅진으로 천도(475년)


23대     477 ~ 479, 삼근왕


24대     479 ~ 501, 동성왕

         – 나제 동맹을 혼인 동맹으로 발전시킴(493년)

신라 왕실의 여자를 왕비로 맞음

신라 왕은 소지왕

25대 501 ~ 523, 무령왕

– 22담로 설치

– 고구려의 공격 격퇴

– 남조와 교류

26대 523 ~ 554, 성왕

– 웅진에서 사비로 천도(538년) 하며 국호를 '남부여'로 변경

– 신라(진흥왕)와의 관산성 전투에서 전사(554년)

성왕이 죽은 뒤 국호를 백제로 복귀

## 4. 신라 왕의 계보와 주요 업적(기원전 1세기부터 5세기 중반까지)

거서간

1대 B.C. 57 ~ A.D. 4, 박혁거세(박)

– 신라 건국(기원전 57년)

난생 설화

이 무렵 신라는 진한에 속한 소국으로 사로국, 서라벌 등으로 불림

차차웅

2대    4 ~ 24, 남해왕(박)

이사금

3대~16대    24 ~ 356, 유리왕(박) → 탈해왕(석) → 파사왕(박) → 지마왕(박) →

일성왕(박) → 아달라왕(박) → 벌휴왕(석) → 나해왕(석)

→ 조분왕(석) → 첨해왕(석) → 미추왕(김) → 유례왕(석)

→ 기림왕(석) → 흘해왕(석)

마립간

17대    356 ~ 402, 내물왕(김)

– 김씨 왕위 세습 확립

– 진한 지역 대부분의 영토를 점령

중앙 집권 체제를 확립하여 고대 왕국으로 발전 시작

18대    402 ~ 417, 실성왕

19대    417 ~ 458, 눌지왕

– 나제 동맹 결성(433년)

백제는 비유왕

| 20대 | 458 ~ 479. 자비왕 |
|---|---|
| | |
| 21대 | 479 ~ 500, 소지왕 |
| | – 나제 동맹을 혼인 동맹으로 발전(493년) |
| | 백제 왕은 동성왕 |

마립간 + 왕

| 22대 | 500 ~ 514, 지증왕 |
|---|---|
| | – 왕의 칭호를 마립간에서 왕으로 변경 |
| | – 국호를 서라벌에서 신라로 변경 |
| | – 우산국(울릉도/독도) 정벌 |
| | – 우경 도입 |
| | – 순장 폐지 |

왕

| 23대 | 514 ~ 540, 법흥왕 |
|---|---|
| | – 율령 반포하며 골품제를 정비하여 관리 등급을 17관등으로 정비 |
| | – 귀족 회의(화백 회의) 의장을 상대등으로 함 |
| | – 독자 연호 사용 |
| | – 금관가야 병합(532년) |
| | – 불교 공인 |

중앙 집권 체제 확립하여 신라가 한반도의 강국으로 발전하는 기틀 마련

24대     540 ~ 576, 진흥왕

　　　　－ 나제 동맹 깨고 한강 유역 점령(554년)

　　　　－ 백제(성왕)와의 관산성 전투에서 승리(554년)

　　　　－ 가야 병합(562년)

　　　　－ 화랑도 창설

# 4 | 삼국의 문화와 대외 교류

: 다양한 문화가 발전하다

- 삼국 시대 사람들의 의식주와 생활 문화에 대해 이야기해 보세요.
- 삼국의 사찰과 탑, 불상에 대해 이름과 특징을 이야기해 보세요.
- 삼국 및 가야의 고분에 대해 각각의 이름과 특징, 변화를 설명해 보세요.
- 삼국 및 가야의 대외 관계와 일본에 전파한 문화를 설명해 보세요.

## 삼국 시대의 김치와 오늘날의 김치는 뭐가 다를까?

└삼국 시대의 의식주 문화

지금부터 고구려, 백제, 신라 세 나라의 사회와 문화에 대해 살펴볼게요. 일단 세 나라 사람들이 어떻게 살았는지부터 알아볼까요?

일단 세 나라 모두 신분 구분이 확실했어요. 왕족과 귀족이 있었고, 그 밑으로 평민, 다시 그 밑으로 천민이 있었죠. 어떤 신분이냐에 따라 의식주가 많이 달랐어요.

세 나라 모두 귀족 신분은 대체로 비단이나 명주로 만든 옷을 입었어요. 고구려 귀족들은 여기에 새의 깃털을 꽂고 금과 은으로 장식한 화려한 관을 썼어요. 고구려의 고분을 보면 당시 사람들이 어떻게 옷을 입었는지 알 수 있어요. 남자는 저고리와 바지를 입었고, 여자는 저고리와 치마를 입었어요. 남자의 바지는 통이 넓어 보였고 여자의 치마는 주름이 잡혀 있죠. 아마도 당시의 유행이 그랬던 것 같아요. 남자는 두루마기를 입기도 했어요.

**무용총 옥우도**
중국 지린성 지안현에서 발굴된 고구려 무덤인 무용총의 벽화. 고구려의 생활상을 엿볼 수 있다. ⓒ국립중앙박물관

백제는 부여와 고구려에서 갈라져 나온 사람들이 세운 나라예요. 그러니 아무래도 고구려의 의복과 많이 비슷했어요. 백제 귀족들은 자주색이나 붉은색 비단으로 된 옷을 입었지요. 백제에서 자주색과 붉은색은 귀족만이 쓸 수 있는 색이었어요. 그러니 일반 백성들은 이 색깔의 옷을 입을 수 없었죠. 귀족들은 화려한 장신구로 몸을 치장하기도 했어요.

**무용총 무용도**
무용총의 벽화. 고구려의 복색을 알 수 있다. ⓒ국립중앙박물관

신라도 상황은 비슷해요. 오히려 다른 나라보다 신라에서 신분에 따른 의복의 차이가 컸어요. 골품제에 따라 입는 옷이나 사는 집, 타는 수레까지 일일이 규정을 만들었거든요.

세 나라 모두 먹는 음식도 신분에 따라 달랐어요. 물론 귀족들도 잡곡을 먹기는 했어요. 쌀이 상당히 귀한 곡물이었거든요. 하지만 대체로 왕족과 귀족은 쌀밥과 고기를 먹었어요. 집 또한 신분에 따라 상당히 차이가 났는데, 귀족의 경우 주로 기와집에 살았어요.

그렇다면 평민들의 생활은 어땠을까요?

먼저 의복을 보자면, 평민들은 주로 삼베옷을 입었어요. 동물 가죽으로 만든 옷을 입기도 했지요. 신분에 따라 옷의 색깔에 제한을 두었던 백제의 경우 평민들은 흰옷을 입었어요. 음식을 보자면, 평민들은 쌀을 구경할 수도 없었어요. 이미 말한 대로 쌀은 아주 귀한 곡물이었으니까요. 대체로 평민들은 보리나 조, 콩, 기장과 같은 잡곡을 먹었어요. 도토리로 음식을 만들어 먹기도 했지요.

특히 기억해야 할 게 있어요. 삼국 시대에 김치 반찬을 만들어 먹기 시작했다는 거예요. 다만 오늘날의 김치와는 많이 달라요. 고춧가루와 배추는 조선 시대에 우리나라로 전래됐어요. 그러니 삼국 시대의 김치는 채소를 소금에 절인 음식이었어요. 이것이 나중에 발전해 오늘날의 김치가 된 거죠. 삼국 시대에는 된장이나 간장과 같은 발효 식품도 만들어 먹었답니다.

평민들은 기와집에 살 수 없었어요. 주로 초가집이나 귀틀집에 살았지요. 이 두 집은 생김새가 비슷한데 약간 달라요. 초가집은 나무 기둥으로 집의 틀을 만든 뒤 짚더미와 흙을 반죽해 벽을 세우고, 그 위로 짚과 풀 등으로 지붕을 얹은 거예요. 귀틀집은 통나무를 차곡차곡 쌓은 다음, 빈틈을 흙과 돌로 막아 벽을 세우는 형태의 집이지요.

어때요? 귀족과 평민의 의식주가 많이 다르죠? 이와 별도로 늦가을이면 급격하게 기온이 떨어지는 동해안 북부에서는 난방 장치를 쓰기 시작했다는 점도 참고로 알아 두세요. 이게 나중에 온돌로 발전하거든요.


## 탑 이름에 '~지'가 붙는 이유는 뭘까?
### └삼국 불교 예술의 발전


지금부터는 삼국 문화의 가장 큰 특징에 대해 이야기할 거예요. 바로 불교문화와 예술이지요.

삼국의 왕실은 중앙 집권 체제를 정착시키기 위해 불교가 필요했어요. 불교가 들어오기 전에도 종교는 있었어요. 하지만 자연신이나 조상신을 섬기는 식의 전통 신앙이었어요. 이런 종교로는 백성 전체의 마음을 모을 수가 없어요. 각자 섬기는 신이 다르기 때문이지요.

이런 전통 신앙 혹은 토착 신앙과 불교는 많이 달랐어요. 일단 불교는 체계적인 교리를 갖추고 있었어요. 통일된 불교 교리를 활용하면 백성의 사상을 통합할 수 있었지요. 또한 불교에서는 '왕이 곧 부처'라는 말도 있었어요. 바로 이런 점들 때문에 삼국의 왕들은 적극적으로 불교를 받아들이려 했어요. 불교 사상이 왕권 강화에 큰 도움이 되니까요.

불교는 4세기 후반부터 한반도로 유입됐어요. 물론 왕실이 주도 했죠. 고구려가 가장 먼저 소수림왕 때 전진에서 불교를 받아들였고[372년], 백제는 침류왕 때 동진에서 수입했죠[384년]. 신라는 5세기에 수입했지만 최종 공인된 것은 6세기 법흥왕 때였어요.

왕들은 불교를 적극 장려했어요. 신라 진흥왕은 불교와 토속 신앙을 결합해 성대한 잔치를 열기도 했어요. 이것이 팔관회인데, 외국 사신들까지 찾아올 정도로 큰 국가 행사였어요. 이런 행사를 통해 진흥왕은 불교를 호국 종교 수준으로 끌어올렸어요. 하지만 삼국 시대까지는 불교가 일반 대중에게 널리 확산하지는 않았어요. 불교가 일반 서민에게까지 확산된 것은 통일 신라 이후의 일이랍니다.

왕실은 불교를 장려하는 한편 사찰과 탑, 불상을 만드는 일도 적극 지원했어요. 먼저 사찰부터 살펴볼게요.

고구려는 4세기 후반 소수림왕 때 인천 강화에 전등사를 지은 것을 비롯해 평양을 중심으로 많은 사찰을 세웠어요. 백제도 무왕[30대] 때 익산 미륵사와 부여 정림사를 지었어요. 이 절들은 현재 절터만 남아 있어요. 신라는 진흥왕 때 황룡사를, 선덕 여왕[27대] 때 분황사를 지었어요. 분황사는 현재 경주에 가면 볼 수 있지만 황룡사는 절터만 남아 있어요. 사찰에는 탑을 세웠어요. 탑은 부처의 사리를 모시기 위해 만든 거예요.

탑은 만든 재료에 따라 여러 가지로 나눌 수 있어요. 나무로 만들면 목탑, 돌로 만들면 석탑, 벽돌로 만들면 전탑, 벽돌처럼 생긴 돌로 만들면 모전 석탑이에요. 처음에는 목탑을 쌓았는데 보존하기가 힘들어 점차 석탑으로 바뀌었어요.

탑의 이름을 정하는 데에도 규칙이 있답니다. 이 점을 알아 두면 탑의 이름을 외우기가 쉬울 거예요. 일반적으로 절-층수-재료의 순서대로 적어요. 다만 절이 현재 존재하지 않고 터만 있다면 절 다음에 터라는 뜻의 '지址'를 붙이지요. 이 규칙을 떠올리면서 탑의 이름을 분석해 볼까요?

신라의 대표적인 탑은 선덕 여왕 때 만든 황룡사지 9층 목탑이었어요. 이 탑을 9층으로 만든 이유가 있어요. 이 탑을 쌓으면 신라를 둘러싼 9개의 나라를 제압할 수 있다고 믿었거든요. 이 황룡사지 9층 목탑은 높이만 80미터에 이를 정도로 거대했던 것으로 추정되고 있어요. 안타깝게도 훗날 고려 때 몽골의 침략을 받아 불에 타 버렸지요. 신라 시대의 것으로는 높이 9.3미터의 분황사 모전 석탑이 남아 있어요. 이 분황사 모전 석탑은 층수를 정확히 알 수 없기에 이름에서 층수가 생략되어 있답니다.

황룡사지 9층 목탑 상상도

분황사 모전 석탑

백제의 탑으로는 익산 미륵사지 석탑과 부여 정림사지 5층 석탑이 남아 있어요. 미륵사지 석탑은 백제 최초의 석탑인데 목탑 양식으로 되어 있어요. 정확한 층수를 알 수 없어 역시 이름에서 층수는 생략되었지요.

정림사지 5층 석탑에서도 목탑 양식이 엿보이는데 미륵사지 석탑보다는 다소 안정되고 우아한 느낌을 가지고 있어요. 정림사지 5층 석탑에는 백제의 쓰라린 역사가 담겨 있어요. 삼국 통일 과정에서 백제를 무너뜨린 당의 장수 소정방이 승리를 자축하는 글귀를 이 탑에 남긴 거예요. 크기는 미륵사지 석탑이 14.2미터로 높이가 8.3미터인 정림사지 5층 석탑보다 크답니다.

다음은 불상에 대해 살펴볼까요? 세 나라의 불상은 대체로 6세기 이후부터 본격적으로 만들어졌어요. 불상 이름을 정하는 데에도 역시 규칙이 있어요. 가끔 예외가 있기는 하지만 대체로 이 규칙을 따르지요. 그러니 그 규칙부터 알아볼게요. 그래야 이해하기가 쉬울 테니까요.

대체로 불상의 출토지−불상의 재료−부처의 종류−불상의 자세 순으로 표기해요. 백제의 대표적인 불상으로 손꼽히는 '용현리 마애 여래 삼존상'의 예를 들어 볼까요? 이 불상이 출토된 곳은 '충남 서산 용현리'예요. '마애磨崖'는 바위를 깎았다는 뜻이니 바위에 새긴 불상이지요. '여래'는 석가모니를 뜻해요. '삼존상'은 세 분의 불상이란 뜻인데, 다들 서 있으니 '삼존 입상'이라고 해도 틀리지 않아요. 이처럼 서 있다면 입상, 앉아 있다면 좌상, 누워 있다면 와상이라고 한답니다.

이 규칙을 염두에 두면서 각 나라의 불상을 살펴볼게요. 대체로 고구려 불상은 강인해 보이고 백제와 신라는 온화한 미소가 특징이랍니다. 먼저 고구려부터 볼까요?

용현리 마애 여래 삼존상

고구려의 대표적 불상을 꼽자면 단연 금동 연가 7년명 여래 입상이에요. 불상 이름을 정하는 규칙에서 다소 벗어나 있지요? 일단 이 불상은 신라 지역인 경남에서 출토되었어요. 그런데 고구려의 불상인지 어떻게 아냐고요? 일단 '연가'는 고구려가 사용하던 연호였어요. 또 불상 뒤쪽에는 고구려와 관련한 내용이 적혀 있어요. 신라가 고구려의 속국 신세였다는 사실을 이 불상에서도 확인할 수 있죠.

어쨌든 이 불상의 뜻을 풀이해 볼까요? 지역은 생략되었고, 재료는 금<sup>금동</sup>이에요. 부처는 석가모니<sup>여래</sup>이고 서 있는 상<sup>입상</sup>이지요. 불상 재료와 부처 종류 사이에 고구려 불상임을 알 수 있는 '연가 7년명'이란 글귀가 있어요. 이 말은 불상에 연가 7년이라고 새겨져 있다는 뜻이에요. 종합하자면 금동 연가 7년명 여래 입상은 '금으로 만들었으며 연가 7년이라는 고구려 연호가 새겨진, 석가모니가 서 있는 형태의 불상'이 된답니다. 이 불상은 중국 북조 중 북위의 영향을 받은 것으로 알려져 있는데, 얼굴에 온화한 미소가 흐르는 점이

**금동 연가 7년명 여래 입상**
불상의 뒤쪽에 고구려와 관련한 내용이
새겨져 있다. ⓒ국립중앙박물관

경주 배동 석조 여래 삼존 입상

보통의 고구려 불상과 다른 점이라고 해요.

백제의 대표적 불상인 용현리 마애 여래 삼존 (입)상의 뜻풀이는 이미 했지요? '바위에 새겨진, 석가 세 분의 불상'입니다. 이 불상의 얼굴을 보면 온화한 미소를 띠고 있어요. 그래서 이 불상을 '백제의 미소'라고도 한답니다.

신라의 경우에는 경주 배동 석조 여래 삼존 입상을 대표작으로 말할 수 있어요. '돌로 만든, 석가 세 분이 서 있는 형태의 불상'이란 뜻이 되죠. 백제의 불상과 마찬가지로 신라의 이 불상에서도 온화하고 자비로운 미소를 느낄 수 있어요.

전쟁이 많아지면 현재의 삶이 불안하게 느껴질 거예요. 그래서 삼국 시대의 많은 사람들이 장차 미륵보살이 나타나 중생을 구제할 거라고 믿었어요. 이를 미륵 신앙이라고 해요. 이 미륵 신앙이 유행하면서 여래 불상이 아닌 미륵보살 불상도 유행했어요.

대표적인 것이 금동 미륵보살 반가 사유상이에요. 뜻풀이를 해 볼까요? 여기서도 지역이 생략되었지요? 반가半跏는 '반쯤 가부좌를 틀었다'는 뜻입니다. 사유상은 생각하는 모양의 불상이란 뜻이지요. 종합하자면 금동 미륵보살 반가 사유상은 '금으로 만든, 미륵보살이 반쯤 가부좌를 튼 채로 앉아 생각하는 모양의 불상'이 되지요.

금동 미륵보살 반가 사유상

삼국 시대의 불교는 나중에 일본으로 전파된답니다. 그 때문에 일본에서도 삼국의 불상과 비슷한 형태의 불상이 만들어져요. 이에 대해서도 곧 살펴볼게요.

## 삼국 시대에 왜 역사서를 편찬했을까?
└유학 및 도교의 발달과 삼국 시대의 예술

백성의 사상을 통합하는 데 불교가 필요했다면 통치 이념과 체제를 정비하는 데에는 유교가 큰 도움을 주었어요. 유학 공부가 활발해지면서 다른 학문도 동시에 발전했지요.

중앙 집권 체제가 확립되면서 삼국의 왕들은 왕실의 위엄을 높이기 위해 역사서를 편찬하도록 했어요. 이 역사서는 백성의 국가에 대한 충성심을 높이는 계기가 되기도 했지요. 이런 상황들을 각 나라별로 나누어 살펴볼까요?

고구려에서는 국립 대학인 태학에서 귀족 자제들에게 유교 경전과 역사를 가르쳤어요. 지방에는 경당을 세워 유학과 무술을 가르쳤지요. 역사서도 만들었어요. 영양왕26대 때는 태학박사 이문진이 그전까지 내려오던 역사서 《유기》를 5권으로 압축해 《신집》을 편찬했죠.

백제에 고구려의 태학과 같은 중앙 교육 기관이 존재했는지는

**임신서기석**

신라의 두 청년이 학문을 열심히 닦고 배운 것을 실천하겠다는 다짐을 새겨 놓은 돌이다. '임신년'의 정확한 연도는 알 수 없고, 552년이나 612년일 것으로 추정하고 있다.

명확하지 않아요. 다만 박사 제도가 있어서 유교 경전을 공부하고 기타 학문도 연구했던 것 같아요. 유교 경전에 통달한 사람은 오경박사, 의료 분야 전문가는 의박사, 천문과 역법 전문가는 역박사라고 불렀지요. 근초고왕의 명령으로 백제 역사서 《서기》를 쓴 고흥도 박사였답니다.

신라는 삼국을 통일한 후에 국립 대학인 국학을 세웠어요. 그전에는 중앙 교육 기관이 존재했는지 확실하지가 않아요. 다만 유교 경전을 공부했다는 사실은 확인할 수 있어요. 6세기 중반 임신년에 젊은이 두 명이 "나라에 충성하고 열심히 공부하자."라는 서약을 돌에 새긴, 임신서기석이 바로 그 증거예요. 신라에서도 거칠부가 《국사》라는 역사서를 썼어요. 안타깝게도 세 나라의 역사서는 모두 현재까지 전해지지 않고 있어요.

불교와 유학 외에 삼국 시대에 귀족을 중심으로 확산한 또 하나의 종교가 있어요. 바로 도교예요. 도교에서는 신선을 숭배하거나 자연을 중하게 여기는 풍조가 강했어요. 영원히 늙지 않고 오래 살기를 바라는 불로장생을 기원하기도 했지요.

때로는 정부가 불교를 억압하기 위해 의도적으로 도교를 장려하기도 했어요. 도교를 장려한 대표적인 인물이 고구려의 연개소문이에요. 이처럼 도교는 특히 고구려와 백제에서 널리 퍼졌어요.

백제 금동 대향로가 도교의 영향을 받은 대표적인 유물이에요. 이 유물은 백제의 수도인 부여에서 발견되었어요. 향로 뚜껑 위에

는 봉황을 만들어 붙였고, 몸체에는 사람과 연꽃잎을 새겨 넣었어
요. 또 향로의 받침에는 용의 장식을 붙였지요. 봉황이나 용은 모
두 전설 속의 동물이에요. 이런 동물과 신선이 어우러져 사는 도교
적 이상 세계를 표현한 것이지요.

부여의 한 절터에서 발견된 산수 무늬 벽돌도 도교의 영향을 받
은 작품이에요. 앞으로는 시냇물이 흐르고 뒤에는 계곡이 병풍처
럼 펼쳐져 있는 풍경을 담은 이 벽돌은 7세기경에 만들어진 것으
로 짐작되고 있어요.

**금동 대향로**
향로를 장식한 여러 가지 문양으로 미루
어 보아 도교의 이상 세계를 표현한 것으
로 보인다. ⓒ국립중앙박물관

고구려 강서 고분에서 발견된 사신도 또한 대표적
인 도교 유물로 꼽혀요. 강서 고분은 오늘날의 평안남
도 강서군에 있답니다. 고구려 말기에 만들어진 것으
로 추정되는데, 아마도 왕 혹은 왕에 버금가는 귀족의
무덤 같아요. 사신은 동서남북 네 방위를 지키는 신이
에요. 사신도에 등장하는 사신은 청룡<sup>동</sup>, 백호<sup>서</sup>, 주작<sup>남</sup>,
현무<sup>북</sup>를 가리켜요. 당시 사람들은 이 사신이 죽은 자의
사후 세계를 굳건히 지켜 준다고 믿었어요.

**강서 대묘 현무도**
오늘날 북한의 평안남도 강서군에서 발굴
된 강서 대묘(강서 고분)의 북쪽 벽에 새
겨져 있다.

고대 국가에서는 천문학이야말로 농민의 삶에 직결되는 학문이
었어요. 날씨 정보를 제대로 알아야 농사를 잘 지을 수 있으니까요.
이 때문에 삼국에서는 특히 천문학이 일찍부터 발달했어요. 그 증
거가 경주에 남아 있는 첨성대라고 할 수 있어요. 고구려에서도 천
문도를 만들었는데, 이것은 훗날 조선 초기에 〈천상열차분야〉라는

경주 부부총에서 발굴된 금귀고리. 국보
제90호다. ⓒ국립중앙박물관

천문도를 만드는 데 도움이 된답니다.

철제 장식품도 삼국 시대 때 많이 만들어졌어요. 이 철제 장식품은 삼국의 고분에서 골고루 발견됐어요. 금관이나 금 장식품도 많이 발굴되었지요. 백제 금동 대향로나 칠지도는 당시 금속 가공 기술이 상당히 발전했음을 알 수 있는 증거예요. 특히 금은金銀 세공 기술은 놀라울 정도로 정교했어요. 경주의 부부총에서 발견된 금귀고리를 보면 귀고리 하나에 작은 금 구술이 5,000여 개 달려 있답니다.

세 나라 모두에서 음악이 발달했어요. 고구려에서는 왕산악이 중국의 악기인 칠현금을 개조해 거문고를 만들었지요. 신라에서는 백결 선생이 유명한 방아타령을 만들었어요. 가야에서는 우륵이 가야 음악을 정리해 신라에 전함으로써 신라 음악으로 발전했지요. 백제에서는 이런 명인들이 등장하지 않아요. 다만 금동 대향로에 악사 다섯 명이 새겨져 있는 것을 보면 음악이 상당히 발전했을 것으로 짐작할 수 있어요.

## 고분 연구가 왜 중요할까?
└삼국 고분의 특징과 변화

삼국의 고분에 대해 본격적으로 살펴볼까요? 시기에 따라 바뀐 고분 양식을 이해하면 세 나라의 연관성도 파악할 수 있어요.

고분은 왕과 지배층의 무덤을 가리켜요. 삼국 시대에는 육체가 죽어도 영혼은 살아 있다고 믿었어요. 그래서 거대한 고분을 만들고, 그 안에 많은 껴묻거리부장품를 넣고, 때로는 사람을 순장했어요. 이 고분에서 발견된 유물을 통해 우리는 당시 생활상을 파악할 수 있어요. 바로 이런 점 때문에 고분을 '삼국 예술의 보고寶庫'라고 한답니다. 보고는 보물창고의 줄임말이에요.

고구려 초기의 고분은 돌무지무덤이었어요. 먼저 무덤의 테두리를 사각형으로 만든 후 그 안에 돌을 채워 넣어요. 어느 정도 돌을 채운 후에는 작게 널방관이 있는 방을 만들지요. 그러고는 다시 돌로 덮어요. 나중에는 돌 대신 흙으로 덮으면서 돌무지무덤이 흙무덤으로 바뀌었답니다.

오늘날의 중국 지린성에 있는 장군총이 대표적인 돌무지무덤이에요. 이것은 5세기에 만들어졌는데, 고구려 장수왕의 무덤으로 추정되고 있어요. 이 밖에도 지린성 지안에는 약 1만 2,000기의 고구려 고분이 있었을 것으로 짐작되고 있어요.

흥미로운 사실은 백제의 초기 고분도 돌무지무덤 형태라는 거예요. 서울 석촌동에 있는 백제 고분은 장군총과 생김새가 유사해요. 다만 장군총은 고분의 맨 밑 기단의 길이가 30여 미터인데, 백제 석촌동 고분은 50미터로 약간 길다는 점이 달라요.

이후 고분을 만드는 방법은 조금씩 달라졌어요. 돌무지무덤도 굴식 돌방무덤으로 바뀌었지요. 돌로 널방을 만든 것까지는 돌무지무덤과 같은데, 다만 그 널방에서 외부로 향하는 통로를 굴처럼 뚫은 게 달라요. 그래서 굴식 돌방무덤이라 부르는 거예요.

돌무지무덤의 널방은 관 하나를 넣을 정도의 공간이었어요. 하지만 굴식 돌방무덤의 널방은 상당히 컸어요. 따라서 이 널방의 벽과 천장에 벽화를 남길 수 있었지요. 고구려는 4세기부터 굴식 돌방무덤에 벽화를 남겼어요. 처음에는 풍속도나 불교 그림이 많았는데 6세기 이후로는 도교의 영향을 받은 그림이 많았어요.

지린성의 무용총에서는 무용도와 수렵도가 발견되었어요. 무용도가 발견되었기에 이 고분을 무용총이라고 해요. 각저총에서는 씨름도가 발견되었고, 천장에는 해와 달, 별자리가 그려져 있지요. 앞에서 예로 든 강서 고분이 바로 굴식 돌방무덤이랍니다. 널방 벽면에 있던 벽화가 바로 사신도였어요.

백제도 고구려와 마찬가지로 시간이 흐르면서 돌무지무덤에서 굴식 돌방무덤으로 점차 바뀌었어요. 고구려의 영향을 받았기 때문이지요. 하지만 백제가 중국 남조와 교류를 하면서부터는 다시 고분 양식이 바뀌었어요. 널방을 벽돌로 쌓은 벽돌무덤이 등장한 거예요. 벽돌무덤은 중국 남조의 영향을 받은 고분 형태예요. 백제가 주로 중국 남조와 교류해서 그런지 이런 벽돌무덤은 고구려와 신라에서는 찾을 수 없어요.

대표적인 벽돌무덤이 6세기경 만들어진 백제 무령왕릉이에요.

무령왕은 20여 년간 왕위에 있다가 62세에 세상을 떠났어요. 이 무령왕릉은 1971년에 발견되었는데, 무려 108종류 4,600여 점의 유물이 발굴되었어요. 금으로 만든 관의 장식이나 용과 봉황이 장식된 칼 외에도 중국 도자기가 들어 있었어요. 널<sup>관</sup>은 왜의 금송<sup>金松</sup>을 사용해 만들었어요. 중국은 물론 왜와도 교류했다는 증거인 셈이지요. 백제는 사비로 천도한 후에 다시 굴식 돌방무덤을 만들었어요. 능산리 고분이 대표적이에요.

무령왕릉 입구. 충남 공주시 송산리에 있다.

신라의 경우 초기에는 널을 넣은 후 흙으로 덮는 널무덤이 유행했어요. 그러다 점차 돌무지 덧널무덤으로 바뀌었지요. 덧널은 널을 넣기 위해 따로 만든 시설을 가리켜요. 나무로 된 덧널 위에 돌을 쌓았기 때문에 돌무지 덧널무덤이라 부르는 거지요. 돌 위에는 다시 흙을 덮어 무덤을 완성했어요. 신라 천마총이 이 양식으로 만든 대표적인 고분이에요. 이 고분에서는 천마도와 금관을 비롯해 1만여 개의 유물이 발

천마총 입구와 천마총에서 발굴된 천마도

굴되었답니다. 신라에서도 무덤 양식이 바뀌어 6세기 말 이후에는
굴식 돌방무덤이 많아졌어요.

가야에서는 초기에 널무덤과 덧널무덤을 만들었어요. 그러다가
5세기부터는 구덩이를 파고 돌로 덧널을 만드는 구덩식 돌덧널무
덤을 만들었지요. 가야의 고분은 고구려, 백제, 신라와 달리 산 능
선에 많이 있답니다.


## 씨름도에 서역 사람이 등장하는 까닭은?
└삼국의 해외 교류와 일본 진출


지금까지 삼국 및 가야의 문화와 예술에 대해 살펴봤어요. 이제
네 나라의 대외 교류 역사를 자세하게 들여다볼게요. 네 나라는 중
국, 일본은 물론 멀리 서역*과도 교류를 했어요. 서역은 중국의 서
쪽 지역을 가리키는 말이에요.

앞에서 살펴본 대로 삼국과 가야는 중국으로부터 다양한 문물
을 많이 받아들였어요. 네 나라가 중국 문물을 수입한 경로는 조
금씩 달라요.

고구려의 경우 대체로 중국 북쪽의 나라들과 교류했어요. 지리적
으로 중국 북쪽에 접해 있기 때문이죠. 고구려 고분을 보면 중국 설
화에 나오는 신이나 동물이 벽에 그려진 경우가 많아요. 고구려의

● 서역 중국의 서쪽 지역을 일컫는다. 넓
게는 서아시아를, 좁게는 오늘날 중국
의 신장위구르 자치구를 말한다. 이 지
역 사람들은 골격이 크고 피부가 가무
잡잡하다.

악기인 거문고는 왕산악이 중국의 악기를 개조
해 만든 것이지요. 반대로 고구려 문화가 중국
으로 전래한 사례도 있어요. 남북조 시대의 뒤
를 이은 수와 당은 고구려 음악을 수입해 연회
때 즐겼다고 해요.

백제는 해상을 통해 중국 남쪽의 나라와 교
류했어요. 동진과, 그 뒤를 이은 남조의 문물을
수입했지요. 이는 옛 백제 지역에서 출토되는
유물에서 확인할 수 있어요. 동진과 남조의 영
향을 받은 자기와 고분 양식이 대표적이지요.

신라는 처음에는 고구려와 백제를 통해 중
국 문물을 수입했어요. 그러다가 한강 유역을
차지하면서 중국 한족 왕조인 당과 직접 교류
하기 시작했죠.

씨름도와 수박도에는 우리 민족과는 생김
새가 다른 사람이 나타나는데, 서역인으
로 추정된다.

서역과의 교류도 꽤 활발했어요. 그 증거가 많이 남아 있죠.

우즈베키스탄 사마르칸트의 궁전에서는 고구려 사신들의 모습
을 그린 벽화가 발견되었고, 지린성에 있는 고구려 각저총에서는
서역 출신으로 보이는 사람들이 씨름하는 벽화가 발견되었지요. 황
해도 안악의 안악 3호분에서 발굴된 수박도에서는 고구려 전통 무
술인 수박手搏* 경기를 하는 사람이 보이는데, 서역 사람이에요. 이
모든 것들은 고구려가 서역과 교류했다는 증거가 되고 있죠.

● 수박 우리 민족의 전통 무예로, 주로 손
을 사용해 상대를 공격한다.

신라와 가야도 서역과 교류했어요. 신라의 고분에서 출토된 유물들을 보면 이 점을 알 수 있어요. 서역 사람이 그려진 유리구슬, 서아시아의 유리잔과 뿔잔, 나아가 로마나 이집트에서 유행하던 보검까지 다양하게 출토되었거든요. 경남 김해의 가야 유적지에서 발견된 유물 중에는 유라시아˙ 지역에서 사용했던 청동 솥도 있었어요.

고구려, 백제, 신라는 서로 경쟁하면서도 나름대로 문화를 발전시켰어요. 우수한 문화는 기꺼이 수입했고, 모범이 될 문화는 다른 나라로 전수했지요. 특히 일본에 우리 문화가 많이 전파되었어요.

일본의 경우 삼국의 문화를 수입함으로써 고대 왕국으로 발전할 수 있었어요. 일본은 7세기 전반에 아스카 문화를 발달시켰는데, 이 아스카 문화의 주역이 바로 한반도에서 건너간 사람들이었어요. 백제의 활약이 두드러졌지요. 하나씩 살펴볼까요?

백제 근초고왕 시절에는 아직기와 왕인이 일본으로 건너가 천자문과 논어를 가르쳤어요. 근초고왕이 왜국 왕에게 칠지도를 보냈다는 사실만으로도 두 나라가 꽤 활발하게 교류했다는 사실을 짐작할 수 있죠. 성왕 시절인 6세기 중반에는 노리사치계가 일본에 불상과 불경을 전달했어요. 일본에 불교를 전파한 나라가 백제인 거예요. 뿐만 아니라 오경박사, 역박사, 의박사 등이 일본으로 건너가 활약하기도 했죠.

고구려는 처음에 일본과 그다지 가까운 사이가 아니었어요. 광개토 대왕 시절만 해도 신라를 침략한 왜국을 고구려군이 격파했잖

˙ 유라시아 유럽과 아시아는 하나의 대륙으로 연결되어 있는데, 이 때문에 유럽과 아시아를 묶어서 유라시아라고 부른다.

아요? 고구려가 일본과 가까워진 것은 신라가 한강 유역을 빼앗은 6세기 이후부터였답니다. 신라를 견제하기 위해 의도적으로 일본과의 교류를 늘린 것이지요.

일본 호류사의 금당벽화. 고구려 승려 담징이 그렸다.

일본 아스카 문화의 주역은 쇼토쿠 태자였어요. 이 쇼토쿠 태자의 스승이 되어 일본 불교의 발전을 이끈 인물이 고구려 승려인 혜자였답니다. 고구려 승려 담징은 종이, 먹, 맷돌 만드는 법을 일본에 전수했고 불법도 강의했어요.

일본에 호류사란 절이 있는데, 여기에는 금당벽화라는 유명한 벽화가 있어요. 바로 담징이 그린 그림이지요. 호류사에는 5층 목탑이 있는데, 생김새가 부여 정림사지 5층 석탑과 흡사해요. 또한 여기에 모셔진 목조 관음상도 백제 불상과 아주 비슷하지요. 백제의 영향을 받았다는 사실을 알 수 있죠?

대체로는 담징을 비롯해 고구려에서 많은 화가들이 일본으로 건너갔어요. 그 때문에 두 나라의 그림 화풍이 상당히 비슷해요. 일본 다카마쓰 고분 벽화에 등장한 여인들의 복색이나 표정, 분위기가 고구려 수산리 고분 벽화와 아주 흡사하답니다.

백제, 고구려와 달리 신라는 일본과 교류가 많지 않았어요. 다만 배를 만드는 기술과 둑<sup>제방</sup>을 쌓는 기법을 전수한 것으로 알려져 있어요. 신라보다는 가야가 일본과 더 가까이 지냈고, 교역도 활

일본의 국보 1호인 고류사 목조 미륵보살
반가 사유상. 삼국 시대 유물인 금동 미륵
보살 반가 사유상과 생김새가 흡사하다.

발했어요. 가야는 일본에 토기를 만드는 법과 제철 기술을 전수했어요. 그 때문에 두 나라의 토기는 생김새가 많이 비슷해요.

앞에서도 말했지만 삼국의 문화가 일본에 전파되면서 아스카 문화가 발달했어요. 그 근거로 호류사를 예로 들었지요? 또 다른 사례가 있어요. 고류사 목조 미륵보살 반가 사유상이에요. 이 불상은 일본 국보 제1호인데, 삼국 시대의 금동 미륵보살 반가 사유상과 아주 흡사해요. 얼굴에 은은한 미소가 흐르는 것까지 말이지요.

# ★ 단원 정리 노트 ★

## 1. 삼국의 건국과 불교 공인, 율령 반포 시기

| 건국 | 신라(기원전 57년) | 고구려(기원전 37년) | 백제(기원전 18년) |
|---|---|---|---|
| 불교 공인 | 고구려(소수림왕, 372년) | 백제(침류왕, 384년) | 신라(법흥왕, 6세기 초) |
| 율령 반포 | 백제(고이왕, 3세기 중엽) | 고구려(소수림왕, 373년) | 신라(법흥왕, 520년) |

## 2. 불상과 탑의 이름을 짓는 규칙

### 용현리 마애 여래 삼존 입상

| 발굴된 장소 | 재료 및 제작 방식 | 작품 대상 | 불상의 모양 |
|---|---|---|---|
| ① 용현리 | ② 마애 | ③ 여래 | ④ 삼존 입상 |

① 용현리에서 발굴되었고, / ② 바위에 새겼으며, / ③ 여래(석가모니) / ④ 세 분
이 서 있는 불상

### 금동 미륵보살 반가 사유상

| 발굴된 장소 | 재료 및 제작 방식 | 작품 대상 | 불상의 모양 |
|---|---|---|---|
| ① | ② 금동 | ③ 미륵보살 | ④ 반가 사유상 |

① 발굴된 장소는 알 수 없고, / ② 금을 도금한 동으로 만들었으며, / ③ 미륵보살이 /
④ 반가부좌를 튼 채 생각에 잠겨 있는 모양의 불상

정림사지 5층 석탑 ※ 절은 사라지고 터만 남아 있는 경우에는 터를 뜻하는 지(址)를 붙인다.

| 위치한 장소 | 층수 | 탑의 재료 |
|---|---|---|
| ① 정림사지 | ② 5층 | ③ 석탑 |

① 정림사 터에 있는 / ② 5층으로 된 / ③ 돌로 만든 탑

분황사 모전 석탑

| 위치한 장소 | 층수 | 탑의 재료 |
|---|---|---|
| ① 분황사 | ② | ③ 모전 석탑 |

① 분황사에 있는 / ② 층수를 알 수 없는 ③ 벽돌 모양의 돌을 쌓아 만든 탑

## 3. 불교, 유교, 도교의 역할

① 불교 : 백성의 생각과 마음을 하나로 모아 통합하는 데 활용했다. 특히 왕이 불교를 적극 수용했는데, 이는 왕권을 강화하는 동시에 고대 왕국으로 발전하는 중요한 전환점이 되었다.

② 유교 : 중국에서 전래한 유교는 국가를 다스리는 통치 이념으로 활용했다. 유교의 중요한 가르침인 충(忠)과 효(孝)는 국가 질서를 유지하는 중요한 역할을 했다.

③ 도교 : 힘이 강한 귀족 세력을 중심으로 유행했다. 도교는 사후세계에 대한 믿음을 강화시켰고, 도교에서 파생한 풍수지리설은 자신과 후손이 번영하기를 바라는 귀족들의 바람을 대변했다. 백제의 금동 대향로, 고구려 강서 고분의 사신도 등이 도교와 관련한 대표적인 유물이다.

4. 삼국과 가야의 고분 형태 변화

① 고구려 : 돌무지무덤(장군총) → 굴식 돌방무덤(강서 고분, 무용총, 각저총)

② 백제 : 돌무지무덤(석촌동 고분) → 굴식 돌방무덤 → 벽돌무덤(무령왕릉) → 굴식

돌방무덤(능산리 고분)

③ 신라 : 널무덤 → 돌무지 덧널무덤(천마총) → 굴식 돌방무덤

④ 가야 : 널무덤 · 덧널무덤 → 구덩식 돌덧널무덤


5. 유물과 유적을 통해 나타나는 삼국의 대외 관계

왼쪽은 우리나라에서 발견된 금동 미륵보살 반가 사유상이고, 오른쪽은 일본 고류사라는

절에서 발견된 목조 미륵보살 반가 사유상이다. 생김새가 상당히 닮았다. 이 두 가지 유

물을 통해 우리 민족의 삼국 · 가야와 일본이 오래전부터 교류해 왔다는 사실을 알 수 있

다. 이처럼 유물과 유적은 과거의 비밀을 푸는 실마리가 된다.

# 남북국 시대의 전개

남북에서 두 나라가 성장하다

지금부터는 신라가 삼국을 통일하는 과정, 발해의 건국 과정, 통일 신라의 역사와 발해의 발전 과정
을 한꺼번에 다룰 거예요. 대략 7세기부터 10세기까지의 이야기이지요.

비록 신라가 삼국을 통일했지만 고구려의 활약은 대단했어요. 고구려는 중국의 여러 나라들과 투쟁
하면서 우리 영토와 민족의식을 지켜 냈지요. 그러니 고구려가 중국의 수·당과 투쟁한 역사에 대해
서도 관심을 갖는 것이 좋을 것 같아요.

신라는 처음으로 우리 민족을 통일했어요. 그래서 과거에는 이 시기를 통일 신라 시대라고 불렀지
요. 하지만 요즘에는 남북국 시대라고 부르는 게 더 옳은 것 같아요. 만주 지역에 우리 민족의 국가
인 발해가 존재했기 때문이지요. 신라의 삼국 통일이 갖는 의미에 대해서도 생각해 봐야 하지만 발
해의 역사에도 큰 관심을 가져야 해요.

갈 길이 멀죠? 자, 고구려와 중국이 한판 대결하는 곳으로 가 볼까요?

**역사연표**

| 한국사 | | 세계사 |
|---|---|---|
| | 589년 | 수, 중국 통일 |
| 고구려, 살수 대첩 612년 | | |
| | 618년 | 당 건국 |
| | 619년 | 수 멸망 |
| | 622년 | 이슬람, 헤지라 |
| 고구려와 당, 안시성 싸움 645년 | | |
| 신라, 나당 연합 결성 648년 | | |
| 백제 멸망 660년 | | |
| | 661년 | 우마이야 왕조 성립 |
| 고구려 멸망 668년 | | |
| 신라, 삼국 통일 676년 | | |
| 대조영, 발해 건국 698년 | | |
| | 710년 | 일본, 나라 시대 시작 |
| 발해, 당 동주 공격 732년 | | |
| | 750년 | 이슬람, 아바스 왕조 성립 |
| 신라, 불국사 건립, 석굴암 창건 751년 | | |
| | 755년 | 당, 안사의 난 |
| 경덕왕 피살, 혜공왕 즉위 765년 | | |
| 신라, 독서삼품과 실시 788년 | | |
| | 800년 | 카롤루스 대제, 서로마 황제 오름 |

# 5

# 신라의 삼국 통일과 발해의 건국

## : 민족 문화 발전의 토대를 만들다

- 6~7세기 수와 당에 대한 고구려의 항쟁 과정을 이야기해 보세요.
- 백제와 고구려의 멸망 과정과 부흥 운동에 대해 이야기해 보세요.
- 신라의 대당 전쟁 과정과 삼국 통일의 의의 및 한계를 설명해 볼까요?
- 통일 신라 시대가 아니라 남북국 시대가 올바른 표현인 이유를 설명해 보세요.

## 중국의 수가 멸망한 이유는?

└수의 침략과 살수 대첩

6세기의 국내외 상황부터 살펴볼까요? 지금부터 정세가 상당히 급박하게 돌아가거든요.

6세기 중반 신라가 한강 유역을 백제로부터 **빼앗았어요**. 덕분에 이후 신라는 중국과 직접 교류할 수 있게 된 반면 백제는 큰 손해를 보게 됐지요. 백제는 북으로는 고구려, 남으로는 왜<sup>일본</sup>와 손을 잡고 신라를 압박했어요. 고구려와 백제가 동시에 공격해 오니 이제는 신라가 위기를 맞았지요.

여기에 국제 정세도 복잡해졌어요. 중국의 한족이 세운 수가 위진 남북조 시대의 오랜 혼란을 끝내고 중국 대륙을 통일한 거예요 589년. 수는 곧 주변으로 세력을 확장하기 시작했어요. 수의 이런 정책은 중국과 국경을 맞대고 있던 고구려에 큰 위협이 되었어요. 고구려는 수에 맞서기 위해 북방 유목 민족인 돌궐과 손을 잡았어요. 이렇게 해서 고구려, 백제, 돌궐, 왜가 같은 편이 되었죠. 이 네 나라는 남북으로 이어져 있어서 보통 '남북 세력'이라 불러요.

신라가 더 위태롭게 됐어요. 고구려, 백제에 이어 남북 세력이 사방에서 협공하고 있잖아요? 신라는 곧바로 수에 도움을 요청했어요. 수가 이를 받아들임으로써 동서로 연결된 '동서 세력'이 탄생했지요. 6세기 말 동북아시아에는 이처럼 남북 세력과 동서 세력 사이의 긴장감이 커지면서 전쟁의 기운이 감돌고 있었어요.

수가 먼저 고구려에 사신을 보냈어요. 수의 사신은 복속을 요구했어요. 수에 복종하고 따르라는 거예요. 남북조 시대만 하더라도 중국 왕조들은 고구려에 감히 이런 요구를 하지 못했어요. 고구려는 당연히 거절했죠. 나아가 고구려 영양왕26대은 말갈족과 함께 수의 요서 지방을 먼저 공격했어요.

이 공격으로 수가 꽤 큰 피해를 입었어요. 화가 난 수의 황제 문제1대는 30만 대군을 동원해 고구려를 침략했어요. 하지만 수의 군대는 별 성과를 거두지 못했어요. 폭풍우가 불어닥치고 전염병이 돈 데다 군량미마저 바닥이 나서 결국에는 철수할 수밖에 없었거든요<sup>598년</sup>.

7세기 초, 수에서 반란이 일어났어요. 왕자가 아버지를 죽이고 황제에 올랐는데, 바로 수의 2대 황제인 양제예요. 양제도 아버지 문제처럼 고구려에 복속을 요구했어요. 물론 고구려는 다시 거절했죠. 그러자 양제는 직접 113만 대군을 이끌고 고구려를 공격했어요.

이번에도 수의 군대는 고구려를 뚫지 못했어요. 고구려의 관문이라 할 수 있는 요동성을 수차례 공격했지만 6개월이 지나도록 함락시키지 못했죠. 속절없이 시간만 흐르자 수 양제는 우중문으로 하여금 30만 별동대를 꾸려 고구려 수도인 평양성을 직접 치라고 했어요.

이 별동대를 고구려의 을지문덕이 막아섰어요. 을지문덕은 수의 별동대를 기습 공격했다가 후퇴하기를 반복했어요. 또한 평양으로 가는 길목의 모든 고을을 완전히 비웠어요. 농작물과 식량을 모두 없애고 우물은 막았으며 백성들은 단단한 성 안으로 들어가 코빼기도 비치지 않았어요. 이렇게 하면 적들이 지치겠지요? 그 기회를 노려 적을 치는 거예요. 이와 같은 고구려의 방어 전략을 청야수성<sup>淸野守成</sup>이라고 해요. 들판을 비우고 성 안으로 들어가 지킨다는 뜻이지요.

요동 지방의 고구려 성들은 청야수성 작전을 진행하면서 서로 긴밀하게 연락했어요. 그러니 수의 별동대는 군량미를 확보할 수 없었어요. 배고프고 지칠 수밖에 없었지요. 그렇게 겨우 평양에 도착한 수의 별동대에게 을지문덕은 거짓 항복을 하면서 시 한 편을 보냈어요.

'귀신같은 계책은 천문을 통달했고, 기묘한 셈은 지리를 꿰뚫었네. 전투에 이긴 공이 이미 충분히 높으니, 만족하고 그만하는 게 어떻겠나?'

한자 다섯 글자씩 네 마디로 이루어진 시를 오언시五言詩라고 해요. 우리 문학사에서 가장 오래된 이 오언시의 제목은 〈여수장우중문시與隋將于仲文詩〉인데, 수의 장수 우중문에게 주는 시란 뜻이에요. 얼핏 보기에는 찬양하는 내용 같은데, 자세히 뜯어보면 조롱하고 있다는 걸 알 수 있어요. 이 시는 《삼국사기》에 수록되어 있답니다.

살수(청천강) 위치

을지문덕의 거짓 항복을 받아들인 우중문은 철수하기 시작했어요. 물론 모든 것이 을지문덕의 작전이었어요. 을지문덕은 수의 별동대가 살수청천강를 반쯤 건널 무렵 공격 명령을 내렸어요. 압도적인 승리였어요. 전투가 끝난 후 살아남은 수 별동대는 고작 2,700여 명에 불과했죠. 이것이 그 유명한 살수 대첩이에요612년. 살수 대첩은 귀주 대첩, 한산도 대첩과 더불어 우리 역사의 3대 대첩으로 꼽는답니다. 대첩大捷은 큰 승리를 거둔 전투라는 뜻이에요.

4개월 후, 그리고 다시 1년 후 수 양제는 고구려를 침략했어요. 하지만 이 전투에서도 수는 고구려에 패했어요. 수는 고구려와 "더 이상 싸우지 말자."며 화친 조약*을 체결하고 전쟁을 끝낼 수밖에 없었지요. 그러나 그사이에 수는 누더기가 되어 있었어요. 고구려와 싸우면서 국력이 급격하게 약해졌고, 민심은 등을 돌렸지요. 결국 중국 곳곳에서 반란이 일어났고, 이 반란을 진압하지 못한 수는 7세기 초에 멸망했답니다[619년].

수가 멸망한 가장 큰 이유는 무리한 전쟁 때문이었어요. 만약 수가 고구려를 정복했다면 더 오래 지속됐을지도 몰라요. 하지만 고구려에 잇달아 패함으로써 버틸 수 없었던 거죠. 결국 고구려가 중국 대륙의 강국 수를 무너뜨린 셈이에요.

## 안시성 전투 승리의 의의는 무엇일까?
└당의 침략과 안시성 전투

수의 뒤를 이어 중국에 당이 들어섰어요. 당은 이제 갓 출범한 나라였기에 제도 정비를 비롯해 해야 할 일이 많았어요. 그러니 굳이 고구려와 대결할 필요가 없었죠. 이 때문에 당 건국 초기에 두 나라는 우호적으로 지냈어요.

하지만 당의 2대 황제인 태종은 달랐어요. 어느 정도 내부 정비가 끝나자 곧바로 주변 민족들을 정복하면서 영토를 확장한 거예요. 당 태종은 머잖아 고구려까지 넘보기 시작했어요. 비상이 걸린

● 화친 조약 다투지 않고 평화롭게 지내기 위해 맺는 국가 간의 약속

고구려는 우선 당의 침략에 대비하기 위해 천리장성부터 쌓았어요. 장성 건설 책임자로는 연개소문이 임명되었어요.

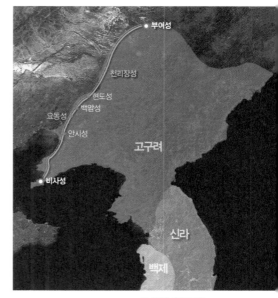

고구려의 천리장성 위치

연개소문은 당시 고구려의 왕이었던 영류왕[27대]의 외교 정책이 마음에 들지 않았어요. 왕은 당의 교육 기관인 국자감에 왕자를 입학시켰을 뿐 아니라 당의 요구에 비교적 고분고분했거든요. 연개소문은 정변을 일으켜 왕을 처형하고 그의 조카를 새 왕에 추대했어요. 그 왕이 보장왕[28대]인데, 사실 별 의미는 없었어요. 연개소문이 대막리지˙가 되어 모든 권력을 장악했거든요.

연개소문은 당은 물론, 당과 손을 잡으려는 신라에 대해서도 적대적이었어요. 그러니 백제가 괴롭힌다며 고구려에 도와 달라고 부탁하러 온 신라 사절 김춘추도 가두어 버렸지요. 나아가 연개소문은 신라가 당과 교류하는 교통로인 당항성[경기 화성]도 공격했어요. 당 태종이 이 소식을 듣고 신라와 화해하라고 하자 연개소문은 서신을 갖고 온 사신까지 가두었어요.

연개소문이 호락호락하지 않자 당 태종은 당황했어요. 결국 당 태종은 연개소문을 제거하고 고구려를 정복하겠다며 7세기 중반 고구려를 침략했어요. 첫째가 연개소문이 왕을 시해하는 패륜을 저

˙ 대막리지 막리지는 정치과 군사를 주관하던 으뜸 벼슬이었다. 연개소문은 권력을 장악한 뒤 스스로를 한 등급 높여 대막리지가 되었다.

당 태종 이세민

질렀으니 죄를 묻겠다는 이유였고, 둘째가 요동 지방이 원래 한족의 땅이니 되찾겠다는 이유였지요.

당의 군대는 수의 군대보다 강했어요. 처음부터 강하게 고구려를 압박했지요. 고구려의 현도성, 요동성, 백암성이 차례로 무너졌어요. 하지만 당군은 그다음 넘어야 할 안시성을 뚫지 못했어요. 당으로서는 이 성을 반드시 함락해야 해요. 이 성이 고구려의 수도인 평양성으로 가는 길목이었거든요.

당 군대는 매일 수차례 성을 공격했어요. 하지만 안시성의 성주인 양만춘과 백성들은 한마음 한뜻으로 똘똘 뭉쳐 공격을 막아 냈어요. 당군이 성을 넘기 위해 흙으로 산을 쌓으면 안시성 사람들은 성의 담을 더 높게 올렸어요.

그렇게 수십 일이 지났어요. 그사이에 가을이 찾아왔어요. 기온이 뚝 떨어졌고 당의 군량미는 바닥이 나기 직전이었어요. 결국 당 태종은 안시성을 포위하고도 3개월 만에 철수할 수밖에 없었어요. 이 철수 과정에서 많은 병사들이 목숨을 잃었죠. 당은 안시성 전투에서 패배를 맛보아야 했어요[645년].

그 후로도 당은 여러 차례 고구려를 침략했어요. 하지만 그때마다 고구려가 모두 막아 냈어요. 중국에서는 "연개소문이 도대체 어떤 사람이기에 고구려를 정복하지 못하는가?"라는 말이 떠돌았어요. 실제로 중국의 대표적인 전통 연극인 경극에도 연개소문이 등장한답니다. 경극에서 연개소문은 아주 사납고 무술이 뛰어난 인물로 묘사돼요. 당시 중국에서 연개소문을 얼마나 두려워했는지 알 수 있는 대목이지요.

고구려가 수, 당과의 전쟁에서 잇달아 승리를 거둘 수 있었던 것은 탁월한 전술 덕분이라고 할 수 있어요. 첫 번째가 이미 설명한 청야수성 작전이었고, 둘째가 튼튼한 성곽이었어요. 안시성 사람들도 이와 비슷한 전략을 썼어요. 성 안에 곡식과 무기를 비축해 놓고 굳게 성을 지키면서 싸웠으니까요. 그 결과 당의 군대가 제풀에 꺾여 물러갈 수밖에 없었던 거예요.

그것 말고도 안시성 전투의 의의는 상당히 커요. 당시 안시성 백성들은 목숨을 바쳐 싸웠어요. 고구려를 지키겠다는 의지가 매우 강했죠. 덕분에 당의 한반도 침략을 막아 낼 수 있었어요. 결국 고구려인들의 강인한 의지가 승리의 원동력이었던 거예요.

수와 당을 잇달아 격퇴함으로써 고구려는 한반도를 외적의 침략으로부터 지켜 내는 수호자 역할을 했어요. 또한 고구려의 국제적 위상도 높였어요. 앞으로도 고구려는 당과 대등하게 겨룰까요? 글쎄요. 그 결과는 곧 알 수 있을 거예요.

# 백제 멸망 후 왜선이 금강에 나타난 까닭은?
└백제의 멸망과 부흥 운동

고구려가 급박하게 돌아가고 있던 무렵, 백제는 어땠을까요? 이번엔 7세기의 백제 상황을 엿볼게요.

당 태종이 고구려를 침략하기 4년 전, 백제에서는 의자왕[31대]이 등극했어요. 오늘날 많은 사람들이 의자왕을 타락한 왕으로 알고 있는데, 이는 사실과 달라요. 의자왕은 효심이 깊었고, 학문과 도덕 수준이 높았어요. 그래서 공자의 제자인 증자의 이름을 따서 '해동 증자'라 불리기도 했어요. 물론 나중에는 타락한 게 맞아요. 하지만 처음부터 그랬던 것은 아니란 사실은 알아 두세요.

7세기 중반에는 고구려와 백제가 힘을 합쳐 신라를 압박하고 있었어요. 의자왕의 백제 군대는 신라를 공격해 대야성[오늘날의 경남 합천]을 비롯해 40여 개의 성을 빼앗았지요. 의자왕은 고구려와 연합해 신라가 당으로 가는 길목인 당항성을 공격하기도 했어요.

백제의 공격이 거세지자 신라는 사방에 도움을 요청했어요. 왜에도 도와 달라고 했지만 별 호응을 얻지 못했어요. 그러자 고구려에 도움을 요청했어요. 김춘추가 연개소문을 방문한 게 바로 그 때문이었지요. 대야성이 백제에 함락될 때 대야성의 성주와 아내가 죽었는데, 그들은 김춘추의 딸과 사위였다고 해요. 그러니 김춘추는 개인적으로도 백제를 응징하고 싶었을 거예요.

연개소문은 김춘추의 도움 요청에 뭐라고 대답했을까요? 연개소문은 "원래 고구려의 영토였던 죽령 이북의 땅을 돌려주어야 도와주겠다."라고 했어요. 김춘추가 "그럴 수 없다."고 맞서자 연개소문은 그를 가두었죠. 앞에서 이미 말한 내용이죠?

나중에 가까스로 풀려난 김춘추는 당으로 건너가 동맹을 제안했어요. 그렇잖아도 고구려를 정복하지 못해 발만 동동 구르던 당 태종은 곧바로 동맹을 체결했어요. 이것이 바로 나당 동맹이에요 648년.

이 동맹에 따라 당은 신라에 군대를 지원했어요. 그 대신 신라는 당이 고구려를 공격하면 돕기로 했죠. 또 삼국을 통일한 후에 대동강 이북의 고구려 영토를 당에게 주기로 했어요. 당의 제도와 문화도 적극 수입하기로 했어요.

신라와 당이 동맹을 맺자 고구려와 백제도 동맹의 강도를 높였어요. 이 동맹을 때로는 여제 동맹이라고도 불러요. 이 밖에도 고구려는 북방의 유목 민족과, 백제는 왜와의 관계를 더욱 강화했어요. 이러니 한반도를 무대로 동북아시아에서 큰 전쟁이 벌어지고 있었다고 해도 과언이 아니지요.

얼마 후 당 태종이 사망했어요. 그의 아들이 당 고종에 올랐고, 실제 권력은 고종의 부인인 측천무후가 장악했어요. 측천무후는 한반도 전체를 정복하려면 고구려를 반드시 꺾어야 한다고 생각했어요. 그 때문에 몇 차례나 군대를 보내 고구려를 공격했지요. 하지만 고구려는 연개소문을 중심으로 똘똘 뭉쳐 모든 공격을 막아 냈어요.

이즈음 백제에 변화가 생겼어요. 대대적인 개혁과 함께 신라를 압박하던 의자왕이 갑자기 사치와 향락에 빠지기 시작한 거예요. 그 이유는 귀족들에게 있었어요. 의자왕이 귀족들을 압박하자 귀족들이 반발했고, 결국 의자왕이 포기한 게 아닐까 추측돼요. 모두가 똘똘 뭉쳐도 부활할 수 있을까 말까 한데 백제의 지배 세력은 단결하지 못했어요. 그 결과는 비참할 따름이었죠.

신라와 당의 나당 연합군이 백제에 대한 본격적인 공략에 돌입했어요. 당의 소정방이 이끈 군대는 기벌포<sup>충남 서천군 금강 하구</sup>로 쳐들어왔어요. 백제군이 맞섰지만 당군에 패했어요. 백제의 계백은 5,000명의 결사대를 이끌고 황산벌<sup>오늘날의 충남 논산</sup>에서 김유신이 이끄는 1만 신라군과 격돌했어요. 이 전투에서도 백제는 패했어요.

나당 연합군은 곧바로 백제의 수도인 사비성으로 진격했고, 곧 사비성을 함락했어요. 웅진으로 달아난 의자왕도 항복할 수밖에 없었지요. 의자왕은 당으로 끌려가 다시는 백제로 돌아오지 못했어요. 이로써 백제는 멸망했어요<sup>660년</sup>.

당은 백제 영토에 웅진 도독부를 설치했어요. 백제를 지배하려는 속셈이었지요. 게다가 백제를 대표하는 탑인 정림사지 5층 석탑에 당군 사령관인 소정방의 업적을 기리는 글을 새겨 넣었어요. 다른 나라의 문화재를 제멋대로 훼손하다니, 이런 만행이 또 어디

있겠어요?

백제가 멸망한 후 백제를 되살리려는 운동이 여러 지역에서 일어났어요. 복신과 도침은 주류성<sup>오늘날의 충남</sup> <sup>서천군 한산면으로 추정</sup>에서 백제 부흥 운동을 시작했어요. 이들은 왜에 건너가 있던 백제 왕자 풍<sup>부여풍</sup>을 왕으로 추대하기로 했어요. 풍은 왜의 배를 타고 들어왔는데, 이때 왜는 5,000여 명의 군사를 보내 풍을 호위하도록 했어요. 나중에는 2만 7,000여 명의 지원군을 보냈고, 그 후 1만여 명의 지원군을 추가로 보냈어요.

백제 부흥 세력은 왜의 지원군과 함께 금강 하구에서 나당 연합군과 여러 차례 전투를 벌였어요. 하지만 이 전투에서 패함으로써 백제 부흥 운동은 사실상 실패로 끝나고 말았지요<sup>663년</sup>.

이와 별도로 흑치상지도 임존성<sup>오늘날의 충남 예산군 대흥면</sup>을 장악한 후 백제 부흥 운동을 벌였어요. 다른 지역의 백제 부흥 운동이 지도부의 분열 등으로 휘청거릴 때도 임존성은 꿋꿋이 버텼어요. 하지만 결국에는 신라군의 공격을 견뎌 내지 못하고 성이 함락되었답니다<sup>664년</sup>.

**정림사지 5층 석탑**
백제의 불교문화를 대표하는 탑으로, 충청남도 부여에 있다. 백제를 정벌한 당의 장수 소정방이 자신의 공을 새겨 넣었다.

# 당이 고구려를 쉽게 정복하지 못한 까닭은?
## └고구려의 멸망과 부흥 운동

백제가 멸망할 당시 신라의 왕은 태종 무열왕[29대]이었어요. 그가 바로 김춘추이지요. 태종 무열왕은 진골 출신으로는 처음으로 신라의 왕에 오른 인물이에요. 이전에는 골품제에 따른 성골 출신만 왕에 올랐거든요. 그런 신분의 벽을 넘고 왕에 오른 거예요. 하지만 태종 무열왕은 삼국 통일을 보지 못하고 세상을 떠났어요. 이어 왕자 김법민이 문무왕[30대]에 올랐어요. 문무왕은 삼국을 통일할 수 있을까요?

백제가 멸망한 후 고구려는 어떤 상황이었을까요? 아무래도 동맹인 백제가 사라지니 고구려로서는 다소 불안할 수도 있을 거예요. 당도 그렇게 생각했어요. 당은 곧바로 고구려를 공격했어요. 하지만 이번에도 당은 고구려를 무너뜨릴 수 없었어요. 여전히 연개소문이 버티고 있었거든요. 그토록 많은 전쟁을 치렀으니 국력이 바닥날 법도 하지만 연개소문의 강력한 리더십 덕분에 고구려 백성들은 한마음 한뜻으로 당과 싸웠어요.

남쪽에서는 신라군이 당을 도와 고구려를 공격했어요. 하지만 이 또한 별 효과가 없었어요. 나당 연합군도 고구려 앞에서는 맥을 못 추는 것 같았지요. 금방이라도 고구려를 멸망시킬 수 있을 것 같았지만 시간만 흘러갔어요.

백제가 멸망하고 5년 정도가 흘렀어요. 바로 그때 고구려에 큰 사건이 발생했어요. 연개소문이 사망한 거예요. 만약 연개소문의 후계자들이 똘똘 뭉쳤다면 연개소문이 사망한 일이 큰 사건이 되지는 않았을 거예요. 그러나 연개소문의 아들들은 권력 다툼을 벌였어요. 그 때문에 탄탄했던 방어선에 쩍쩍 금이 가기 시작했죠.

연개소문의 장남 연남생은 동생들에게 권력을 빼앗기자 반란을 일으킨 뒤 당에 투항했어요. "고구려를 정벌해 달라."라고 요청하면서 말이죠. 연개소문의 동생은 신라에 투항해 버렸어요. 지배층이란 사람들이 이처럼 자기 이익만 생각하니 고구려의 운명은 이미 이때 끝났다고 해도 과언이 아니에요.

당에게 이보다 좋은 기회가 있겠어요? 당은 대군을 고구려에 파견했어요. 당연히 신라군도 고구려를 공격했지요. 나당 연합군이 고구려의 성들을 하나씩 점령하더니 1년 만에 수도인 평양성까지 함락했어요. 당은 백제 의자왕을 끌고 갔던 것처럼 고구려의 보장왕도 당으로 끌고 갔어요. 이로써 고구려도 역사 속으로 사라졌어요668년. 당은 백제 영토에 웅진 도독부를 설치했던 것처럼 고구려 땅에도 안동 도호부를 설치했어요. 고구려까지 지배할 속셈이었던 거지요.

고구려가 멸망한 후에도 고구려를 부흥시키려는 운동이 여러 지역에서 일어났어요. 검모잠은 한성황해도 재령에서 부흥 운동을 벌였어요. 검모잠은 연개소문의 조카이자 보장왕의 아들인 안승을 왕으로

대동강 위치

추대한 뒤 당군과 싸웠죠. 하지만 고구려 부흥 운동 또한 지도부의 내분으로 실패하고 말았어요. 검모잠에 의해 왕으로 추대되었던 안승이 검모잠을 죽이고 신라에 항복한 거예요.

이와 별도로 요동 지방에서는 고연무가 고구려 부흥 운동을 이끌었어요. 이 지역에는 많은 고구려 유민이 살고 있었어요. 그 때문에 부흥 운동이 끈질기게 전개되었지만 안타깝게 실패하고 말았지요.

백제와 고구려가 멸망하자 당은 숨겨 왔던 야심을 드러냈어요. 대동강 이북 땅만 가져가기로 한 당초의 약속을 깨고 한반도 전체를 지배하려 한 거예요.

당은 백제를 멸망시킨 후 곧바로 백제 땅에 웅진 도독부를 포함해 5도독부를 설치했어요. 고구려 땅에는 9도독부 외에도 평양에 따로 안동 도호부를 두었지요. 고구려가 멸망한 후에는 신라에까지 계림 도독부를 설치했어요.

도독부는 당이 지방에 설치하는 통치 기관이고, 도호부는 군사 기관이에요. 이런 기관들을 한반도 곳곳에 설치하려는 이유가 뭘까요? 당초 신라와 한 약속은, 대동강 이남을 건드리지 않는다는 것이었어요. 당은 그 약속을 지킬 생각이 없었어요. 한반도 전체를 지배하려는 것이었지요. 이제 신라가 나설 차례가 됐어요.

# 고구려 유민이 익산에 세운 나라 이름은?
## └삼국 통일의 의의와 한계

신라의 문무왕은 당의 횡포를 참을 수가 없었어요. 약속을 이행하지 않는 것은 둘째 치고 노골적으로 한반도를 노리고 있잖아요? 결국 신라가 드디어 당과 한판 대결에 돌입했어요.

보덕국 위치

문무왕은 우선 고구려 부흥 운동을 이끈 고구려 유민들을 적극 받아들여 당에 맞서게 했어요. 이때 신라가 영입한 인물이 고구려 부흥 운동의 중심 세력이던 안승이었어요. 검모잠을 죽이고 신라에 투항한 바로 그 인물이지요.

문무왕은 안승에게 금마저<sup>오늘날의 전라북도 익산</sup> 영토를 주고 보덕국의 왕으로 임명했어요. 그러자 보덕국에는 고구려 유민들이 많이 몰려들었어요. 이후 이 고구려 유민들이 당군에 맞서 싸웠어요. 보덕국은 삼국 통일 후에 신라의 행정 구역에 편입된답니다.

백제의 옛 수도 사비성을 점령하고 있던 당의 군대는 신라군이 직접 몰아냈어요. 당이 20만 대군으로 반격해 오자 매소성<sup>오늘날의 경기 양주</sup>에서 격파했고, 서해 기벌포<sup>금강 하구</sup>로 쳐들어온 당의 수군을 다시 격파했어요.

육군과 수군이 모두 패하자 당은 더 이상 한반도에 머물 수 없

삼국 통일 당시의 신라 영토

었어요. 결국 당은 평양의 안동 도호부를 요동 지방
으로 철수시켰어요. 당의 모든 군사들도 물러났지요.
이로써 신라가 마침내 삼국 통일의 대업을 이루었답
니다<sup>676년</sup>.

신라의 삼국 통일에 대해서는 오늘날까지도 다양
한 평가가 나오고 있어요. 다양한 견해를 알아 두는
차원에서 삼국 통일에 비판적인 사람들의 평가부터
들어 볼까요?

"역사학자 신채호 선생은 외세를 끌어들여 같은 민
족을 멸망시킨 것은 도적을 불러들여 형제를 죽이는
것이라고 했다. 당을 끌어들인 것도 이처럼 큰 문제인
데, 통일 이후의 영토가 대동강~원산만 이남으로 줄었다. 그 북쪽
의 고구려 영토를 모두 잃었으니 이 얼마나 안타까운 일인가."

하지만 이렇게 비판적으로만 보아서는 안 된다고 주장하는 사람
도 많아요. 당시 상황을 감안해야 하며, 나름대로 큰 역사적 의의
가 있다는 거예요. 이들의 평가도 들어 볼까요?

"신라는 고구려와 백제의 협공으로 풍전등화의 위기에 있었다.
그러니 신라가 당과 동맹을 맺은 것은 생존의 문제라 비판해서는
안 된다. 당과 싸울 때는 고구려·백제 유민과 힘을 합쳤다. 그러
니 삼국 통일은 모두가 힘을 합쳐 외세를 몰아내고 이룩한 최초의
민족 통일이다."

여러분은 어떻게 생각하세요? 이런저런 논란이 있다 해도 확실한 사실이 있어요. 신라 혼자서 이 통일을 이루어 낸 것이 아니란 점이죠. 신라는 고구려 및 백제 유민과 힘을 합쳐 당을 몰아냈어요. 그러니 이 통일은 최종적으로 우리 민족에 의한 자주적 통일이라고 볼 수 있지요.

또 신라가 삼국을 통일함으로써 우리 민족이 최초로 통일 국가를 건설했다는 점도 잊어서는 안 돼요. 이 통일을 통해 고구려-백제-신라의 문화가 융합함으로써 우리 민족 문화가 발전하는 계기가 만들어졌어요. 쉽게 말하자면, 신라의 통일로 인해 우리 민족 문화의 토대가 만들어졌다는 거예요. 물론 외세인 당에 의지해 통일을 이루었고, 그 결과 우리 영토가 축소되었다는 한계는 명백히 있어요. 그래도 신라의 삼국 통일이 갖는 역사적 의의가 큰 것만큼은 분명해요.


## 발해가 독자 연호를 쓴 까닭은?
└발해의 건국


신라가 최초로 우리 민족을 통일했으니 이제 통일 신라 시대가 열린 것일까요? 통일 신라의 역사가 시작된 것은 맞아요. 하지만 통일 신라 시대라고 한다면 옳지 않아요. 신라가 삼국을 통일하고 오래지 않아 고구려의 옛 영토에 발해라는 나라가 세워졌거든요.

신라 사람들은 이 발해를 북국北國이라 불렀어요. 북쪽에 있는 나라라는 뜻인데, 신라와 같은 민족이라는 의미를 담고 있지요. 공교롭게도 발해가 멸망한 시점은 통일 신라가 멸망한 시점인 10세기 초반이었어요. 그러니까 발해와 통일 신라는 비슷한 시기에 시작해 비슷한 시기에 끝이 난 거지요.

18세기 후반 조선의 실학자 유득공 또한 자신의 책《발해고》에서 '발해는 우리 민족의 역사로, 신라와 함께 살펴야 한다. 그러니 남북국으로 보는 것이 타당하다.'라고 했어요. 조선 시대에도 발해를 우리 역사라고 보았다는 근거지요. 따라서 통일 신라 시대라는 표현은 적절하지 않아요. 남과 북에 각각의 왕조가 존재했던 시대니까 남북국 시대가 정확한 표현이지요.

지금부터는 그 발해의 건국 역사를 살펴볼 거예요. 고구려가 멸망하고 30여 년이 흐른 시점에서 이야기가 시작돼요.

고구려가 멸망하자 고구려의 많은 지배층이 강제로 당에 끌려갔어요. 그중 일부는 요하 지역오늘날의 랴오닝성 차오양에서 사실상 갇혀 지냈어요. 그런데 이 무렵에는 고구려 유민뿐 아니라 말갈인이나 거란인들도 당의 지배를 받았어요. 당의 지배에 반발한 여러 민족이 반란을 일으킬 조짐을 보이고 있었지요.

그러던 중 7세기 말 거란족이 당에 대해 반란을 일으켰어요. 이 반란을 진압하느라 당이 혼란스러워지자 그 기회를 노려 요하 지방에 있던 고구려 유민 대조영이 탈출을 감행했어요. 대조영은 동쪽으로 말을 달렸어요. 당의 군대가 추격해 왔어요. 대조영은 말갈인들과 힘을 합쳐 요동 북동쪽 지방에서 당군을 물리쳤어요.

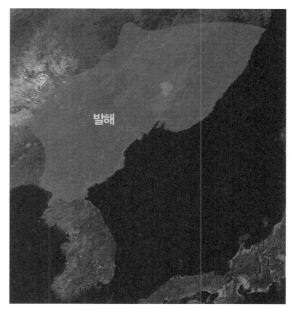

8세기 중반의 발해 영토

계속 동쪽으로 나아가던 대조영은 이윽고 동모산오늘날의 중국 지린성에 이르렀어요. 이곳은 고구려 왕족 계루부의 고향이었지요. 바로 이 동모산에서 대조영이 나라를 세웠어요. 이 나라가 바로 발해이지요698년.

이 무렵 발해의 남쪽에는 통일 신라가 강력한 중앙 집권 국가를 건설해 발전하고 있었어요. 남쪽의 신라, 북쪽의 발해가 나란히 발전하는 남북국 시대가 본격적으로 시작된 것이지요.

발해는 9세기 전반에 서쪽의 요동에서부터 동쪽의 연해주에 이르는 광대한 영토를 지배했어요. 신라가 삼국을 통일하고 당과 전쟁을 치르는 과정에서 잃어버린 고구려의 옛 영토를 거의 회복한 거예요. 또한 발해는 문화적으로도 상당히 발전했어요. 당에서는 그런 발해를 두고 "바다 동쪽에 있는 융성한 나라"라며 해동성국海東盛國이라 불렀지요.

발해에 대한 이야기는 뒤에서 다시 다루기로 하고, 확실하게 해 두어야 할 게 있어요. 중국의 일부 학자들이 발해가 중국에 속해 있었다고 역사 왜곡을 하고 있어요. 따라서 발해가 왜 명백한 우리 역사인지 확실히 짚고 넘어가야겠어요.

첫째, 발해의 왕들은 스스로를 고구려 국왕이라고 칭하면서 고구려를 계승했다는 점을 공공연히 밝혔어요. 발해 무왕[2대]은 일본에 보낸 국서에서 '우리는 고구려 옛 땅을 회복했고, 부여의 전통을 이어받았다.'라고 밝혔어요. 중국 역사서인 《구당서》에는 '(발해를 건국한) 대조영은 고구려 사람으로, 동모산에 성을 쌓았다.'라고 기록되어 있지요.

둘째, 발해를 실질적으로 지배한 사람들은 고구려 유민들이었어요. 발해의 민족 구성을 보면 고구려 유민과 말갈인이 섞여 있어요. 인구 비율로만 따지자면 말갈인이 훨씬 많았지만 지배층은 대부분 고구려 유민이었어요. 고구려 유민이 주축이 되어 발해를 건국했기 때문에 제도나 이념은 고구려를 계승했지요.

셋째, 발해는 독자 연호를 썼어요. 만약 발해가 당의 속국이었다면 반드시 당의 연호를 써야 하지, 독자 연호를 쓰면 안 돼요. 하지만 발해 무왕은 인안, 문왕[3대]은 대흥이라는 독자 연호를 썼어요. 이는 대외 관계에 있어서 발해가 당과 대등한 위치에 있었다는 증거예요.

넷째, 발해의 유적을 살펴보면 고구려를 계승한 것이 상당히 많아요. 물론 발해는 여러 민족이 어우러져 세운 나라이기 때문에 발해 유적지에서는 고구려를 계승한 것뿐만 아니라 당, 말갈 계통 등 다양한 문화적 색채를 보이는 유물이 출토되었어요. 이에 대해서는 발해의 문화와 예술품을 살펴볼 때 다시 얘기할 거예요. 한 가지만 미리 말하자면, 발해는 난방 장치로 온돌을 사용했어요. 온돌은 동아시아에서는 유일하게 우리 민족만 써 온 난방 장치랍니다. 일본이나 중국에서는 찾아볼 수 없지요.

어때요? 지금까지 얘기한 점만으로도 발해가 중국의 역사가 될 수 없다는 사실은 명확하지요? 다시 말하지만 발해는 우리 민족의 역사랍니다. 누구도 이러한 사실을 부정할 수는 없어요.

# ★ 단원 정리 노트 ★

## 1. 한반도 정세에 따른 삼국의 동맹 관계

신라와 고구려, 백제는 한반도를 둘러싼 패권 다툼에서 힘의 기울기에 따라 서로 연합하거나 대립했다. 각 나라 사이의 동맹 관계에 대해서 살펴보자.

① 나제 동맹(4세기 중반~5세기 중반)

신라와 백제 사이에 맺어진 동맹. 힘이 강성해진 고구려가 장수왕에 이르러 남진 정책을 펴고 한강 유역을 위협하자, 백제와 신라는 고구려에 맞서기 위해 힘을 합치기로 하고 나제 동맹을 체결한다. 두 나라는 동맹 관계를 더욱 강화하기 위해 혼인 동맹으로 발전시킨다.

② 나당 연합(7세기 중반)

고구려를 지속적으로 공략했음에도 성공하지 못한 중국의 당과 한반도에서의 세력을 확장하고자 했던 신라의 의도가 맞아떨어져 맺은 동맹이다. 당은 북쪽에서, 신라는 남쪽에서 공격함으로써 고구려를 괴롭혔다.

③ 여제 동맹(7세기 중반)

당과 신라의 연합에 맞서기 위해 고구려와 백제가 맺은 동맹이다. 고구려와 백제는 건국 이후 줄곧 적대 관계에 있었기 때문에 실제로 두 나라가 동맹을 맺었는지에 대해서는 논란의 여지가 있다. 하지만 여제 동맹설은 당시의 긴박했던 한반도의 정세를 반영하고 있다는 데에 의미가 있다.

## 2. 신라의 삼국 통일을 바라보는 두 가지 시각

① 비판하는 시각

- 중국의 당이라는 외부 세력을 끌어들여 같은 민족을 쳤다.
- 고구려가 차지하고 있던 만주와 한반도 북부를 잃음으로써 우리 민족의 무대가 축소되었다.

② 옹호하는 시각

- 고구려와 백제의 공격을 막아 내기 위해 어쩔 수 없이 중국의 당에 기댈 수밖에 없었다.
- 고구려 · 백제의 유민과 힘을 합쳐 한반도 전체를 지배하려는 당에 맞서 싸우고 물리쳤으니, 결국에는 민족 통일을 이루는 데 성공했다.


## 3. 발해의 건국 과정

배경 – 고구려가 멸망한 뒤 당에 의해 수많은 고구려 유민이 요하 지역으로 끌려가 갇혀 지냄

- 당의 세력이 커지면서 말갈, 거란 등의 민족이 당의 지배를 받음

진행 – 당의 지배에 반발한 거란이 반란을 일으킴

- 거란의 반란으로 혼란스러운 틈을 타 고구려 유민 대조영이 요하 지역을 탈출함
- 대조영과 고구려 유민은 말갈인과 힘을 합쳐 추격해 온 당의 군대를 물리침

건국 – 대조영과 그를 따르는 무리가 고구려 왕족 계루부의 고향인 동모산에 이르러 나

라를 세움(698년)


발해의 성격

- 고구려 유민과 말갈인이 연합하여 세운 나라

- 인구 구성에서 말갈인이 훨씬 많았지만, 지배층은 고구려 유민이었음

- 고구려 문화와 북방 유목 민족의 문화가 융합된 다문화 국가

- 9세기 전반에 이르러 고구려의 옛 영토를 거의 회복함

- 당에서 '해동성국'이라고 부를 만큼 문화적으로 융성함


4. 발해가 우리 민족의 국가임을 말해 주는 사실들

① 발해 왕들이 스스로를 '고구려 국왕'이라고 칭함

② 중국의 역사서인 《구당서》에 발해를 건국한 대조영을 고구려 사람으로 기록

③ 고구려 유민으로 구성된 발해의 지배층이 고구려의 제도와 이념을 계승

④ 발해 왕들이 독자 연호를 사용

⑤ 온돌을 비롯하여 우리 민족 고유의 색채를 드러내는 유적과 유물이 출토됨

# 6

# 남북국의 발전과 변화

## : 신라와 발해, 이름을 떨치다

- 통일 신라의 왕권 강화 정책과 그로 인한 변화를 설명해 보세요.
- 발해가 해동성국으로 불리게 된 과정을 설명해 보세요.
- 통일 신라 말기에 호족의 등장과 이에 따른 변화를 이야기해 보세요.
- 후삼국이 성립하는 과정과 발해 멸망 이후의 부흥 운동에 대해 설명해 보세요.

## 화백 회의가 약해진 까닭은?

### └통일 신라의 왕권 강화와 체제 정비

지금부터는 통일 이후의 신라 역사를 살펴볼 거예요. 고구려, 백제를 통일한 신라가 세 나라의 문화를 융합해 우리 민족 문화를 발전시키던 시기라고 할 수 있죠.

8세기 초·중반까지는 신라의 왕권이 아주 강했어요. 태종 무열왕, 문무왕, 신문왕<sup>31대</sup> 등 특히 세 명의 왕이 상당히 많은 공헌을 했죠.

태종 무열왕은 삼국 통일의 기초를 놓은 왕이에요. 문무왕은 삼국 통일을 달성했죠. 이후 문무왕은 고구려와 백제 유민을 모두 껴안았어요. 능력이 있으면 그들도 중앙 정부의 관리로 임명하는 등 모든 백성을 통합하려 했지요. 하지만 아직도 귀족의 권력이 강했어요. 심지어 신문왕이 왕에 오를 때 신문왕의 장인인 김흠돌과 귀족들이 반란을 일으킬 정도였어요.

신문왕은 반란을 진압한 후 왕권을 강화하기 위한 개혁에 본격적으로 돌입했어요. 신문왕이 나라를 통치한 기간은 12년에 불과해요. 하지만 이 기간에 신문왕은 통일 신라를 강력한 중앙 집권 국가로 만드는 데 성공했답니다.

삼국을 통일한 후의 신라는 이전의 신라와 아무래도 많이 다르겠죠? 일단 영토가 크게 늘었어요. 영토가 늘면서 인구도 자연스럽게 늘어났지요. 국민이 늘어나니 재정도 더 많이 필요할 거예요. 그렇다고 해서 농민들에게 마구 세금을 거두면 반발이 생기겠지요? 그랬다가는 통일 신라가 시작부터 혼란스러웠을 거예요.

신문왕은 이 모든 것을 잘 살펴 개혁에 착수했어요. 그 결과는 아주 성공적이었어요. 만약 신문왕의 개혁이 성공하지 못했다면 왕권은 추락했을 것이고 신라의 번영도 이루지 못했을 거예요. 신문왕의 업적이 왜 중요한지 이젠 알겠지요? 이제 신문왕의 개혁 내용을 차례대로 살펴볼까요?

첫째, 신문왕은 중앙 정치 조직을 손보았어요. 이때 신라에는 집사부라는 왕의 직속 기구가 있었어요. 집사부는 진덕 여왕[28대] 때 처음 설치되었는데, 왕의 비서실 역할을 했어요. 신문왕은 이 집사부를 강화시켜 정부의 역할을 하도록 했어요. 집사부 밑으로는 10여 개의 관청을 두었죠. 이 집사부의 우두머리를 중시<sup>나중에 시중이라고 이름이 바뀌어요</sup>라고 했는데, 신문왕은 이 중시와 함께 국가의 중요한 일을 논의했어요.

집사부와 중시의 권한이 강해지면 누가 싫어할까요? 바로 귀족들이에요. 귀족들은 반발했어요. 하지만 신문왕은 반대하는 귀족들을 과감히 숙청했어요. 그 결과 귀족 회의인 화백 회의와, 화백 회의의 우두머리인 상대등의 권한이 크게 약해졌지요. 쉽게 말해 신라의 중앙 정치 조직이 왕을 중심으로 싹 바뀐 거예요.

둘째, 영토가 넓어지고 인구가 크게 늘었으니 지방 행정 조직도 고쳤어요. 신문왕은 전국을 9주로 나누고, 주에는 도독이라는 지방관을 파견했어요. 주는 오늘날의 도와 비슷해요. 주 밑으로는 군, 현을 두었는데 군에는 태수라는 지방관을 파견했지요. 군과 현 밑에는 촌이라는 행정 조직이 있었어요. 이 촌에는 따로 지방관을 보내지 않았어요. 그 대신 토착 세력에서 촌주를 임명한 뒤 그 촌주가 해당 지역을 다스리도록 했어요. 촌주는 그 촌락의 상황을 조사해서 3년마다 중앙 정부에 보고서를 보냈어요. 이 보고서를 바탕으로 중앙 정부는 세금을 부과했지요.

만약 이 촌주가 권력을 남용하면 지방 통치가 엉망이 되겠지요? 이를 막기 위해 신라 정부는 일정 기간 동안 촌주를 수도인 금성<sup>경주</sup>

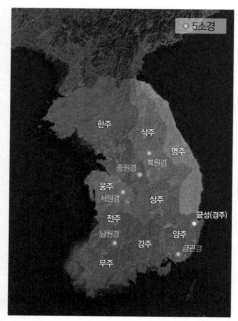

○ 5소경

한주
삭주
명주
중원경 북원경
웅주
서원경
상주
전주
금성(경주)
남원경
강주
양주
무주
금관경

통일 신라의 행정 구역

에 머물게 했어요. 이 제도가 상수리 제도인데, 고려 시대에 기인 제도로 발전하지요.

왕이 살던 금성은 한반도의 남동쪽에 치우쳐 있어요. 신문왕은 이 점을 보완하기 위해 9주와 별도로 중요한 다섯 곳을 골라 5소경을 설치했어요. 5소경은 오늘날의 광역시와 비슷하다고 할 수 있어요. 5소경은 금관경김해, 남원경남원, 서원경청주, 중원경충주, 북원경원주이었어요. 5소경에는 신라의 귀족뿐 아니라 고구려, 백제, 가야 출신의 귀족들을 이주시켜 도시를 건설해 살도록 했어요. 이런 개혁을 통해 신문왕은 각각의 유민들이 서로 융화하도록 하면서 지방 세력까지 견제하는 일석이조의 효과를 거두었지요.

이 밖에 특별 행정 구역이 따로 있었어요. 주로 천민 대우를 받는 사람들이 거주하는 곳이었는데, 바로 향, 부곡이었어요. 향, 부곡은 고려 시대 때 만들어지는 소와 함께 조선 전기까지 이어진답니다.

셋째, 군사 조직도 정비했어요. 특히 이 분야에서 민족 화합의 의지를 많이 느낄 수 있어요. 신문왕은 군대를 크게 중앙군과 지방군으로 나누었어요. 중앙군은 9서당이라 불렀는데, 수도를 경비하는 역할을 했어요. 특이한 점은 신라 출신뿐만 아니라 고구려, 백제, 말갈 출신을 고루 뽑았다는 거예요. 이제 모두 하나 된 마음으로 함께 나라를 지키자는 뜻이 담겨 있지요. 지방군은 10정이에요. 각 주마다 1정씩 배치해 그 지역의 치안 업무까지 담당하도록 했지요. 다만 북방의 국경 지대인 한주는 땅이 가장 넓을 뿐 아니라 군사적 중요성도 커서 2정을 배치했어요.

넷째, 신문왕은 토지 제도도 개혁했어요. 이 또한 귀족들을 억누르기 위해서였죠. 그전까지 귀족들은 나라로부터 녹읍이란 토지를 받았어요. 귀족들은 녹읍으로 받은 토지에서 나오는 세금을 정부 대신 거두고 가질 수 있는 권리, 즉 수조권을 얻었어요. 이 토지를 경작하는 농민이 국가에 낼 세금을 귀족이 대신 받는 거지요. 그런데 녹읍의 혜택은 이것으로 끝나지 않았어요. 귀족들은 토지를 경작하는 농민의 노동력까지 마음대로 쓸 수 있었어요. 이를테면 자신의 저택을 지을 때에도 농민을 강제로 동원할 수 있었어요. 여기에다가 특산물이 나면 그것까지 귀족들의 것이 되었어요. 그러니 녹읍은 단지 세금만이 아니라 그 지역의 농민까지 지배할 수 있는 엄청난 권력 수단이 되는 거예요.

신문왕은 이 녹읍을 폐지했어요. 그 대신 관리들에게 관료전이란 토지를 따로 주었어요. 물론 토지 자체를 준 것이 아니라 그 토지의 수조권만 준 거지요. 귀족이 반발했겠지요? 이미 말했던 대로 신문왕은 저항하는 귀족을 모두 내쳐 버렸어요.

8세기 초 성덕왕[33대]은 2차로 토지 제도를 개혁했어요. 16세부터

60세까지의 농민에게 정전이라는 토지를 주고 수확물의 일정량을 세금으로 받는 정전제를 시행한 거예요. 농민의 수확량이 늘어나면 세금도 늘어나니 국가 재정도 탄탄해지겠지요? 중앙 정부가 일일이 챙겨 주니 농민의 세금은 줄어들었고, 농민의 충성심도 높아졌어요. 반대로 귀족들의 경제적 기반은 약해졌겠지요? 그 결과는 왕권 강화로 이어졌어요.

이 밖에도 신문왕은 왕권을 강화하기 위해 국왕의 친위 부대인 시위대를 강화했어요. 신문왕은 또 교육 기관인 국학을 설치해 왕에게 충성하는 인재를 적극 육성했어요. 그 결과 젊고 유능한 관리와 학자가 많이 중앙 정치에 등장했어요. 이들은 대부분 6두품이었어요. 훗날 신라가 대혼란에 빠질 때도 6두품 학자들은 끝까지 신라를 구해 보려고 애를 쓴답니다. 결과는 실패했지만요.

이토록 신문왕이 공을 들여 강화한 왕권도 8세기 중반 이후로 약해지기 시작했어요. 35대 경덕왕은 귀족들의 반발을 이겨 내지 못하고 녹읍을 부활시켜야 했죠. 이즈음부터 신라에서는 귀족들의 권력 투쟁이 심해져요. 그 과정에서 왕이 암살되기도 했지요.

# 발해가 당과의 대결을 끝낸 이유는?
└발해의 정치 체제 정비 및 성장

신라에서 왕권 강화를 위한 개혁이 한창 진행 중일 때 발해는 어떤 상황이었을까요?

8세기 초 대조영의 아들 대무예가 무왕<sup>2대</sup>에 즉위했어요. 묘호 혹은 시호에 '무武'가 들어간 왕은 대체로 군사적 업적이 뛰어나요. 무왕도 마찬가지였어요. 무왕은 발해의 세력을 북만주 일대로 확장시켰어요.

당은 무섭게 성장하는 발해가 두려웠어요. 당은 말갈의 일파인 흑수 말갈을 끌어들였고, 남쪽으로는 신라를 포섭해 발해와 대결하도록 했어요. 발해 무왕은 당과 흑수 말갈, 신라의 연합에 맞서기 위해 돌궐, 일본과 손을 잡았지요.

무왕은 먼저 흑수 말갈을 쳤어요. 이어 당의 등주<sup>오늘날의 산둥성</sup>를 공격했어요<sup>732년</sup>. 이 무렵 당은 세계적 수준의 제국으로 성장해 있었어요. 그런 당을 상대로 무왕은 조금도 기죽지 않았어요. 이미 말한 대로 무왕은 인안이란 독자 연호를 사용했어요. 등주를 공격한 것이나 독자 연호를 사용한 것 모두 무왕이 발해를 중국의 당과 대등한 나라라고 인식했다는 증거라고 할 수 있죠.

8세기 후반 이후 통일 신라는 혼란의 소용돌이에 빠져들었어요. 곧 그 역사를 살펴볼 건데 미리 귀띔하자면 왕권은 바닥으로 추락하고 귀족들의 권력 다툼이 극심했어요. 같은 시기의 발해는 신라와 아주 대조적이었어요. 눈부신 속도로 성장하고 있었지요. 발해의 성장은 무왕의 아들인 대흠무가 3대 문왕에 올라 추진한 개혁이 성공한 덕분이에요. 문왕이 왕에 오를 무렵에는 국내외 정치가 대체로 안정되어 있었어요. 발해와 당의 갈등도 많이 가라앉았지요. 발해와 일본의 교류는 매우 활발했어요. 이처럼 나라가 안정돼 있었기에 문왕이 개혁에 돌입할 수 있었던 거예요. 문왕의 개혁 내용을 살펴볼까요?

일단 통치 체제부터 정비했어요. 지금까지의 고구려, 백제, 신라의 역사를 보면 통치 체제를 제대로 정비한 후에야 나라가 성장했다는 사실을 알 수 있어요. 발해도 이 점에서는 예외가 아니었어요. 그렇다면 문왕은 어떻게 통치 체제를 정비했을까요?

문왕은 아버지 무왕과 달리 당과 우호적으로 지냈어요. 사신도 수십 차례 보냈지요. 나라를 정비하려면 당의 선진 문물을 받아들여야 한다고 생각한 거예요. 이 무렵 당은 세계에서 손꼽히는 제국 중의 하나였으니까요.

문왕은 당의 중앙 정치 조직인 3성 6부제를 받아들였어요. 다만 그대로 시행하지는 않고 발해의 현실에 맞게 독자적으로 변형했지요. 당의 3성은 중서성, 상서성, 문하성인데 이를 정당성, 선조성, 중대성으로 바꾸고 발해만의 방식으로 3성을 운영했어요.

정당성은 정책을 집행하는 기관으로, 오늘날의 행정부와 비슷해요. 그 밑으로 6부를 두었는데, 당은 이·호·예·병·형·공부라고 했지만 발해에서는 충·인·의·예·지·신부라 불렀지요. 중대성은 정책과 왕명인 교서를 만들었고, 선조성은 이를 심사했어요.

문왕은 유교적 소양을 갖춘 관리를 뽑기 위해 당의 교육 제도도 받아들였어요. 당에는 오늘날의 국립 대학과 비슷한 국자감이 있었어요. 문왕은 이를 발해 방식에 맞추어 주자감으로 바꾸고 귀족 자제들을 교육시키도록 했지요.

문왕은 지방 행정 조직도 개편했어요. 일단 문왕은 여러 차례 수도를 옮겼어요. 그러다 보니 군사·경제적으로 중요한 곳에는 오늘날의 광역시와 비슷한 여러 수도를 두게 되었어요. 문왕 때는 가장 중심이 되는 수도인 상경 용천부 외에 중경 현덕부, 동경 용원부가 있었어요.

문왕은 수도인 3경 외에 전국을 부-주-현 단위로 정비하기 시작했어요. 다만 한 순간에 모든 지방 행정 조직을 정비하는 것은 불가능해요. 따라서 이 작업에는 다소 시간이 걸렸는데, 9세기 선왕[10대] 시절 최종적으로 완성된답니다. 그 결과 발해의 지방 행정 조직은 5경 15부 62주가 돼요. 이에 대해서는 조금 있다가 다시 이야기할게요.

이어 발해의 군사 조직을 살펴볼게요. 발해는 중앙군으로 10위를 두었어요. 중앙군은 왕궁과 수도를 경비했지요. 각 지방에는 따로 지방군을 두었어요.

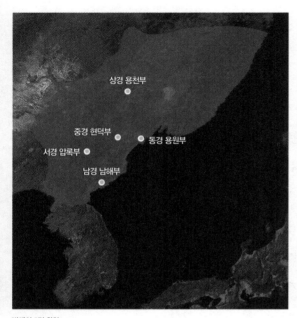

발해의 5경 위치

착착 개혁이 진행되고 있죠? 문왕 이후에도 이 개혁은 지속적으로 이루어졌지만 속도는 아주 더뎠어요. 4대 왕부터 9대 왕까지의 통치 기간이 다소 혼란스러웠거든요. 왕이 피살되는가 하면 즉위한 지 1년도 안 돼 병으로 사망하기도 했어요.

발해가 다시 두각을 나타낸 것은 9세기 초반의 선왕 시절이었어요. 선왕은 대대적으로 영토를 확장했어요. 선왕은 발해의 골칫거리인 흑수 말갈을 제압하는 데 성공했어요. 그 결과 흑수 말갈은 당과의 교류를 끊었지요. 중국 사서인 《신당서》에는 이와 관련해 '발해 선왕이 여러 부족을 정복하고 흑룡강<sup>헤이룽강</sup> 하류까지 진출했다.'라고 기록되어 있어요.

선왕은 요동<sup>랴오둥</sup> 지방으로도 영토를 넓힘으로써 고구려의 전성기 시절 영토를 거의 되찾았어요. 영토가 넓어졌으니 지방 행정 조직도 다시 정비해야겠지요? 선왕은 문왕 시절부터 계속되어 온 지방 조직 정비를 마침내 완성했어요. 그 결과를 볼까요?

우선 문왕 때 만든 3경에 서경 압록부와 남경 남해부를 추가해 5경으로 늘렸어요. 이어 지방의 중심지에는 15부, 그 밑에는 62주

176

를 두었어요. 이렇게 해서 발해의 지방 행정 조직인 5경 15부 62주가 최종 확정되었지요.

주 밑으로는 다시 현을 두었어요. 현보다 작은 촌락에는 말갈인을 촌장으로 임명해 자치를 할 수 있도록 했어요. 피지배층인 말갈의 전통과 풍습을 배려함으로써 국민을 통합시키려는 의도에서 나온 정책이죠.

선왕 시절 발해는 최대의 영토를 자랑했고, 문화도 상당히 발전했어요. 심지어 당이 부러워할 정도였지요. 이때에 당은 발해를 '동쪽에서 융성하는 나라'라는 뜻의 해동성국이라 불렀답니다. 선왕 이후의 역사는 조금 있다가 살펴볼게요. 어수선한 신라로 다시 가 볼까요?

# 왕 한 명당 통치 기간이 평균 7년 6개월
└귀족들의 권력 투쟁과 농민 봉기

보통 신라를 두고 '천년 왕국'이라고 해요. 기원전 57년에 건국해서 935년 멸망하기까지 992년의 역사를 자랑하기 때문이지요. 그러니 신라의 시대 구분 방법을 알아보는 것이 좋을 것 같아요.

고려 시대에 편찬된《삼국사기》에서는 신라를 크게 세 시기로 나누었어요. 이 기준에 따르면 신라 시조 박혁거세 때부터 28대 진덕

여왕까지의 770여 년이 상대上代에 해당돼요. 신라만의 독특한 신분 제도인 골품 제도가 확립된 시기이지요. 이때는 성골만이 왕에 오를 수 있었어요. 고구려, 백제와 겨루던 시기라고 볼 수 있어요.

통일 전쟁을 진두지휘했던 29대 태종 무열왕부터 36대 혜공왕까지 약 120여 년은 중대中代로 규정해요. 삼국 통일 직전부터 통일 직후 강력한 왕권이 구축되는 시기를 가리키죠. 성골이 아닌 진골이 왕이 되었고, 태종 무열왕의 직계 자손들이 왕위를 이었지요. 신라 문화가 가장 찬란하게 빛나던 때였어요.

37대 선덕왕 때부터 신라 마지막 왕인 56대 경순왕까지 약 150여 년은 하대下代로 봐요. 왕권이 바닥으로 추락한 시대예요. 왕위를 놓고 귀족들의 다툼이 심해지고 전국이 혼란에 빠졌어요. 민란이 수시로 일어났고, 호족* 세력이 급성장했지요. 결국에는 후삼국으로 이어지고, 신라가 멸망하죠. 지금부터 살펴볼 역사가 바로 신라 하대의 역사랍니다.

8세기 초반 신라의 성덕왕이 죽자 효성왕34대이 뒤를 이었어요. 효성왕 시절에 귀족들의 세력이 커지면서 정치가 다소 혼란스러웠지만 아직까지는 큰 반란이 일어나지 않았어요.

효성왕은 아들이 없었기에 동생이 그의 뒤를 이었어요. 그 왕이 경덕왕35대이에요. 경덕왕은 당과의 교류를 늘렸고, 불국사를 짓기 시작했어요. 왕궁도 새로 지었고 체제도 정비하려고 했지요. 귀족들의 세력이 강해지면서 녹읍을 부활시키기는 했지만, 그래도 경덕

● 호족 통일 신라 말기부터 지방에서 성장한 정치 세력

왕 시절 통일 신라가 문화의 전성기를 누렸다고 할 수 있어요.

8세기 중반 경덕왕이 죽자 그의 여덟 살 된 아들이 왕에 올랐어요. 이 왕이 혜공왕<sup>36대</sup>이에요. 그 어린 아이가 정치를 할 수는 없겠지요? 혜공왕의 어머니가 대신 정치를 하는 섭정을 했어요.

바로 이때부터 신라의 정치가 빠른 속도로 혼란스러워졌어요. 성덕왕→효성왕→경덕왕→혜공왕으로 이어진 왕들은 모두 태종 무열왕 혈통이었어요. 이때까지만 해도 귀족들이 감히 왕위를 넘보지는 않았어요. 하지만 이제는 사정이 달라졌어요. 왕도 어리고, 왕권도 약하잖아요? 이때부터 귀족들이 본격적으로 반란을 일으키기 시작했어요.

혜공왕 시절, 한때 한 달 넘게 왕궁이 반란군에게 포위되기도 했어요. 귀족들의 권력 다툼이 심해지면서 시중이나 상대등이 자주 바뀌었지요. 아무런 죄가 없는 사람들이 반란 혐의로 처형되기도 했어요.

그러다가 8세기 후반 이찬 김지정이 다시 반란을 일으켰어요. 김지정은 궁궐로 쳐들어갔어요. 다행히 김지정의 반란은 진압되었지만 이 과정에서 혜공왕과 왕비가 피살되었어요. 왕좌를 비워 둘 수는 없죠? 반란 진압의 책임자였던 상대등 김양상이 왕에 올랐어요. 그가 바로 선덕왕<sup>37대</sup>이에요. 선덕왕은 내물왕 혈통이었어요. 왕의 혈통이 바뀌었지요? 바로 이때부터 신라는 극도의 혼란기로 접어들었어요. 《삼국사기》의 시대 구분에 따르면 신라 하대로 접어든 거예요. 신라 하대의 특징을 한 줄로 요약하자면, "왕권이 끝없이 추락했다." 정도가 될 거예요. 귀족들이 본격적으로 왕위 다툼을 벌였거든요.

여기에서 말하는 귀족은 진골 귀족을 가리켜요. 태종 무열왕 이후 진골 귀족에서 왕을 잇달아 배출하면서 진골 귀족의 세력이 날로 커지고 있었어요. 하지만 왕권이 강했을 때 진골 귀족들은 몸을 낮출 수밖에 없었어요. 신라 하대에는 왕권이 아주 약했죠? 그러니 진골 귀족들이 더 이상 야심을 숨길 필요가 없어요. 여러 진골 귀족들이 본격적으로 왕위 쟁탈전을 벌이기 시작했고, 권력은 세력이 특히 강한 진골 귀족에게 집중되었어요.

신라 하대 150여 년 동안 20명의 왕이 바뀌었어요. 한 명의 왕이 평균 7년 6개월 정도밖에 통치하지 못한 거예요. 신라가 얼마나 혼란스러웠는지 알겠지요?

선덕왕에 이어 원성왕³⁸ᵈ이 왕에 올랐어요. 원성왕은 독서삼품과를 실시한 왕이에요. 독서삼품과는 유교 경전을 잘 이해하는 국학 재학생을 뽑아 관리로 임명하는 제도였어요. 제도야 나무랄 데 없이 좋지만 당시의 어수선한 정치 상황에서 성공적으로 정착하는 게 오히려 이상할 지경이었어요. 만약 이 제도가 성공했더라면 6두품 인재들이 굳이 중국으로 가서 빈공과˙를 치르지 않아도 되었고, 신라의 인재가 유출되는 것도 막을 수 있었을 거예요. 결국 진골 귀족들이 신라의 수명을 단축시킨 셈이지요.

* 빈공과 중국 당 시대에 외국인으로 하여금 치르게 한 과거

원성왕이 왕에 오르는 과정도 순탄치 않았어요. 태종 무열왕 혈통의 웅주<sup>지금의 공주</sup> 도독<sup>•</sup> 김헌창이 반란을 일으켰거든요. 김헌창은 "내 아버지가 왕위에 오르기로 했는데 약속이 지켜지지 않았다."라고 했어요. 귀족들 간에 왕위를 나누어 먹으려 한 것은 아닌지 의심스러워요. 정말 정치가 혼란스럽지요?

김헌창의 반란은 상당히 규모가 컸어요. 한때 신라 전체의 3분의 1 정도를 차지할 정도로 세력이 막강했지요. 김헌창은 신라에 맞서 장안이라는 새로운 나라를 세우기도 했어요. 하지만 이 반란은 결국 실패로 끝났어요. 김헌창은 스스로 목숨을 끊었지요.

그 후의 상황은 더욱 혼란스러웠어요. 툭하면 반란이 일어나 왕이 바뀌었어요. 시름에 찬 왕이 스스로 목숨을 끊는 경우도 있었어요. 수도인 경주에서 멀리 떨어진 청해진<sup>지금의 완도</sup>의 장수 장보고도 9세기 중반 왕위 쟁탈전에 뛰어들었다가 자객에게 피살되었지요.

9세기 말 진성 여왕<sup>51대</sup>이 왕에 올랐어요. 진성 여왕도 처음에는 나름대로 신라를 살려 보려고 노력했어요. 진성 여왕은 당에서 유학을 마치고 돌아온 최치원이 시무 10조라는 개혁안을 제출하자 받아들였어요. 진성 여왕은 최치원에게 개혁의 지휘봉을 주었어요. 하지만 개혁은 성공할 수 없었어요. 귀족들의 반발이 극심했거든요. 최치원은 탄식하며 수도 경주를 떠날 수밖에 없었어요. 이후 진성 여왕도 타락하기 시작했어요.

진성 여왕은 김위홍과 대구화상에게 《삼대목》이라는 향가집을

• 도독 통일 신라 때의 행정 조직인 주의 으뜸 벼슬

만들게 했는데, 안타깝게도 지금은 전하지 않아요. 향가는 신라 하대에 유행한 시를 뜻해요.

귀족들의 권력 다툼이 심해지면 가장 피해를 보는 사람들은 일반 백성이에요. 실제로 이 무렵 신라의 백성들은 그 어느 때보다 고통스러운 나날을 보내고 있었어요. 물론 귀족들 때문이었지요. 신라 중대에 한동안 녹읍이 폐지되었지요? 하지만 귀족들의 등쌀에 결국은 녹읍이 부활했어요. 귀족들은 토지를 확보해 대농장을 만들었고, 농민들을 가혹하게 수탈했어요.

엎친 데 덮친 격으로 자연재해까지 겹쳤어요. 농민들은 세금으로 낼 식량은 고사하고 끼니를 이어 가기도 힘들었어요. 견디다 못한 농민들은 고향을 등지고 떠나 산으로 들어가거나 도적이 되었어요. 차마 고향을 떠나지 못한 농민들은 노비로 전락했지요.

귀족들은 세금을 내지 않았어요. 세금은 농민들이 다 냈어요. 그런데 농민이 줄어들고 있고, 세금을 낼 여유가 없어요. 그 결과 중앙 정부에 쌓이는 국가 재정이 확 줄어들었지요. 그러나 왕과 귀족들은 여전히 사치스런 생활을 했어요. 당연히 재정이 바닥나겠지요? 진성 여왕은 농민들을 더 쥐어짜서 세금을 내도록 했어요.

결국 참다못한 농민들이 들고일어났어요. 최초의 대규모 농민 봉기는 사벌주<sup>상주</sup>에서 일어난 원종과 애노의 난이었어요.<sup>889년</sup> 이 봉기를 시작으로 전국 각지에서 잇달아 농민 봉기가 터졌어요. 남서 지역에서는 적고적이란 농민군이 경주 인근까지 쳐들어가기도 했죠

. 적고적은 붉은색 바지를 입은 도적이란 뜻이에요. 농민군이 모두 붉은색 바지를 입었기 때문에 이런 이름이 붙었지요.

신라 정부는 이 반란들을 제대로 진압하지 못했어요. 이미 약해질 대로 약해져 중앙 정부로서의 구실도 제대로 못한 거예요.


## 어떤 사람이 호족이 됐을까?
└ 호족의 등장과 선종의 유행


중앙에서는 귀족들이 권력 다툼을 벌이고, 왕은 귀족들의 눈치나 보고 있어요. 왕이나 귀족이나 모두 타락했죠. 전국 각지에선 분노한 농민들의 봉기가 잇달아 일어나고 있어요. 그런데도 중앙 정부는 아무것도 하지 못하고 있어요. 신라가 큰 위기를 맞고 있죠? 이렇게 되면 기존 질서들이 와르르 무너질 수밖에 없어요. 신라를 지탱하던 신분제인 골품제도 크게 흔들리기 시작했죠.

반면 중앙 정부가 이처럼 정부 역할을 하지 못하는 것에 오히려 신이 난 사람들도 있었어요. 바로 지방의 귀족, 즉 호족들이었어요. 중앙 정부가 더 이상 지방을 통제하지 못하니 지방의 호족들이 세력을 키우기에 이보다 좋은 기회는 없죠. 신라 말기로 갈수록 호족들의 세력이 점점 강해졌어요.

호족들은 처음부터 지방의 귀족이었을까요? 아니에요. 지방 행정 조직의 가장 낮은 단위, 그러니까 촌의 우두머리인 촌주들이 세력을 키워 호족으로 성장한 경우가 많아요. 신라는 국경 지역이나 군사적 요충지에 장수를 파견했는데 이 장수들이 군사력을 발판으로 호족으로 성장하기도 했어요. 이들을 군진 세력이라고 했어요. 이와 별도로 바다를 장악한 해상 세력도 호족으로 변신했어요. 뿐만 아니라 중앙 정계에서 권력 다툼에 밀려 지방으로 내려온 귀족들도 호족으로 떵떵거렸지요. 호족의 출신 성분이 참으로 다양하죠?

호족은 자신을 성주나 장군이라 불렀어요. 하지만 이렇게 불렀을 뿐 호족은 자신의 영역에서는 중앙 정부의 왕과 다름없는 권력을 누렸어요. 자신의 힘이 미치는 지역에 독립된 나라처럼 튼튼하게 성을 쌓았고, 군대를 육성해 외부의 침략에 대비했으며, 백성에게서 세금을 거두었지요.

호족들이 실질적으로 지방을 지배하자 중앙 정부는 더욱 무기력해졌어요. 중앙 정부를 떠나 지방으로 향하는 학자와 정치인들이 늘어났어요. 이런 사람들 중에는 신라를 개혁해 보려 했지만 귀족의 반발에 부닥쳐 실패를 맛본 6두품 출신이 많았어요. 6두품 출신들은 새로운 사회를 건설하고 싶었어요. 이를 위해 호족의 휘하로 들어가 참모 역할을 자처한 거예요.

호족의 세력이 급성장하면서 불교의 양상도 달라졌어요. 신라 시대 불교는 크게 교종과 선종, 두 종파로 나눌 수 있어요. 교종은 경전과 교리, 부처님 말씀 같은 것을 중요하게 여겨요. 그러니 위엄을 갖춘 사찰과 부처의 사리를 모신 탑도 많이 세웠지요. 반면 선종은 경전보다는 수양을 강조하기 때문에 형식을 덜 중요하게 여겨요. 이런 수양을 통해 깨달음을 얻는 것이 목표였지요.

중앙 귀족들은 교종을 후원하고 지지했어요. 형식, 위엄, 화려함 모두를 갖추었으니까요. 하지만 지방의 호족들은 선종을 후원하고 지지했어요. 호족들은 중앙 귀족을 경쟁자로 여겼어요. 그러니 그들의 종파인 교종보다는 새로이 떠오르는 선종에 더 끌렸을 거예요. 게다가 형식이나 권위를 타파해야 한다는 선종의 교리는 호족의 처지를 그대로 대변해 주고 있었어요. 불교의 교리에 따라 중앙 귀족을 물리쳐야 한다는 주장이 가능해지니까요. 이러니 호족이 선종을 지지할 수밖에 없지요.

이처럼 호족의 지원을 받아 신라 말기에 전국 여러 곳에 선종 사찰이 만들어졌어요. 이 가운데 대표적인 9개 종파를 선종 9산 선문이라고 해요. 가장 먼저 만들어진 선문은 전남 장흥 보림사의 가지산 선문이에요. 이어 전북 남원 실상사의 실상산 선문 등 나머지 8곳이 차례대로 만들어졌어요.

호족들이 반긴 또 하나의 이론이 있었어요. 바로 풍수지리설이에요. 풍수지리설은 중국에서 시작된 것으로 풍수風水, 즉 산이나 하천 같은 자연의 생김새가 인간의 삶에 큰 영향을 미칠 수 있다는 이론을 뜻해요. 신라 중대에 전래된 것으로 알려져 있는데, 신라 하대에 도선이 체계화하면서 널리 보급되었지요.

어쩌면 미신으로 보일 수도 있는 이 풍수지리설을 왜 호족들이 반겼을까요? 이 이론에 따르면 수도인 경주의 기운이 다했으며 새로운 세계를 여는 명당이 따로 존재한다는 결론이 나올 수 있기 때문이에요. 쉽게 말해 호족들의 근거지인 각 지방이 명당이 될 수도 있다는 이야기예요. 그러니 호족들이 반기지 않을 수가 없겠지요.

미륵 신앙도 유행했어요. 미륵은 미래의 부처를 가리키는 말이에요. 미륵이 나타나 중생을 구제하고 새로운 세상을 열 것이라는 믿음이 미륵 신앙이지요. 이 또한 호족들로서는 반길 만한 신앙이었어요. 자신을 미륵이라 주장할 수 있으니까요. 실제로 후고구려를 건국한 궁예는 자신을 미륵이라고 주장했답니다.


## 궁예는 왜 폭군이 되었을까?
└후삼국의 성립


신라 말기로 접어들면서 호족들이 본격적으로 움직이기 시작했어요. 호족들은 저마다 새 나라의 건국을 꿈꾸며 반란을 일으켰어요. 이로써 신라는 지금까지 겪지 못했던 혼란의 소용돌이에 휩싸이게 되죠.

여러 호족 중에서 가장 두드러진 인물이 둘 있었어요. 바로 견훤과 궁예였지요.

견훤은 신라 중앙 정부가 남서 해안을 지키라고 파견한 장수였어요. 하지만 견훤은 일개 변방의 장수로 만족하지 않았어요. 스스로 세력을 키웠고 그 지역의 해상 세력과 힘을 합쳤어요. 견훤은 백성들의 인심을 얻어 가면서 무진주<sup>광주</sup>를 기반으로 삼아 서서히 오늘날의 전라도 지역을 장악했어요. 그러다가 마침내 완산주<sup>전주</sup>에 입성했어요. 견훤은 이곳에서 백제의 부활을 외치며 후백제를 건국했어요<sup>900년</sup>.

후백제는 곧바로 나라의 기틀을 갖추기 위한 작업에 돌입했어요. 견훤은 당의 빈공과에 합격해 명망이 높았던 6두품 최승우를 영입해 통치 체제를 정비하도록 했어요. 후백제는 대외 관계에도 신경을 썼어요. 중국은 물론 일본과도 외교 관계를 맺었지요.

후백제의 견훤은 타고난 무인이었어요. 후백제의 군대는 막강하게 성장했어요. 그 결과 후백제는 전라도, 충청도는 물론 경상도의 서부 지역까지 장악하면서 백제의 옛 영토를 거의 회복했어요. 나아가 신라를 위협하기 시작했지요.

궁예는 승려인데, 신라 왕족 출신인 것으로 알려져 있어요. 어렸을 때 정치적 사건에 휘말리면서 궁핍하게 살다가 승려가 되었지요. 궁예는 호족들이 저마다 세력을 떨칠 무렵 북원<sup>원주</sup>의 호족 양길의 부하가 되었어요. 양길의 부하로 있는 동안 궁예는 크게 세력을 키웠어요. 강원도, 경기도, 황해도 일대에서 모두 궁예를 지지했지요.

결국 궁예는 독립을 선언했어요. 궁예는 신라의 골품제를 공개적으로 비판했고, 신분에 얽매이지 않는 새로운 정치를 하겠다고 약속했어요. 게다가 궁예의 인품이 훌륭하다고 널리 소문이 퍼졌어요. 그러자 많은 호족과 백성이 궁예를 지지하며 그의 밑으로 들어갔지요.

그런 호족 중 한 명이 송악<sup>개성</sup> 호족 왕륭이었어요. 왕륭은 자신의 근거지인 송악을 통째로 궁예에게 바쳤어요. 뿐만 아니라 자신의 아들 왕건을 궁예 밑에서 일하도록 보냈지요. 터전을 닦은 궁예는 송악에서 후고구려를 건국했어요<sup>901년</sup>.

10세기 초의 후삼국 시대

이로써 한반도는 신라, 후백제, 후고구려가 다투는 후삼국의 양상으로 바뀌었어요. 물론 북쪽에는 발해라는 우리 민족의 또 다른 국가가 존재했기 때문에 한반도 전체로 보면 여전히 남북국 시대가 지속되고 있다고 해야겠지요.

후고구려는 얼마 후에 수도를 철원으로 옮겼어요. 나라 이름도 마진으로 바꾸었다가 다시 태봉으로 바꾸었지요. 궁예는 나라가 점점 커지자 강력한 중앙 집권 체제를 구축하려 했어요. 하지만 호족들은 중앙 집권 체제를 원하지 않았어요. 그러다 보니 궁예와 호족들 사이에 갈등이 커졌고, 그 과정에서 궁예가 폭군으로 돌변했다는 평가가 많아요. 사실 궁예는 처음 나라를 세울 때만 해도 신분보다는 능력을 중요하게 여겼고, 백성을 위하는 마음이 아주 강했답니다.

후고구려의 장수와 대신들은 더 이상 참을 수 없었어요. 궁예가 스스로를 미륵불이라면서 눈에 거슬리면 왕후와 왕자까지 살해할 정도였거든요. 결국 대신들은 반란을 일으켜 궁예를 몰아냈어요. 이어 후고구려의 2인자였던 시중 왕건을 새로운 왕으로 추대했어요.

왕건은 왕에 오른 후 고구려를 계승하겠다며 나라 이름을 고려로 정했어요918년. 이제 고려가 정식 출범했지만 후백제와의 싸움은 만만치 않았어요. 결과부터 보자면, 고려가 후삼국을 정복하고 한반도를 다시 통일한답니다. 그 이후의 역사에 대해서는 나중에 다루도록 할게요.


## 발해의 정신은 완전히 사라졌을까?
└발해의 멸망


이제 발해의 마지막 역사를 살펴볼 차례예요. 앞에서 해동성국을 완성한 선왕의 역사까지 이야기했죠? 바로 이 선왕 때 발해는 절정기를 맞았어요. 그리고 선왕이 사망한 이후 곧바로 급격한 내리막길을 타기 시작했죠. 귀족과 왕족들의 권력 다툼이 심해졌기 때문이에요. 통일 신라의 후반기 모습과 아주 비슷한 상황이 북쪽 발해에서도 벌어진 거예요. 그 결과 발해에서도 왕권이 바닥으로 추락했지요.

발해의 역사를 이야기하기 전에 10세기 초 중국 상황을 잠깐 살펴보고 갈까요? 이즈음 중국에서 큰 변화가 일어났고, 그 결과 동북아시아 국제 정세가 상당히 복잡해졌거든요. 대략적인 내용만 짚어 보자면, 이때 중국에서는 당이 멸망하고 5대 10국의 혼란기가 시작되었어요. 중국 한족의 세력이 크게 약해졌고, 그 틈을 타서 거란과 같은 유목 민족이 두각을 나타냈지요.

당이 멸망할 무렵 오늘날의 중국 네이멍구 자치구 주변에서 거란의 야율아보기가 등장해 부족을 통일했어요. 거란은 무서운 속도로 성장했어요. 하지만 발해는 이에 제대로 대처하지 못했어요. 지배층의 내분이 그만큼 심했거든요.

거란은 중국 본토를 차지하려 했어요. 하지만 무턱대고 중국 본토로 쳐들어갔다가 만주 지역에 있는 발해의 공격을 받을 수도 있어요. 바로 이 때문에 거란은 중국을 치기 전에 먼저 발해를 치기로 했어요.

거란의 발해 공격은 신속하게 이루어졌어요. 발해가 방어할 거를도 없었어요. 불과 15일 만에 발해는 거란에 항복했어요. 이로써 발해는 멸망하고 말았답니다[926년].

발해의 멸망은 우리 민족의 역사에서 정말로 뼈아픈 순간이에요. 발해가 멸망하면서 만주가 우리 민족의 활동 무대에서 사라졌거든요. 하지만 발해의 정신까지 사라진 것은 아니었어요. 발해의 마지막 왕 대인선은 발해 유민 수만 명을 거느리고 고려로 망명했어요. 고려 태조 왕건은 그들을 기꺼이 받아들였지요. 이후 발해의 정신은 고려 문화와 융합하며 민족 문화의 토대가 되었답니다.

발해의 옛 땅에서 발해를 되살리려는 부흥 운동도 일어났어요. 정안국은 10세기 후반까지 약 50년 동안, 후발해는 11세기 초까지 약 80년간 발해의 부흥을 외치며 거란과 싸웠지요. 안타깝게도 이들의 부흥 운동은 모두 실패로 끝났어요.

# ★ 단원 정리 노트 ★

## 1. 신라 후기와 통일 신라 왕의 계보

신라

| | | |
|---|---|---|
| 25대, 26대 | 576 ~ 632, 진지왕 → 진평왕 | |

27대     632 ~ 647, 선덕여왕 (신라 최초의 여왕)

28대     647 ~ 654, 진덕여왕 (성골 출신 마지막 왕)

29대     654 ~ 661, 태종 무열왕 (첫 진골 출신 왕)

       – 나당 연합을 맺고 백제를 멸망시킴

       – 삼국 통일의 기반 마련


신라 + 통일 신라

30대     661 ~ 681, 문무왕

       – 삼국 통일 이룸


통일 신라

31대     681 ~ 692, 신문왕

       – 중앙 정치 조직, 지방 행정 조직, 군사 조직, 토지 제도 등의 개혁을 실시

       – 국학 설치

       강력한 왕권 확립

32대     692 ~ 702, 효소왕

33대     702 ~ 737, 성덕왕

        - 정전제 실시

        통일 신라 역사상 가장 태평성대한 시기로 평가

34대, 35대 737 ~ 765, 효성왕 → 경덕왕

36대     765 ~ 780, 혜공왕

        여덟 살에 왕위에 올라 김지정의 반란 때 피살됨

37대     780 ~ 785, 선덕왕 (신라 하대의 첫 번째 왕)

38대     785 ~ 798, 원성왕

        - 독서삼품과 실시

39대~50대 798 ~ 887, 소성왕 → 애장왕 → 헌덕왕 → 흥덕왕 → 희강왕 → 민애

        왕 → 신무왕 → 문성왕 → 헌안왕 → 경문왕 → 헌강왕 →

        정강왕

51대     887 ~ 897, 진성여왕 (신라의 마지막 여왕)

52대~55대 897 ~ 927, 효공왕 → 신덕왕(박) → 경명왕(박) → 경애왕(박)

        후백제와 후고구려의 공격에 시달리며 신라의 국력이 크게 약화됨

56대     927 ~ 935, 경순왕(김)

        - 후백제의 견훤에 의해 왕위에 오름

        - 고려 태조에 항복함으로써 통일 신라 멸망함

## 2. 신문왕의 개혁 내용

### ① 중앙 정치 조직 개혁

- 목적   왕권 강화와 귀족 세력 견제

- 내용   왕의 직속 기구인 집사부를 중앙 정부의 최고 기관으로 승격

  집사부의 우두머리에 중시(시중)를 임명하고 국정 논의

  집사부 아래로 10여 개의 관청을 설치

  개혁에 반대하는 귀족 세력을 숙청

- 효과   귀족 회의인 화백 회의와 상대등의 권한이 축소됨


### ② 지방 행정 조직 개혁

- 목적   효율적인 국가 운영, 지방 관리 감시

- 내용   전국을 9개의 주로 나누고, 각 주에 지방관인 도독을 파견

  주 밑에는 군·현·촌을 두고, 군에는 지방관인 태수를 파견

  가장 작은 단위인 촌에는 토착 세력에서 촌주를 임명

  상수리 제도를 두어 촌주가 일정 기간 금성(경주)에 머물도록 함

  금성 외에 '작은 수도'인 5개의 소경을 설치하여 신라의 귀족뿐 아니라 고구

  려와 백제, 가야 출신의 귀족이 머물도록 함

  천민이 거주하는 향, 부곡 설치

- 효과   왕과 중앙 정부가 지방 세력을 견제하고, 민족의 화합 유도


### ③ 군사 조직 정비

- 목적　국방 강화와 민족 화합

- 내용　중앙군인 9서당과 지방군인 10정(국경 지역인 한주에는 2정) 설치

　　　　고구려, 백제, 말갈, 가야 출신을 골고루 선발

　　　　왕의 친위 부대인 시위대 강화

- 효과　국경 수비가 강화되고, 민족 화합 유도

④ 토지 제도 개혁

- 목적　귀족 세력 견제와 국가 재정 확충

- 내용　녹읍을 폐지하고 관료전 실시

　　　　[성덕왕] 정전 실시

- 효과　귀족의 수입이 줄어들고, 왕과 국가를 향한 농민의 충성도가 높아짐

⑤ 과감한 인재 등용

- 목적　실력 있는 관리 등용과 귀족 세력 견제

- 내용　국립 교육 기관인 국학 설치

　　　　6두품을 중심으로 한 젊은 인재를 관리에 등용

- 효과　왕에 의해 선발된 관리들의 충성심, 귀족 세력 견제

## 3. 발해 왕의 계보

**1대**  698 ~ 719, 고왕(대조영)

- 발해 건국

**2대**  719 ~ 737, 무왕(대무예)

- 북만주 일대까지 영토 확장

- 당의 등주(산둥성) 공격

'인안'이라는 독자 연호 사용

**3대**  737 ~ 793, 문왕(대흠무)

- 당, 일본과 교류

- 중앙 정치 조직으로 3성 6부 운영

- 국립 대학인 주자감 설치

- 3경을 설치하고 지방 행정 조직 정비

- 중앙군으로 10위를 두는 등 군사 조직 정비

**4대~9대**  793 ~ 818, 대원의 → 성왕(대화여) → 강왕(대숭린) → 정왕(대원유)

→ 희왕(대언의) → 간왕(대명충)

※ 대원의는 시호가 전하지 않음. 11대부터 15대까지의 왕도 시호가 전하지 않음

10대     818 ~ 830, 선왕(대인수)

– 흑수 말갈을 제압하고 요동 지방까지 영토를 넓힘으로써 옛 고구려 영토를 거의 회복함

– 행정 조직으로 5경 15부 62주를 완성

선왕 통치 기간에 '해동성국'이라고 불림

11대~14대     830 ~ 906, 대이진 → 대건황 → 대현석 → 대위해

15대     906 ~ 926, 대인선

거란에 항복함으로써 발해 멸망

# 7

# 남북국의 문화와 대외 관계

## : 불교, 찬란하게 꽃 피다

- 통일 신라의 대표적 승려와 불교 사상에 대해 이야기해 보세요.
- 통일 신라의 불교 예술 작품과 특징에 대해 설명해 보세요.
- 발해 문화가 어떤 특징을 갖고 있는지 설명해 보세요.
- 통일 신라와 발해의 대외 관계 및 교류에 대해 이야기해 보세요.

## 아미타 신앙이 무엇일까?
└통일 신라 불교 사상의 발전

지금부터는 남북국 시대의 문화를 살펴볼게요. 통일 신라와 발해를 각각 들여다볼 거예요. 통일 신라 이야기부터 시작할까요?

통일 신라의 문화는 이전의 삼국 문화를 융합하는 것에서부터 시작되었어요. 여기에 당의 문화까지 받아들이면서 문화 수준이 상당히 높아졌어요. 이 통일 신라의 문화가 이후 고려와 조선을 거치면서 우리 민족 문화로 발전한답니다. 그러니까 통일 신라의 문화가 우리 민족 문화의 토대가 된 셈이에요.

통일 신라 문화의 가장 큰 특징을 하나만 꼽으라면 '불교문화'가 될 거예요. 삼국 시대에도 불교가 융성했지만 통일 신라 시대에 비할 바가 아니거든요. 통일 신라 시대에는 불교가 일반 대중에까지 널리 퍼져 뿌리를 내렸어요. 원효, 의상 등 불교를 대중화하려는 승려들의 노력이 있었기에 가능한 일이었죠.

7세기 이후로 불교의 여러 종파들이 신라에 퍼졌어요. 그러다 보니 불교 교리를 둘러싸고 논쟁도 생겨났어요. 때로는 서로 다른 종파 간에 갈등을 벌이기도 했지요. 이런 문제들을 해결하기 위해 여러 승려가 불교 경전을 깊이 연구하기 시작했어요. 그 결과 불교 사상이 크게 발전했지요. 통일 신라 때 활약했던 대표적인 승려들에 대해 이야기해 볼까요? 먼저 원효에 대해 살펴볼게요.

원효는 의상과 함께 당 유학길에 올랐다가 도중에 깨달음을 얻고 유학을 포기했어요. 원효는 태종 무열왕의 딸 요석 공주와의 사이에 설총이라는 당대 최고의 학자를 낳은 인물이기도 하답니다. 이후 원효는 일반 백성에게 불교를 전파하는 데 주력했어요. 엄숙함을 깨고 신분이 미천한 사람들과도 어울렸지요.

원효는 "나무아미타불을 외면 누구나 구원받을 수 있다."라며 아미타 신앙*을 강조했어요. 나무아미타불은 극락정토<sup>불교의 이상 세계</sup>를 다스리는 아미타불에 의지한다는 뜻이에요. 구원받는 방법이 참으로 간편하지요? 이 때문에 많은 사람들이 쉽게 불교를 접할 수 있게 되었고, 그 결과 통일 신라 초기까지만 해도 주로 귀족들 사이에 유

• 아미타 신앙 교리와 형식을 간소화하여 일반 민중이 쉽게 접할 수 있도록 한 불교의 한 종파로, 원효가 창시하였다.

일본 교토의 고산사에 있는 원효 대사 초상화

의상 대사 영정

행하던 불교가 대중적인 종교로 발전할 수 있었어요.

또한 원효는 일심 사상을 강조했어요. 일심 사상은 "모든 것이 한마음에서 나온다."는 내용을 담고 있어요. 이 일심 사상에 따르면 종파가 다르다고 해서 대립할 이유가 없어요. 결국 모두가 한마음에서 나왔으니까요. 이처럼 종파의 조화를 강조하는 원효의 사상을 화쟁和諍이라고 해요.

이번엔 의상에 대해 알아볼까요?

원효가 6두품 출신이었던 것과 달리 의상은 진골 귀족 출신이었어요. 그는 당으로 건너가 화엄 사상을 공부했어요. 화엄 사상을 간략하게 설명하자면 "하나가 전체이고, 전체가 하나다."라는 내용이에요. 이 세상의 모든 만물은 끊임없이 서로에게 영향을 미친다는 거죠. 의상은 신라로 귀국한 후에 이 화엄 사상을 바탕으로 불교를 통합하기 위해 신라 화엄종을 창시했어요. 의상의 이 불교 사상은 왕권을 강화하는 데도 큰 도움을 줬어요.

의상 또한 불교를 대중화하는 데 크게 기여했어요. 의상은 관음 신앙을 주장했어요. 원효의 아미타 신앙에 등장하는 아미타불은 중생을 구제하지요? 관음은 그 아미타불을 돕는 보살을 가리켜요. 관음의 이름을 반복해 부르면 현재의 고통에서 구제해 준다고 믿었어요.

다른 승려들의 활동도 활발했어요. 그중의 한 명이 혜초예요.

혜초는 당의 광저우로 유학을 떠났다가 그 곳에서 인도 승려 금강지의 제자가 되었어요. 금강지는 혜초에게 "천축국[인도]을 순례하는 것이 어떻겠는가?"라며 제안했어요. 이 제안을 받아들여 혜초는 천축국 순례를 떠났지요[723년].

혜초는 바닷길로 인도의 동쪽 해안에 도착했어요. 이어 인도 여러 곳을 돌아다니며 불교 성지들을 둘러보았어요. 그다음에는 파미르고원을 넘었어요. 중앙아시아의 여러 지역을 돌아본 혜초는 4년 만에 당의 수도인 장안으로 돌아왔어요[727년].

인도와 파미르고원, 중국의 장안 위치

인도 순례를 마치고 돌아온 혜초가 쓴 책이 《왕오천축국전》이에요. '다섯 천축국을 돌아보고 쓴 책'이란 뜻이지요. 인도와 중앙아시아의 종교, 풍속, 문화가 상세하게 기록되어 있어 중요한 문화유산으로 꼽히고 있어요.

손오공이 등장하는 소설 《서유기》에는 천축국으로 향하는 승려가 등장해요. 바로 삼장 법사예요. 그 삼장 법사의 실제 모델은 당의 승려인 현장이었어요. 현장은 인도를 다녀온 후 《대당서역기》라는 책을 썼지요. 신라의 승려 원측은 당에 유학 갔다가 이 현장의 제자가 되었답니다.

신라 하대인 9세기에는 당으로부터 불교의 새로운 종파인 선종이 들어왔어요. 그전까지의 불교는 대부분 경전과 교리를 중요하게 여겼지만, 선종은 참선과 수행을 강조했어요. 경전과 교리에 얽매이는 것보다는 스스로 깨달음을 얻는 것이 더 중요하다고 여겼지요. 선종은 특히 지방에서 크게 확산되었어요. 그 결과는 조금 있다가 살펴볼 거예요.

이와 별도로 선종 승려인 도선이 풍수지리설을 국내에 소개하기도 했어요. 이 풍수지리설 또한 지방에서 크게 확산되었는데, 그 이유는 선종이 지방에서 확산된 것과 비슷해요. 앞에서 이미 이야기한 내용이죠?

## 석굴암에는 어떤 과학이 숨어 있을까?
└불교 건축 및 예술의 발전

지금까지 살펴본 대로 통일 신라에서는 불교가 상당히 발전했어요. 건축과 예술 분야에서도 불교의 영향을 받은 작품이 많이 만들어졌어요. 우선 불교 건축물인 사찰부터 살펴볼까요?

당을 몰아내고 민족의 통일을 완성한 왕은 문무왕이에요. 문무왕은 당을 몰아낸 바로 그해에 의상에게 사찰을 만들도록 했어요. 그 사찰이 바로 화엄종의 중심지인 경북 영주 부석사랍니다.

문무왕은 외적이 침입해 올 경우 부처의 힘, 즉 불력佛力으로 이를 물리치기 위해 경주에 감은사를 짓도록 했어요. 문무왕은 이 절이 완공되는 것을 보지 못하고 눈을 감았지요. 감은사는 그의 아들인 신문왕 때 완성되었어요[682년]. 안타깝게도 감은사는 오늘날 전하지 않아요. 그 터만 남아 있지요.

경북 영주의 부석사

문무왕의 시신은 화장한 뒤 동해 바다의 바위에 안장했어요. 문무왕이 "나는 죽으면 용이 되어 나라를 지키고 불법을 받들겠다."라는 유언을 남겼기 때문이에요. 경주 앞바다의 대왕암이 바로 문무대왕릉이에요.

화엄사와 감은사 말고도 여러 사찰이 통일 신라 시대에 만들어졌어요. 그중 대표적인 것이 8세기 중반 김대성이 세운 불국사예요. 불국사에 대해서는 조금 자세하게 살펴볼까요?

경주의 불국사

불국사는 불교의 이상 세계를 현실에 담기 위해 만든 사찰이었어요. 이를 위해 대웅전을 비롯한 여러 건물과 석가탑, 다보탑 등 석탑을 조화롭게 배치했지요. 대웅전으로 향하는 청운교와 백운교는 불교의 나라로 이어지는 다리를 상징해요. 이 불국사는 석굴암과 함께 통일 신라 불교 예술의 극치라는 평가를 받는답니다. 석굴

불국사 3층 석탑(석가탑)

불국사 다보탑

암 또한 중앙에 있는 불상본존불을 중심으로 벽면의 여러 조각들이 완벽하게 조화를 이루거든요.

불국사에는 빼어난 탑들이 있어요. 바로 불국사 3층 석탑석가탑과 다보탑이에요. 이 두 탑과 나머지 통일 신라 시대의 탑을 함께 살펴볼게요.

불국사 3층 석탑은 통일 신라의 석탑 양식을 보여 주는 대표적인 탑이에요. 통일 신라에는 기단을 이중으로 만들고, 그 위에 3층으로 탑신몸체을 쌓았어요. 경주 감은사지 3층 석탑이나 양양 진천사지 3층 석탑이 모두 비슷해요. 양양 진천사지 3층 석탑은 9세기 이후에 만들어진 것인데, 기단과 탑신에 불상이 새겨져 있는 점이 특이해요.

특히 이 중에서도 불국사 3층 석탑은 정교하면서도 세련된 아름다움을 자랑하지요. 불국사 3층 석탑에서는 《무구정광대다라니경》이란 불경이 발견되기도 했어요. 이 불경은 두루마리처럼 되어 있는데, 세계에서 가장 오래된 목판 인쇄물이지요.

삼국 시대의 역사를 다룰 때 탑의 이름을 정하는 방법을 이야기한 적이 있지요? 그 규칙을 다시 떠올려 보세요. 절-층수-재료의 순서대로 적으며, 절이 현재 존재하지 않고 터만 있을 때에는 절 이름 다음에 터라는 뜻의 '지塔'를 붙인다고 했어요. 그러나 이 규칙에 따를 수 없는 독특한 모양의 탑도 있었어요. 이를테면 불국사 다보탑은 석탑이지만 목탑처럼 보여요. 또한 몇 층짜리 탑인지 가늠하기가 쉽지 않은 것도 특징이지요. 그래서 이름에서 층수나 재료가 생략된 거예요.

전남 구례 화엄사 4사자 3층 석탑도 다른 탑과 생김새가 많이 달라요. 사자 네 마리가 탑을 받치고 있는 모양새라서 흔히 보는 탑의 모양은 아니지요. 이 밖에 절의 이름을 알 수 없는 탑들도 나타났어요. 이럴 땐 절의 이름을 생략해요. 안동 운흥동 5층 전탑이 대표적이지요.

구례 화엄사 4사자 3층 석탑

통일 신라 말기에는 선종이 널리 확산했다고 했지요? 깨달음을 얻은 승려들도 많이 나왔어요. 그러다 보니 승려의 사리*를 넣은 탑도 만들어지기 시작했어요. 부처가 아닌 승려들의 사리를 넣은 탑을 승탑이라고 한답니다.

이번엔 불상을 살펴볼까요?

통일 신라의 대표적 불상으로는 석굴암 본존 불상을 꼽을 수 있어요. 석굴암은 경주 토함산 정상에 중국 석굴 사원의 양식을 본떠 만들어졌어요. 신라 사람들이 가장 이상적이라고 생각하는 부처의 모습을 조각상으로 만든 것이지요.

● 사리 석가모니나 깨달음을 얻은 승려의 유골 또는 승려를 화장하였을 때 나오는 구슬 모양의 뼛조각

**석굴암** 입구에서 내부를 들여다본 모습이다. 가장 안쪽에 본존 불상이 있다. ©한석홍·문화재청

　석굴암 본존 불상은 얼굴 크기가 몸통의 3분의 1로 되어 있어 상당히 안정감이 느껴져요. 또한 얼굴, 가슴, 어깨, 무릎이 각각 1 : 2 : 3 : 4의 비율로 되어 있어요. 수학과 과학 기술을 동원해 치밀하게 계산하여 만든 것이죠. 또한 아주 사실적으로 표현되어 있어 세계적으로도 최고의 불교 조각이라는 평가를 받고 있답니다. 이 때문에 1995년에 유네스코 세계 문화유산으로도 등재되었지요.

　통일 신라 때는 이처럼 돌로 만든 석불이 대체로 유행했어요. 하지만 간혹 금으로 만든 금동불, 철로 만든 철불도 제작되었답니다.

　통일 신라에서는 뛰어난 범종도 만들었어요. 범종은 절에서 시간을 알리거나 사람들을 모이게 할 때 치는 종을 말해요. 강원 평창 상원사 동종은 현존하는 국내 범종 중 가장 오래된 것이에요. 성덕 대왕 신종은 하늘을 나는 것 같은 비천상 무늬와 은은한 종소리로 아주 유명한데, 국내에서 가장 큰 종이지요. 성덕 대왕 신종을 칠 때 나는 종소리가 마치 아이가 어미를 찾는 소리 같다고 해서 에밀레종이라고도 부른답니다.

성덕 대왕 신종

끝으로 고분을 살펴볼게요.

삼국 시대 후반부터 신라에서는 굴식 돌방무덤이 유행했어요. 통일 신라에도 이 유행이 이어져 여전히 굴식 돌방무덤이 가장 흔했어요. 다만 왕릉 주변을 꾸미는 현상이 두드러졌어요. 우선 무덤이 무너지는 것을 막기 위해 왕릉 주변에 둘레돌을 쌓았어요. 그리고 혹시라도 잡귀가 접근할까 봐 십이지신*의 상을 조각해 세웠지요.

또 하나 흥미로운 점은, 왕릉 앞에 무사의 모양을 한 무인석이나 돌로 된 사자를 세웠다는 거예요. 죽은 사람을 지키기 위한 것인데, 이런 방식은 이후 고려와 조선으로 그대로 이어졌답니다.

* 십이지신 십이신 또는 열두 신장이라고도 한다. 땅을 지키고, 잡귀를 몰아내는 힘을 갖고 있다고 여겨지고 있다. 각각 동물의 형상을 하고 있는데, 호랑이, 토끼, 용, 뱀, 말, 양, 원숭이, 닭, 돼지, 개, 쥐, 소의 얼굴에 사람의 몸을 하고 있다.

# 이두를 왜 만들었을까?
└통일 신라 유학의 발전

지금까지 불교 사상과 불교 건축, 불교 예술에 대해 살펴보았어요. 삼국 시대에 비해 훨씬 발전했다는 사실을 충분히 알 수 있겠지요? 하지만 불교만 발달한 것은 아니에요. 삼국 시대에 이미 고구려, 백제, 신라는 중국에서 유학을 받아들였어요. 왜 그랬지요? 유교를 통치 이념으로 삼아 왕권을 강화하기 위해서였어요.

통일 신라 때도 같은 이유로 유교가 필요했어요. 신문왕은 고구려에서 그랬던 것처럼 국립 대학에 해당하는 국학을 설치하고 유교를 가르치도록 했어요. 여기에서 더 나아가 8세기 후반의 원성왕 38대 때에는 국학의 학생들을 대상으로 유교적 능력을 시험한 뒤 관리에 임명하는 독서삼품과도 시행했어요. 삼품은 능력에 따라 상·중·하 세 등급으로 나누었기 때문에 붙은 말이에요.

신라 하대에는 귀족들의 권력 다툼이 심했어요. 이 때문에 실제로는 이 독서삼품과 제도가 제대로 시행되지 못했어요. 만약 이 제도가 성공을 거두었더라면 능력에 따라 인재를 발굴하고 등용함으로써 신라는 더욱 번영했을지도 몰라요.

정부 차원에서 유학을 적극 장려해서 때로는 당에 유학생을 보내기도 했어요. 정부가 유학 자금을 모두 대는 이런 유학생을 숙위 학생이라고 했어요. 보통 이들은 신라가 당에 사신을 파견할 때 같이 갔다가 당 황제의 곁을 지킨다는 명분으로 그곳에 남았어요. 숙위 학생들은 당에서 외국인을 대상으로 치르는 과거 시험인 빈공과에 종종 합격했어요. 이런 유학생들은 대부분 6두품 출신이었어요. 6두품들은 신라에서는 골품제의 벽에 가로막혀 고위 관료로 승진할 수가 없었어요. 그러니 당으로 건너가 빈공과에 응시한 거예요. 발해에서도 중국으로 건너가 빈공과에 응시하는 학자들이 꽤 있었지요.

최치원 초상화

왕실이 나서서 적극 유학을 장려한 덕분에 유능한 유학자들이 많이 배출되었어요. 대표적인 인물로는 강수, 최치원, 설총 등이 있어요. 이 세 명은 신라의 3대 문장가로 꼽히는데, 모두 6두품 출신이었어요.

강수는 신라 중대에 가장 먼저 등장한 유학자로 태종 무열왕의 총애를 받았어요. 당에 보내는 외교 문서를 작성하는 업무를 비롯해 여러 관직을 맡았지요.

최치원은 당에서 빈공과에 합격하고 벼슬도 했어요. 당 말기 중국을 들썩이게 했던 황소의 난이 일어나자 반란군의 우두머리를 비판하는 〈토황소격문〉을 써서 유명해지기도 했지요. 최치원은 문집 《계원필경》을 남기기도 했어요. 최치원은 혼란스러운 신라를 구하기 위해 개혁안을 신라 왕실에 올렸지만 받아들여지지 않자 정치를 그만두었답니다.

설총은 한자의 음과 뜻을 빌려 우리말을 표기하는 이두를 집대성했어요. 이두를 설총이 만들었다고 생각하는 사람이 많은데 이는 사실이 아니에요. 이두는 그전에도 사용되었어요. 설총이 그것을 체계적으로 정리한 것이지요. 설총의 아버지가 누구였죠? 네, 바로 유명한 승려 원효예요. 아버지는 불교의 대가이고 아들은 유교의 대가인 셈이죠. 설총이 이두를 정리한 것은 유교 경전을 우리말로 쉽게 풀어쓰기 위해서였어요. 이 밖에 김대문은 《화랑세기》를 지었어요. 이 책은 화랑의 전기인데, 원본은 전하지 않고 있어요.

## 발해 기와와 불상은 어떤 양식으로 만들었을까?
└발해의 문화

다시 발해로 넘어왔어요. 통일 신라의 문화에 대해 살펴봤으니 발해의 문화도 살펴봐야지요. 앞에서 말했던 대로 같은 시대에 존재했던 두 나라 모두 우리 민족이 세운 나라이니까요. 여기서는 발해 문화의 특징을 위주로 살필 거예요.

발해 문화에 대해 개괄적으로 말하자면, 무엇보다 고구려를 상당히 많이 닮아 웅장해요. 하지만 발해 사람들이 고구려 문화만 고집한 건 아니에요. 말갈인과 같이 살았기에 말갈 토착 문화를 받아들였고, 강대국인 당과 교류했기에 당의 문화도 적극적으로 수용했지요. 종합하자면 발해 문화는 고구려 문화를 바탕으로 당과 말갈 등 여러 문화를 수용한 독자적인 문화라고 할 수 있답니다. 좀 더 구체적으로 살펴볼까요?

동모산과 발해의 중심지인 상경 용천부 위치

발해가 처음에 나라를 건국한 곳은 동모산이었어요. 이곳은 평지에 지은 평지성과 산에 지은 산성이 한 쌍으로 되어 있어요. 보통 산성은 방어용으로 만들었어요. 고구려의 수도였던 국내성 또한 이와 같은 구조로 되어 있었어요. 국내성의 구조를 보면 국내성이 평지성, 환도 산성이 산성의 역할을 했지요. 대조영은 이 고구려의 방식을 좇아 도성을 만든 거예요.

발해는 무왕²ᵈᵉᵃ 때까지만 해도 당과 사이가 좋지 않았어요. 하지만 문왕³ᵈᵉᵃ 때부터는 당과의 갈등을 많이 줄였고, 적극 교류하기 시작했지요. 이때부터 당의 문화가 발해에 많이 유입되었어요. 그 결과 발해의 문화가 당의 영향을 많이 받았어요.

문왕에게는 딸이 여럿 있었어요. 그중에 둘째 딸 정혜 공주와 넷째 딸 정효 공주가 아버지인 문왕보다 일찍 세상을 떠났어요. 이 두 공주의 무덤은 똑같이 8세기 후반에 만들어졌어요. 그런데 두 무덤을 만든 방식이 꽤 달라요.

정효 공주의 무덤 벽에 그려진 인물도

정혜 공주의 묘는 고구려 고분 양식인 굴식 돌방 무덤으로 만들었어요. 반면 정효 공주의 묘는 당의 고분 양식을 따라 벽돌무덤으로 만들었고 무덤 위에 벽돌 탑을 쌓았어요. 당의 양식을 따르면서도 정효 공주 묘의 천장 부분에는 고구려 양식이 남아 있어요. 당 문화와 고구려 문화가 절묘하게 어우러진 거예요.

발해는 수도를 다섯 군데에 두었어요. 그중에서 가장 오랫동안 수도였던 상경 용천부에 유적이 많이 남아 있어요. 이 상경은 당 문화의 영향을 가장 많이 받은 도시예요. 사실 상경 자체가 당의 수도인 장안성을 모방해 건설했답니다. 오늘날의 헤이룽장성에 궁궐터와 성벽의 흔적이 있는데, 외성의 둘레가 16킬로미터에 이르러요.

발해에서도 불교가 상당히 발전했던 것으로 여겨지고 있어요. 상경성에서 절터가 여러 곳 발견되었거든요. 절터에서는 절을 지을 때 썼던 기와들이 많이 발굴되었어요. 이 기와들은 고구려 기와의 양식으로 만들어졌어요.

발해의 불상 중에서 현재 남아 있는 가장 대표적인 것은 이불병좌상이에요. 두 부처가 나란히 앉아 있어서 이런 이름이 붙었지요. 이 불상은 고구려의 양식으로 만들어졌어요. 이 불상은 상경이 아닌 동경에서 발견되었답니다.

절의 기와 그리고 불상이 모두 고구려 양식으로 만들어졌죠? 그

발해의 대표적인 불상인 이불병좌상

렇다면 발해 불교가 고구려 불교의 영향을 많이 받았다고 추정할 수 있겠죠? 다만 발해의 탑은 조금 달라요. 현재까지 전해지는 발해의 탑은 별로 없어요. 다만 압록강 상류 지역에 5층 전탑<sup>塼塔</sup>이 하나 남아 있어요. 그 탑이 바로 영광탑이에요. 전탑은 흙을 구워 만든 벽돌로 쌓은 탑을 말해요. 이 영광탑은 당의 영향을 받아 만들어졌어요.

**영광탑**
정효 공주 무덤 부근에 있어서 정효 공주 무덤탑이라고도 부른다.

통일 신라와 마찬가지로 발해에서도 유교를 통치 이념으로 삼았어요. 그 때문에 발해에서도 유학을 상당히 중요하게 여겼어요. 우선 당의 제도를 받아들여 중앙 정치 조직을 정비했고, 유학을 가르치는 주자감을 설치했어요. 유학을 배우기 위해 당으로 건너가는 발해 사람도 많았어요. 비슷한 시기에 신라에서도 6두품 학자들이 당으로 유학을 갔지요. 적잖은 발해 사람들이 빈공과 시험에 합격했답니다.

이뿐만이 아니에요. 정혜 공주와 정효 공주의 무덤에 묘지석이 세워져 있는데, 그 묘지석을 보면 유교 경전의 내용이 적혀 있어요. 발해의 지배층이 유교를 꽤 중요하게 여겼다는 점을 여기에서도 확인할 수 있지요.

## 활발한 교역, 어디까지 뻗어 갔을까?
└ 통일 신라의 대외 교류

삼국 시대에 신라, 고구려, 백제는 중국과 일본은 물론 서역과도 교류했어요. 삼국 시대 후반기로 접어들어 신라는 당과 연합해 백제와 고구려를 무너뜨렸고, 그 후에는 당과 전쟁을 벌였어요. 그러니 통일 신라와 당 사이가 별로 좋지 않았겠죠? 맞아요. 처음엔 그랬어요. 하지만 곧 두 나라의 관계는 회복됐고, 활발하게 교류가 이루어졌답니다. 통일 신라는 당과 일본은 물론 멀리 동남아시아와 서역과도 교역을 했어요. 삼국 시대 때보다 교역이 더 활발했지요.

통일 신라 시대에도 당과의 교역은 주로 당항성 오늘날의 경기도 화성을 통해 이루어졌어요. 이외에 새로이 울산항이 크게 주목을 받았는데, 이 무역항에는 멀리 아라비아의 이슬람 상인까지 와서 교역을 했어요. 이 이슬람 상인들을 통해 신라의 이름이 전 세계에 알려지게 되었어요.

당시 이슬람 상인들과의 교역이 활발했다는 사실을 알 수 있는 증거가 오늘날까지 남아 있어요. 칠곡 송림사 5층 전탑에서 사리를 보관하는 상자가 발견되었는데, 금과 유리 장식이 조화를 이루고 있어요. 금동 장식은 분명 신라의 양식인데, 유리 장식은 신라의 방식이 아니었어요. 바로 서역의 방식이었지요. 서역의 문화가

송림사 5층 전탑에서 발견된 사리 장엄구

통일 신라에 전파되었다는 뜻이에요.

경주 원성왕릉 앞에는 사람의 석상이 있어요. 왕릉을 지키는 무사 역할을 하는 이 석상의 얼굴을 보면 신라인이 아니에요. 서역인의 모습이지요. 이 또한 신라가 중앙아시아나 아라비아와 교류했음을 알려 주는 증거죠.

당과의 관계가 회복된 후로는 교류가 활발해졌다고 했죠? 구체적으로 말하자면, 예전보다 더 활발하게 교류했답니다. 신라 조정에서 사절단을 자주 보냈을 뿐아니라 유학을 공부하려는 학자, 불법을 배우려는 승려가 당으로 향했어요. 물론 상인들도 당을 많이 찾았지요.

이런 점 때문에 당은 한반도와 지리적으로 가까운 산둥반도와 화이허강 일대에 신라인들을 위한 여러 시설을 만들었어요. 이를테면 신라인 거주지인 신라방, 신라방을 관리하고 감독하는 신라소를 두었어요. 또 신라인들을 위한 사찰인 신라원, 신라인들을 위한 숙박 시설인 신라관도 만들었지요.

신라는 당에 금은 세공품을 수출했고, 귀족들이 쓸 사치품을 수입했어요. 국제 무역항으로 성장한 울산항에는 동남아시아나 서역에서 온 향료, 보석을 비롯해 온갖 진귀한 물건들이 넘쳐났어요.

경주 원성왕릉(괘릉)의 무인석. 서역인의 모습을 하고 있다.

산둥반도와 화이허강 위치

청해진 유적이 있는 완도 앞바다의 장도
(위)와 장도에서 발견된 건물터
ⓒ문화재청

일본과의 경제적 교류도 크게 늘어났어요. 일본에는 모직물을 수출하고 견직물을 수입했지요. 특히 신라의 놋그릇이 일본으로 수출되어 일본 귀족들의 인기를 끌었어요. 일본 귀족들은 신라의 놋그릇을 '사하리'라 불렀는데, 상당히 귀한 상품으로 대우받았다고 해요.

직접 해외로 떠난 이들도 있었지요. 대표적인 인물이 8세기 초반에 처음으로 아시아 여러 지역을 여행한 승려 혜초였어요. 이미 앞에서 설명한 적이 있지요? 혜초는 4년 동안 중앙아시아, 인도 등 아시아 여러 곳을 다니면서 그 지역의 풍속과 역사를 기록했어요. 이 기록은 《왕오천축국전》이란 책으로 만들어졌지요.

통일 신라 후기에는 정치가 무척 혼란스러웠어요. 혼란을 틈 타 서해와 남해에 해적이 들끓었어요. 해적들은 신라인들을 납치해 중국으로 끌고 가서 노예로 팔았어요. 이때 당에 있던 신라인 장수 장보고가 귀국해서 완도에 군사 기지인 청해진을 세웠어요. 장보고의 활약으로 해적은 완전히 소탕되었어요. 장보고는 여기에서 그치지 않고 청해진을 해상 무역 기지로 탈바꿈시켰어요. 장보고는 청해진을 중심으로 당, 일본, 신라 세 나라를 연결하는 해상 무역을 본격화했어요.

우선 중국에도 무역 거점을 만들었어요. 장보고는 중국 산둥반도에 법화원이란 절을 짓고, 이곳을 무역 거점으로 삼은 뒤 동아시아 전역에 선단을 보냈어요. 선단은 일본의 하카타 지역오늘날의 후쿠오카까지 진출했답니다. 이렇게 해서 장보고는 동아시아의 해상을 완전히 장악했어요. 서해와 남해를 지나는 선박은, 중국 국적이든 일본 국적이든 반드시 장보고의 허락을 얻어야 했지요.

청해진을 중심으로 한 해상 지역은 신라 왕국과는 별개의 또 다른 해상 왕국처럼 발전했어요. 하지만 장보고가 신라의 왕권 다툼에 개입했다가 암살되는 바람에 해상 왕국은 물거품처럼 사라졌어요. 청해진은 해체되었고, 신라는 강력한 해상 왕국이 될 수 있는 기회를 잃고 말았어요.

## 발해가 일본과 교류한 원래 목적은?
└발해의 대외 교류

이번에는 발해의 대외 관계를 살펴볼까요?

발해가 가장 많이 교류한 나라는 당이었어요. 발해 초기의 무왕만 하더라도 당과 전쟁을 치르기도 했어요. 하지만 나중에는 당과 우호적 관계를 맺기 시작했죠. 그다음부터는 활발하게 교류가 이루어졌어요. 학자뿐 아니라 발해의 승려와 상인들도 수시로 당을 드나들었어요. 그러자 당은 발해 사람들을 위해 산둥반도에 발해관을 만들었어요. 이 발해관은 발해에서 온 사신, 상인, 승려들로 늘 북적였지요.

발해와 당은 어떤 물품을 거래했을까요? 발해의 귀족이나 학자들은 필요한 물품들을 주로 당으로부터 수입했어요. 대표적인 수입품이 비단이나 책 종류였지요. 그 대신 발해는 말, 모피, 인삼, 철 등을 당에 수출했어요. 발해의 모피는 동북아시아에서 상당히 가치가 높은 특산품이었다고 해요.

당 외에 다른 나라와의 관계는 어땠을까요? 사실 선왕 때까지만 해도 발해는 신라와 별다른 교류를 하지 않았어요. 그러다가 선왕이 동경 용원부를 설치한 후부터 신라와 교역을 늘려 나갔고 나중에는 국가 사절을 교환할 정도로 관계가 발전했어요.

일본과는 경제적인 목적으로 교류를 시작했던 건 아니었어요. 건국 초기에 발해는 당, 신라와 사이가 아주 안 좋았어요. 일본과 교류하기 시작한 게 이 때문이었어요. 적대 관계에 있는 당과 신라를 견제하기 위해 일본과 손을 잡았던 거죠. 그러다가 당, 신라와 관계가 개선된 8세기 후반부터는 일본과 경제적인 교역을 늘렸어요. 발해는 일본에 모피와 인삼을 주로 수출했고, 귀금속 같은 것을 수입했지요.

발해는 이처럼 주변 국가들과 교역을 확대하면서 5개의 교통로를 설치했어요. 당으로 가기 위한 길은 영주도˚와 조공도˚ 2개가 있

• 영주도 발해의 대외 교통로인 다섯 개의 길 가운데 하나. 요동을 거쳐 중국 당의 수도인 장안에 이르렀다.
• 조공도 압록강을 거쳐 산둥반도의 등주를 통과한 뒤 장안으로 통하는 길이다.

218

었어요. 신라로 가는 길은 신라도, 일본으로 가는 길은 일본도, 거
란으로 가는 길은 거란도라 불렀답니다.

# ★ 단원 정리 노트 ★

## 1. 통일 신라 문화의 특징

### ① 여러 나라의 문화가 융합하다

통일 신라는 신라의 전통문화뿐 아니라 고구려와 백제, 가야의 문화가 융합했고, 중국(당)의 문화까지 받아들였다.

### ② 불교문화가 융성하다

삼국 시대부터 발달했던 불교문화가 통일 신라에 이르러 더욱 융성했다. 통일 신라 초기에는 귀족 중심으로 불교문화가 퍼졌으나 원효, 의상 등의 승려가 활동하면서 평민에까지 대중화되었다.

### ③ 대표적인 승려

- 원효 : 아미타 신앙, 일심 사상, 화쟁

- 의상 : 관음 신앙, 화엄 사상

- 혜초 : 《왕오천축국전》

### ④ 유학을 장려하다

통일 신라 직후인 신문왕(31대) 때에 국립 대학인 국학을 설치하여 유학을 가르치도록 했고, 정부 차원에서 당에 유학생을 보내 유학을 공부하도록 지원했다. 당에서 유학한 숙위 학생들은 당에서 시행하는 빈공과에 응시하기도 했다. 원성왕(38대)은 독서삼품과를 실시하여 유학적 소양이 뛰어난 인재를 발탁하려 했으나, 귀족들의 반발에 막혀 실효를 보지 못했다. 통일 신라의 대표적인 유학자로는 강수, 최치원, 설총 등이 있다.

## 2. 발해 문화의 특징

① 고구려, 북방 유목 민족, 당의 문화가 융합하다

발해는 고구려 유민과 말갈인이 함께 세운 나라다. 따라서 초기에 발해 문화는 고구려의 웅장한 문화와 말갈의 토착 문화가 결합한 모습을 보였다. 당과 관계가 개선된 문왕 이후로 발해는 당의 문화를 적극 수용했다. 따라서 발해는 한반도의 통일 신라와는 다른 독자적인 문화를 형성했다.

② 발해 문화를 보여 주는 대표적인 유적

- 이불병좌상 : 고구려 양식의 불상

- 정혜 공주 묘 : 고구려 고분 양식인 굴식 돌방무덤

- 정효 공주 묘 : 당의 영향을 받은 벽돌무덤에 고구려 양식이 가미됨

- 영광탑 : 흙을 구워 만든 벽돌을 쌓아 만든 탑으로, 당의 영향을 받음

- 정혜 · 정효 공주 묘 앞의 묘지석 : 유교 경전의 내용이 새겨져 있음


## 3. 통일 신라의 대외 교류

내용

- 당, 일본, 서역에까지 폭 넓게 교류했다.

- 당에 금은 세공품을 수출하고, 귀족들의 사치품을 수입했다.

- 일본에서는 신라의 놋그릇이 귀한 물건으로 취급받았다.

- 서역으로부터 향료와 보석 등을 수입했다.

- 주로 바닷길을 이용한 해상 무역이 발달했고, 장보고는 청해진을 설치해 동북아시아의 해상 무역을 장악했다.

- 당항성과 울산항 : 처음에는 당항성을 통해 주로 당과 교역했으나, 교역이 활발해지면서 울산항이 국제항으로 성장했다.

- 신라방, 신라소, 신라원, 신라관 : 산둥지방과 화이허강 일대에는 신라인을 위한 거주지와 관공서, 사찰, 숙박 시설 등이 들어섰다.

### 눈에 띄는 유물과 유적

- 송림사 5층 전탑에서 발견된 사리 장엄구 : 승려의 사리가 담긴 보관함이다. 금동 장식으로 외형을 만들고, 안에 유리로 만든 그릇을 두었는데, 특히 유리그릇은 서역의 문화적 특징을 보인다.

- 원성왕릉 앞의 무인석 : 원성왕의 무덤 앞에 서 있는 무사 모양의 조각은 신라인이 아니라 서역인의 모습을 하고 있다.


## 4. 발해의 대외 교류

### 내용

- 3대 문왕 때부터 주로 당과 교류했다. 당에서 비단과 책 등을 수입했고, 발해는 당에 말, 모피, 인삼, 철 등을 수출했다.

- 초기에 당, 신라를 견제하기 위해 일본과 교류하다가 당, 신라와 관계가 회복된 뒤 차츰 일본과의 경제적 교류를 확대했다.

- 선왕(10대) 때 동경 용원부를 설치한 뒤로 신라와 교류했다.

### 교역 장소

- 발해관 : 산둥반도에 발해에서 온 상인과 승려, 학생, 사신들이 머무는 숙소가 설치

되었다.

- 영주도와 조공도(당과 교류), 신라도(신라와 교류), 일본도(일본과 교류), 거란도(거란과 교류) 등의 교통로가 있었다.

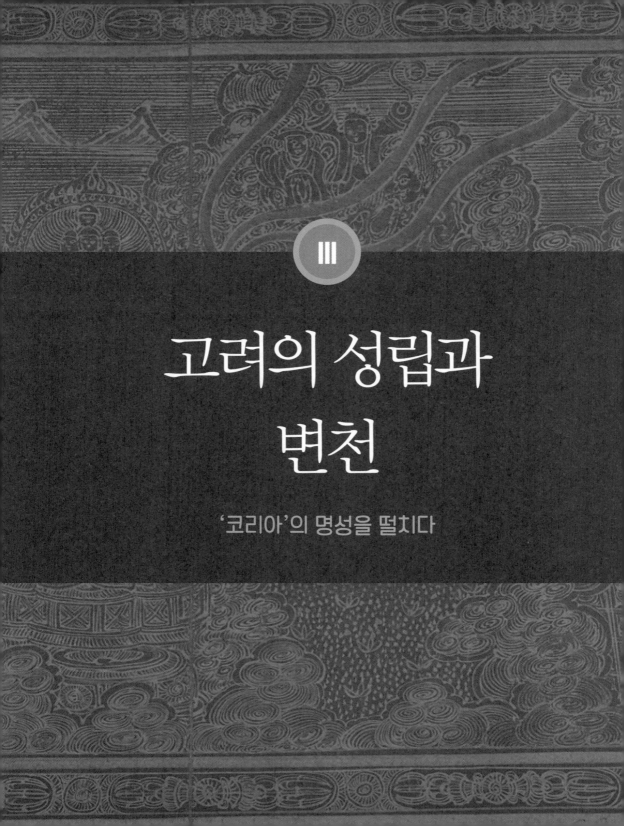

# Ⅲ

# 고려의 성립과 변천

'코리아'의 명성을 떨치다

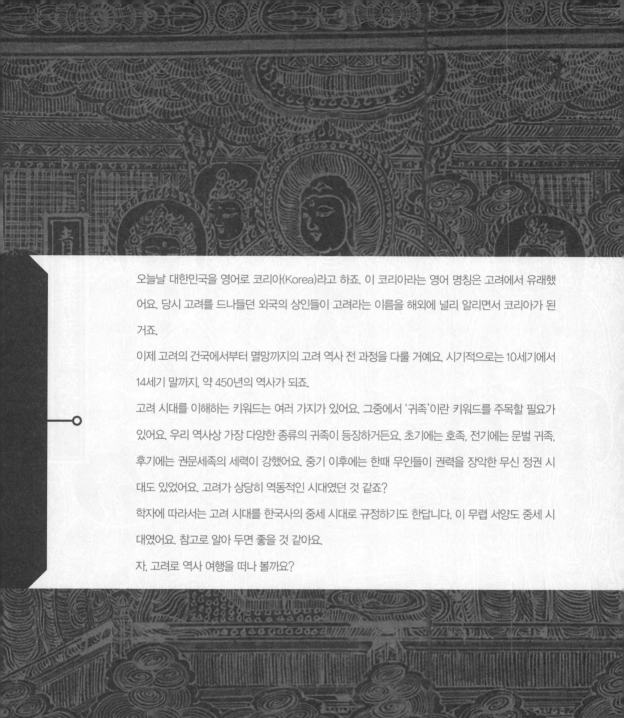

오늘날 대한민국을 영어로 코리아(Korea)라고 하죠. 이 코리아라는 영어 명칭은 고려에서 유래했어요. 당시 고려를 드나들던 외국의 상인들이 고려라는 이름을 해외에 널리 알리면서 코리아가 된 거죠.

이제 고려의 건국에서부터 멸망까지의 고려 역사 전 과정을 다룰 거예요. 시기적으로는 10세기에서 14세기 말까지, 약 450년의 역사가 되죠.

고려 시대를 이해하는 키워드는 여러 가지가 있어요. 그중에서 '귀족'이란 키워드를 주목할 필요가 있어요. 우리 역사상 가장 다양한 종류의 귀족이 등장하거든요. 초기에는 호족, 전기에는 문벌 귀족, 후기에는 권문세족의 세력이 강했어요. 중기 이후에는 한때 무인들이 권력을 장악한 무신 정권 시대도 있었어요. 고려가 상당히 역동적인 시대였던 것 같죠?

학자에 따라서는 고려 시대를 한국사의 중세 시대로 규정하기도 한답니다. 이 무렵 서양도 중세 시대였어요. 참고로 알아 두면 좋을 것 같아요.

자, 고려로 역사 여행을 떠나 볼까요?

# 역사연표

| 한국사 | | 세계사 |
|---|---|---|
| 망이 · 망소이의 난 1176년 | ○ | |
| | ○ | 1192년 일본, 가마쿠라 막부 성립 |
| 최씨 정권 시작(~1258년) 1196년 | ○ | |
| | ○ | 1206년 칭기즈 칸, 몽골 통일 |
| 몽골, 고려 침입(1차) 1231년 | ○ | |
| 강화도 천도 1232년 | ○ | |
| 처인성 전투 | | |
| | ○ | 1234년 금 멸망 |
| 팔만대장경 간행 시작(~1251년) 1236년 | ○ | |
| 무신 정권 종결 1270년 | ○ | |
| 고려 정부, 개경 환도 | | |
| 삼별초의 대몽 항쟁 | | |
| | ○ | 1271년 원 성립 |
| | ○ | 1279년 남송 멸망 |
| | ○ | 1299년 오스만 제국 건국 |
| | ○ | 1336년 일본, 무로마치 막부 성립 |
| 공민왕 즉위 1351년 | ○ | |
| 홍건적 침입(~1361년) 1359년 | ○ | |
| | ○ | 1368년 명 건국 |
| 위화도 회군 1388년 | ○ | |
| 고려 멸망 1392년 | ○ | |
| 조선 건국 | | |

## 8 고려의 건국과 정치 변화

: 민족 문화의 새 토대를 만들다

- 고려의 건국이 우리 민족의 역사에서 갖는 의미를 이야기해 보세요.
- 고려 전기에 정비된 통치 체제의 내용과 특징을 설명해 보세요.
- 묘청의 난이 일어난 이유와 결과, 의의에 대해 이야기해 보세요.
- 무신 집권기에 농민과 천민의 봉기가 일어난 이유와 의의에 대해 설명해 보세요.

## 차전놀이는 어떻게 시작됐을까?
└고려의 후삼국 통일

한반도에 후삼국이 세워진 후의 상황은 앞에서 간략하게 살펴봤어요. 신라의 세력은 크게 위축됐고 후고구려와 후백제가 팽팽히 다투었다고 했죠? 이 중 후고구려에서 고려가 탄생해요. 다들 알고 있는 대로 왕건이란 인물이 고려를 세웠죠. 그 이야기부터 시작할게요.

왕건은 송악<sup>개성</sup>의 호족이었어요. 후고구려를 세운 궁예의 세력이 커지자 왕건은 그의 밑으로 들어가 신하가 되었어요. 이때 왕건의 아버지인 왕륭이 자신의 터전인 송악을 통째로 바쳤어요. 아마 이런 행동이 궁예의 마음을 움직였던 것 같아요. 궁예는 왕건을 매우 신임했답니다.

왕건은 전투 능력도 뛰어났어요. 후백제와의 전투에서 여러 차례 승리를 거두었죠. 특히 물길을 따라 후백제의 영토로 기습해 금성<sup>전남 나주</sup>을 점령한 작전은 후백제의 우두머리인 견훤이 혀를 내두를 만큼 인상적이었어요. 공을 많이 세웠죠? 게다가 왕건은 인품도 훌륭했던 것으로 알려져 있어요. 왕건은 후고구려의 2인자인 시중에까지 올랐어요.

왕건의 좌상. 사후에 만들어진 것이다.

이미 살펴본 대로 궁예는 왕권을 강화하기 위해 독재 정치를 했어요. 호족들은 위기감을 느꼈어요. 호족들은 이러다가 자신들의 모든 권력을 궁예에게 빼앗길지 모른다고 생각했어요. 호족들은 더 이상 궁예를 왕으로 인정할 수 없었어요. 결국 호족들은 궁예를 몰아내고 왕건을 왕에 추대했지요.

왕건은 고구려를 계승한다는 취지를 살려 나라 이름을 고려, 연호를 천수로 정했어요.<sup>918년</sup>. 이듬해에는 송악으로 수도를 옮겼어요. 송악이 자신의 근거지였고, 육상과 해상 교통이 모두 편리했으니까요.

고려 태조 왕건은 궁예와는 다른 정치를 펼쳤어요. 궁예가 호족들을 억압하려 한 반면 태조는 호족들과 원만하게 지냈어요. 대외 정책도 달랐어요. 궁예는 신라를 적대시했어요. 하지만 태조는 신라 왕실과도 우호적인 관계를 유지했어요. 물론 후백제와는 여전히 적대 관계를 유지했죠.

태조는 또 전쟁에 지친 백성의 마음을 얻기 위해 세금을 줄였어요. 발해가 멸망한 후에는 발해 유민도 적극 받아들이는 포용 정책을 폈죠. 이런 점 때문에 신라 호족들의 마음도 후백제보다는 고려에 기울어 있었어요. 만약 항복을 한다면 후백제보다는 고려에 항복하는 게 낫다고 생각한 거죠.

반면 후백제는 신라에 적대적이었어요. 후백제 군대가 경주를 침략하는 일까지 있었지요. 신라로서는 최대 위기를 맞은 거예요. 수도가 적의 침입에 무방비로 당하고 있으니까요. 신라는 다급하게 고려에 도움을 요청했어요. 고려 태조가 군대를 이끌고 급히 신라로 달려왔어요. 하지만 이미 견훤은 신라 경애왕을 죽이고 새로 경순왕<sup>김부</sup>을 왕에 앉히고는 전리품을 챙긴 뒤 철수했어요.

고려군이 곧바로 후백제군을 추격했어요. 이윽고 고려군과 후백제군이 공산<sup>대구 팔공산</sup>에서 격돌했어요. 이 공산 전투에서는 고려군이 크게 패했어요. 태조도 가까스로 목숨을 건졌을 정도예요. 이 공산 전투에서 고려군은 5,000명 중 100여 명만 간신히 목숨을 건졌답니다. 고려의 큰 참패였지요<sup>927년</sup>.

하지만 고려가 얻은 것도 있었어요. 신라를 구하겠다는 태조의 마음이 신라 호족들에게 전달된 거예요. 그 덕분에 이후로 경상도 일대의 호족 대부분이 고려의 편에 섰어요. 그 결과 고려 진영은 훨씬 강해졌지요.

　태조는 공산 전투의 패배를 잊고 전열을 가다듬었어요. 이어 후백제에 대한 대대적인 반격에 돌입했지요. 3년 후 고창<sup>경북 안동</sup>에서 두 나라의 운명을 결정하는 전투가 치러졌어요. 이것이 고창 전투인데, 고려가 크게 승리했답니다<sup>930년</sup>.

　이 전투에서 후백제는 8,000여 명의 병사를 잃었어요. 이 패배 이후 후백제의 사기가 크게 꺾였지요. 이 고창 전투의 승리를 기념하기 위해 시작된 것이 바로 차전놀이랍니다. 차전놀이는 두 마을의 장정들이 모여 단체로 힘을 겨루는 민속놀이예요.

차전놀이 ⓒ문화재청

　다시 몇 년이 흘렀어요. 이번에는 후백제에서 큰 사건이 터졌어요. 견훤의 후계 문제를 놓고 내분이 일어난 거예요. 견훤이 후궁의 자식이자 넷째 아들인 금강을 후계자로 삼은 것이 원인이었어요. 견훤의 큰아들 신검은 "내가 왕이 되어야 한다."라면서 반란을 일으켰어요. 신검은 반란에 성공한 후 아버지 견훤을 금산사라는 절에 가두어 버렸어요.

　견훤은 곧 절을 탈출하여 고려로 망명했어요. 같은 해, 신라의 마지막 왕 경순왕도 고려에 항복을 청해 왔어요. 고려가 이를 받아들임으로써 천년 신라는 역사 속으로 사라졌지요<sup>935년</sup>. 태조는 경순왕을 경주 지역을 다스리는 사심관으로 임명하는 등 최대한의 배려를 했답니다.

이제 후삼국의 마지막 장면이 남았어요. 고려와 후백제 사이에 최후의 전투가 오늘날의 경북 구미 선산에서 벌어졌어요. 이 전투에는 견훤도 아들을 응징하겠다며 참전했어요. 물론 후백제가 아닌 고려군을 위해 싸웠지요. 결과는 고려의 승리였어요. 이로써 고려가 마침내 후삼국을 통일하는 대업을 이루었어요[936년].

## 왕건은 왜 29명의 아내를 두었을까?
└태조의 통일 정책 추진

고려의 후삼국 통일은 역사적으로 상당히 의미가 커요. 신라가 삼국을 통일했던 때를 떠올려 보세요. 당시 신라는 고구려·백제 유민과 힘을 합쳐 당을 몰아냄으로써 삼국 통일을 민족 통일로 승화시켰지요? 하지만 북쪽에는 여전히 발해가 남아 있었어요. 완벽한 민족 통일은 아니었던 거지요.

고려 역시 신라와 후백제를 껴안았어요. 신라와 후백제의 지배층 일부는 고려에서도 다시 지배층이 되었지요. 또한 고려는 발해가 멸망한 뒤 발해의 왕자와 유민 수만 명을 받아들였어요. 이로써 고려는 우리 민족을 완벽하게 재통합하는 커다란 업적을 이루었어요.

신라와 다른 점이 또 있어요. 신라는 통일한 후에도 경주 출신의 귀족들이 권력을 장악하는 바람에 다른 지역의 세력이 중앙 정치에 끼어들 여지가 없었어요. 하지만 고려 때에는 각 지방의 호족이 모두 정치에 참여했어요. 그 결과 한반도 전역의 다양한 문화가 하나로 합쳐질 수 있었어요. 맞아요. 우리 민족 문화를 발전시킬 완벽한 토대를 갖춘 거예요.

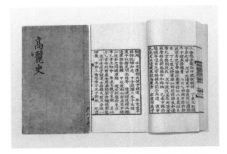

훈요 10조가 수록되어 있는 《고려사》
ⓒ삼성현역사문화관

태조는 우리 민족의 자주 의식을 상당히 강조했어요. 거란과의 외교 관계를 보면 그 사실을 잘 알 수 있어요. 태조는 거란이 발해를 멸망시킨 나라이기 때문에 국교를 끊었어요. 거란이 선물로 보내온 낙타는 굶겨 죽이고 사신은 당장 쫓아냈죠. 후세의 왕들에게 남긴 유언인 '훈요 10조'에도 "우리나라는 중국과 다르니 중국 제도를 본뜰 필요가 없다. 거란은 짐승과 같은 나라이니 그들의 의관 제도를 따르지 말라."라고 강조할 정도였어요.

태조는 고구려를 계승해 북진 정책을 추진했어요. 우선 고구려의 수도였던 평양을 개발한 뒤 황해도 백성들을 그곳에 이주시켰어요. 이어 평양을 서쪽에 있는 수도라는 뜻의 서경으로 정하고 북진 정책의 전진 기지로 삼았어요. 훈요 10조에도 "서경을 중히 여기라."는 내용을 담았지요. 강력하게 북진 정책을 추진한 결과 태조

고려

태조의 북진 정책 이후 형성된 고려 영토

통치기에 고려는 영토를 청천강에서 영흥만에 이르는 지역까지 확장할 수 있었지요.

총 10개 조항으로 되어 있는 훈요 10조를 들여다보면 태조의 정책과 고려의 건국 이념을 잘 알 수 있어요. 불교를 적극 보호하고 장려하라는 숭불 정책°도 훈요 10조에 담겨 있어요. 연등회와 팔관회처럼 불교와 토속 신앙을 결합한 행사도 장려했지요.

이처럼 태조는 민족 화합과 북진 정책, 숭불 정책을 폈어요. 동시에 민심을 안정시키는 데에도 많은 노력을 기울였어요.

고려가 통일하기 전까지 수많은 전쟁이 터졌고, 귀족들은 가혹한 세금을 백성에게 부과했어요. 여기에 자연재해까지 겹쳤지요. 백성들의 삶이 얼마나 힘들었겠어요? 태조는 호족들이 함부로 세금을 거두지 못하도록 했고, 흑창이란 기관을 설치해 빈민을 구제했어요. 흑창은 봄철에 곡식을 빌려주었다가 추수 후에 돌려받는 기관이었는데, 나중에 의창으로 이름을 바꾼답니다.

태조는 호족을 통합하기 위한 정책도 폈어요. 사실 호족과의 관계는 매우 복잡해요. 우선 호족들은 태조가 전국을 통일하는 데 기여한 일등 공신이었어요. 하지만 호족의 세력이 지나치게 커지면 태조에게 부담이 크죠. 당시에 호족들은 자기 군대를 거느리며 자신의 지역을 지배했어요. 그런 호족들의 세력이 강해지면 왕권을 위협하지 않겠어요? 실제로 일부 호족은 왕에 버금가는 세력을 가지고 있기도 했어요.

● 숭불 정책 불교를 장려하고 숭상하는 정책

바로 이런 점 때문에 태조는 호족들과 원만한 관계를 유지하려 했어요. 이를 위해 태조는 직접 호족의 딸을 아내로 맞아들이는 혼인 정책을 폈지요. 그 결과 태조의 부인은 왕후만 6명, 후궁은 23명이나 됐어요. 그 부인들이 낳은 자식만 34명이었지요. 태조는 또 호족들에게 관직과 토지를 하사했어요. 이와 별도로 왕족의 성씨인 왕씨를 내리기도 했는데, 이를 사성 정책이라고 해요. 사성賜姓은 성을 하사한다는 뜻이에요.

　또한 일부 호족들에게는 사심관이란 직책을 주고 그들의 출신지를 통치하도록 했어요. 호족들을 지방 통치에 활용한 이 정책을 사심관 제도라고 하지요.

　너무 호족들에게 휘둘린 것 아니냐고요? 그렇지는 않아요. 태조가 호족의 눈치만 본 것은 아니에요. 태조는 호족의 자제를 수도인 개성에 머물도록 했어요. 그 자제들로 하여금 출신 지역의 사정에 대해 자문을 얻는다는 것이 외형상 이유였어요. 물론 진짜 이유는 따로 있었어요. 호족의 자제들을 수도에 볼모로 잡아 둠으로써 지방에 있는 호족이 함부로 날뛰지 못하도록 하려는 거였죠. 이를 기인 제도라고 해요. 이외에도 태조는 신하의 도리를 강조하기 위해 〈계백료서〉를 지어 따르도록 했다고 알려지고 있어요. 다만 이 글은 현재 전하지 않는답니다.

# 귀족들이 과거 제도를 반대한 까닭은?
└광종의 왕권 강화 정책

태조가 세상을 떠나자 고려 왕실에 큰 혼란이 닥쳤어요. 태조가 많은 왕비를 둔 것이 결국엔 문제가 된 거예요. 외척*도 많고 왕자도 많으니 왕위를 놓고 치열한 권력 다툼이 벌어질 수밖에 없었어요. 태조의 뒤를 이은 혜종2대과 정종3대은 왕좌에 앉아 있을 뿐, 제대로 왕의 권위를 누리지 못했어요. 그러다 보니 큰 업적도 남기지 못했지요.

이어 정종의 동생이 광종4대에 올랐어요. 보통은 왕위를 큰아들에게 물려주죠? 하지만 고려의 2·3·4대 왕은 모두 형제였답니다. 외척의 권력 다툼 때문에 형제들에게 왕좌가 계속 넘어간 거예요.

광종은 개혁을 하지 않으면 왕은 허수아비가 되어 버릴 거라고 생각했어요. 무엇보다 외척과 호족의 세력을 약화시키는 게 중요했어요. 하지만 광종도 당장 개혁에 착수할 수는 없었어요. 아직 호족과 외척의 세력이 강하니 섣불리 개혁을 추진했다가 도리어 그들에게 당할 수 있으니까요.

광종은 일단 참고 견뎠어요. 분위기가 무르익을 때까지 묵묵히 힘을 기르기로 한 거예요. 그렇게 7년이 흘렀어요. 어느 정도 왕권이 강화되자 광종이 마침내 개혁의 칼을 빼들었어요. 첫 번째 폭탄 선언을 했는데, 바로 노비안검법을 시행한다는 내용이었어요956년.

● 외척 어머니 쪽의 친척. 왕실에서는 왕비 또는 후궁의 친척으로, 왕권을 강화하는 데 걸림돌이 되고는 했고, 권력이 강한 외척 세력으로 인해 부패가 만연하기도 했다.

노비안검법은 전쟁 중에 붙잡혀 노비가 되었거나 빚을 갚지 못해 노비가 된 사람을 '보통 사람'인 양인*으로 돌려놓는 제도였어요. 호족들은 크게 당황했어요. 일단 노비가 줄어드니 경제적 이득이 줄어들겠죠? 게다가 호족들은 노비를 무장시켜서 자신에게 충성하는 군대인 사병私兵으로도 활용하고 있었어요. 이런 노비를 줄이겠다니 호족들이 당황할 수밖에 없죠.

노비안검법이 시행된 후 고려는 어떻게 달라졌을까요? 우선 양인의 수가 늘어났어요. 당시 귀족들은 국가에 세금을 내지 않았어요. 세금은 양인만 냈어요. 그 양인이 늘어났으니 국가 재정이 튼튼해졌죠. 반대로 호족의 경제력은 약해졌어요. 왕권을 강화하기 위한 광종의 첫 번째 모험이 어느 정도는 성공한 셈이지요?

이 제도가 시행된 후 호족들은 강하게 반발했어요. 하지만 일단 칼을 빼어 든 광종은 더 강하게 밀어붙였어요. 이어 두 번째 폭탄선언이 나왔어요. 중국 후주에서 귀화한 유학자 쌍기가 건의한 과거제를 전격 시행한 거예요958년. 중국 후주란 나라가 처음 등장하지요? 잠시 이 무렵의 중국 역사를 살펴보고 가야 할 것 같네요. 우리 역사는 중국과 밀접하게 관련이 있으니까요.

위진 남북조 시대를 끝낸 나라는 수였지요? 그 수는 금방 멸망했고, 7세기 초에 당이 등장했어요. 당은 약 300년간 중국을 통치한 뒤 멸망했어요. 그 후 중국은 또다시 혼란과 분열의 시대로 접어들었어요. 중심부에 5개 나라, 주변에 10개 나라가 건국되었다 멸망

● **양인** 귀족과 천민 사이의 일반 백성

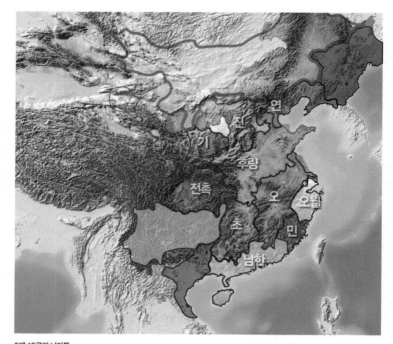

**5대 10국의 나라들**
후량이 중심부 국가에 해당한다. 후량은 진을 병합한 뒤 '후당▶후진▶후한▶후주'로 이어진다. 후량부터 후주까지 다섯 나라
가 '5대'에 해당한다.

하기를 반복했지요. 이를 5대 10국˚ 시대라고 해요. 10세기 후반에
이 5대 10국 시대를 끝낸 나라가 한족이 세운 송이었어요. 쌍기의
고국인 후주는 5대 10국 중 중심부의 마지막 나라였답니다.

자, 다시 고려로 돌아왔어요. 광종이 과거제를 시행한 이유가 뭘
까요? 무엇보다 젊고 새로운 인재를 등용하기 위해서였어요.

그전까지는 주로 음서를 통해 관리를 선발했어요. 음서는 왕족
의 후손, 공신의 자제, 5품 이상 관료의 자제가 시험을 치르지 않

• 5대 10국 907년에 당이 멸망한 뒤 979
년에 송이 중국을 통일할 때까지 등장
한 다섯 왕조와 곳곳에 일어난 열 개의
나라를 일컫는다.

고 벼슬을 얻는 제도예요. 이렇게 해서 얻은 관직은 대를 이어 세습되었어요. 물론 그 사람의 능력과는 아무런 관련이 없어요. 어떤 가문 출신이냐에 따라 관직이 결정된 것이지요. 반대로 능력이 출중해도 가문이 변변치 않으면 관리가 될 수 없었어요. 이처럼 귀족과 고위 관료°들은 음서를 통해 관직을 독차지하고 있었어요. 이 관료들은 왕이 아닌, 귀족 가문들에 충성했어요. 그러니 왕권이 강해질 수가 없죠.

나라를 제대로 운영하려면 실력 있는 관리가 필요해요. 또한 왕에게 충성하는 관리도 필요하죠. 과거제를 통해 그런 관리를 선발할 수 있게 되었어요. 과거제가 시행되자 유교 학식과 능력을 갖춘 젊은 인재들이 조정으로 들어왔어요. 과거를 통해 등용된 관리들은 왕에게 충성을 맹세했지요.

이후 과거 시험은 고려와 조선 시대에 관리를 뽑는 중요한 선발 제도가 된답니다. 그러니 과거 시험에 대해 조금만 더 살펴보고 넘어갈게요.

고려 시대의 과거 시험은 크게 문과, 잡과, 승과 세 분야로 나누었어요. 문과는 문관을 뽑는 시험인데, 다시 문장 실력을 겨루는 제술과와 유교 경전을 얼마나 잘 이해하고 있는지를 겨루는 명경과로 나뉘었어요. 잡과는 법률이나 회계, 지리 등 실용적인 분야의 기술관을 뽑는 시험이었어요. 승과는 불교의 행정을 담당하는 승려를 뽑는 시험이었지요.

● 관료 정치에 영향력을 가진 고급 관리들이 이룬 집단

고려 시대에는 무관을 뽑는 무과가 시행되지 않았어요. 무관은 어떻게 뽑았을까요? 따로 시험을 치르지는 않았고 무예를 잘하거나 체격 조건이 좋은 사람들을 추려서 무관으로 임명했답니다. 무과는 조선 시대에 가서야 시행됐어요.

고려 시대에는 양인이라면 누구나 과거 시험에 응시할 수 있었어요. 하지만 실제로는 중소 지주 출신이나 지방 향리 출신이 주로 과거 시험에 응시했어요. 이들 중 일부는 귀족에 버금가는 명문 가문으로 성장하기도 했지요. 고려 후기에는 이들이 새로운 정치 세력을 형성하는데, 그들을 가리켜 사대부*라고 한답니다.

노비안검법에 과거제까지 시행되었으니 왕권이 상당히 강화되었겠죠? 광종은 여기에서 더 나아가 관리들이 조정에 나갈 때 입는 공복의 색깔을 관직에 맞게 정하고 서열을 확정했어요. 이를 통해 관리의 기강을 엄격하게 잡았지요.

개국 공신들과 호족들은 광종의 조치에 강하게 반발했어요. 하지만 광종은 눈도 깜짝하지 않고 그들을 대대적으로 숙청했어요. 이로써 중앙 집권 체제의 토대를 확실히 구축했어요. 실제로 광종은 고려 전기의 왕 가운데 가장 강력한 군주로 꼽혀요. 광종은 스스로를 황제라 불렀어요. 고려의 수도인 개경은 왕도가 아니라 황제의 수도란 뜻의 황도라 부르도록 했어요. 또한 광덕, 준풍과 같은 독자 연호를 사용했어요. 당시 중국과 고려가 대등하다는 사실을 만천하에 선포한 거예요. 광종의 패기가 대단하지요?

* 사대부 벼슬이나 문벌이 높은 가문의 사람. 고려 시대에는 대대로 귀족 행세를 했던 문벌 귀족이나 권문세족과 비교하여 시험을 통해 관리로 등용된 사람을 일컫는다.

## 인품이 좋은 사람에게 토지를 준 이유는?
└토지 제도의 개편과 전시과 시행

광종의 왕권 강화 노력으로 호족은 몰락했을까요? 꼭 그렇다고 할 수는 없어요. 호족들도 제 살길을 찾았거든요. 호족의 처지에서 본다면, 광종에게 계속 반발할 경우 모든 특권을 잃게 돼요. 하지만 타협한다면 생존할 수 있어요. 그렇다면 타협하는 게 옳겠죠? 이때부터 호족들은 광종의 지배를 받아들이면서 중앙 귀족으로 변신하기 시작했어요. 어떤 호족 가문은 왕실과 혼인을 맺어 권력을 유지했지요.

요약하자면, 왕권이 강해지면서 호족들이 중앙 귀족으로 변신하기 시작한 거예요. 호족들은 원래 자기가 다스리던 지방에서 왕과 같은 권력을 누렸어요. 호족들은 이 권력을 내놓는 대신 수도 개경에 머물며 중앙 귀족으로서의 권력을 얻었지요. 이들을 문벌\* 귀족이라고 한답니다.

문벌 귀족이 받는 특혜는 많았어요. 이미 말한 음서가 대표적이에요. 음서를 통해 왕족이나 개국 공신의 후손, 5품 이상 관리의 자제가 관직을 얻었지요? 또 다른 특혜로는 땅이 있어요. 귀족들은 토지를 넉넉히 받았어요. 개국 공신들은 역분전이란 토지를, 5품 이상은 공음전이라는 토지를 챙겼지요. 음서와 마찬가지로 이 토지들도 세습할 수 있었어요.

● 문벌 어떤 집안이 대대로 누리는 사회 적 신분이나 지위

그렇다면 문벌 귀족을 뺀 나머지 관리들은 토지를 받지 못했을까요? 그건 아니에요. 토지를 얻지 못하면 관리들은 생계를 꾸릴 수 없어요. 그러니 관리들에게도 토지를 주어야 해요. 만약 왕권이 약했다면 호족들이 그 모든 토지를 가지려 했을 거예요. 다행히 광종이 강력한 개혁을 추진해 왕권을 강화한 덕분에 경종5대은 토지 제도를 개혁할 수 있었어요. 경종이 마련한 새 토지 제도가 바로 전시과였어요976년.

전시과는 전직과 현직 관리 모두를 벼슬에 따라 18등급으로 나누어 토지를 주는 제도였어요. 벼슬이 높은 사람에게는 토지를 더 주었고 낮은 사람에게는 덜 주었지요. 이와 별도로 인품이 뛰어난 사람에게도 토지를 주었어요.

정부가 나누어 준 토지는 크게 두 종류인데, 하나는 곡물을 얻기 위한 전지이고 또 하나는 땔감을 얻기 위한 시지예요. 사실 엄밀히 말하면 정부가 관리들에게 토지를 준 건 아니에요. 토지가 아니라 그 토지에서 나는 세금을 정부 대신 가져갈 수 있는 권리인 수조권을 준 거예요. 수조권을 챙기던 관리가 사망하면 토지를 반납하는 게 원칙이었어요. 하지만 관리들은 한 번 받은 토지는 절대 반환하지 않았어요. 이러니 얼마 지나지 않아 토지 부족 사태가 발생했어요.

정부는 고민 끝에 전시과를 개정했어요. 목종8대 때 개정한 이 전시과를 개정 전시과라고 해요998년. 개정 전시과의 토지 지급 기준에서는 인품이 빠졌어요. 전직과 현직 관리에게만 수조권을 준 거지요.

사실 이 인품이란 기준은 상당히 애매모호해요. 인품이 뛰어나다는 것을 어떻게 증명하겠어요? 그런데도 전시과를 시행할 때 이 기준을 넣은 것은 개국 공신들에게 토지를 주기 위해서였어요. 쉽게 말해 개국 공신이 인품이 뛰어나기 때문에 수조권을 준다는 논리였지요. 목종 때는 이런 개국 공신들이 거의 사라졌으니 인품이란 기준이 더 이상 필요 없게 됐어요. 그러니 뺐던 거죠.

제도를 한 번 손보았는데도 여전히 토지가 부족했어요. 문종10대 때 다시 전시과를 개정했는데, 이를 경정 전시과라고 해요1076년. 경정 전시과에서는 전직 관리는 빼고 현직 관리에게만 토지의 수조권을 주었어요. 관리들에게 지급할 토지가 부족해지니 이렇게 지급 대상을 줄인 거예요. 이 경정 전시과가 이후 고려 토지 제도의 기본 골격이 된답니다.

고려의 토지 제도를 살펴본 김에 화폐 제도에 대해서도 짚어 보고 갈까요?

성종6대 시절에 우리 역사상 처음으로 철로 된 화폐를 만들었어요. 이것이 바로 건원중보예요996년. 사실 이 화폐가 활발하게 유통된 것은 아니에요. 화폐가 본격적으로 유통된 것은 조선 시대 이후의 일이죠. 그래도 우리 역사에서 처음으로 발행된 화폐이니 알아 두면 좋겠지요?

건원중보 ⓒ국립민속박물관

# 불교 국가에서 유교를 장려한 이유는?
## └고려 전기의 체제 정비

이제 고려 전기의 통치 체제에 대해 본격적으로 살펴볼게요. 이 통치 체제는 성종6대 때 대대적으로 정비되었어요. 먼저 통치 이념부터 알아볼까요?

성종 시절 유학자 최승로가 '시무 28조'를 왕에게 건의했어요. 시무 28조는 '지금 나라가 해야 할 28개의 정책'이란 뜻이에요. 시무 28조의 핵심은 '유교를 국가의 통치 이념으로 삼는다.'였어요. 성종은 시무 28조를 받아들였어요. 이로써 유교 정치사상이 고려의 통치 이념이 되었어요.

고려를 연 태조가 불교를 육성하라고 했는데, 유교를 통치 이념으로 삼으면 태조의 유언을 어기는 것 아닌가요? 이와 관련해 최승로는 "불교는 개인의 수양을 위한 종교다."라고 했어요. 불교를 배척하는 것이 아니라 국가 통치에는 불교보다 유교가 더욱 적합하다는 뜻이지요.

최승로는 광종4대이 강력한 왕권을 무기로 호족과 공신 세력을 제압한 것은 유교 통치 이념에 어긋난 것이었다고 생각했어요. 유교 사상에 따르면 왕은 독재 정치를 해서는 안 되고 신하들과 조화를 이루어야 해요. 그러니 유교를 통치 이념으로 삼으려면 신하들의 권력, 즉 신권臣權을 존중해야 한다는 것이 최승로의 생각이었던 거예요.

당시 고위 관료는 모두 문벌 귀족이었어요. 신권이 존중되면 당연히 문벌 귀족의 지위가 보장될 뿐 아니라 영향력도 커질 거예요. 고려 전기에 중앙 집권 체제가 정착되고 왕권이 강해진 것은 분명하지만 동시에 유교적 통치 체제를 정비하는 과정에서 문벌 귀족의 세력까지 커진 거예요.

성종은 이어 중앙 정치 조직과 지방 행정 조직을 모두 정비했어요.

중앙 정치 조직은 당과 송의 제도를 바탕으로 하되, 고려의 실정에 맞추어 2성 6부제를 시행했어요. 2성은 국정을 총괄하는 최고 기관인 중서문하성과 6부<sup>이·병·호·형·예·공부</sup>를 총괄하는 상서성으로 되어 있어요. 중서문하성의 수장인 문하시중은 오늘날의 국무총리에 해당하는, 국왕에 이은 2인자의 자리였어요.

다른 조직도 볼까요? 중추원은 왕의 비서실 역할을 하는 동시에 군사 기밀과 왕명을 전달하는 일을 했어요. 어사대는 중서문하성의 3품 이하 관리인 낭사와 함께 관리를 감찰하고 왕을 견제하는 일을 했어요. 어사대는 오늘날로 치면 언론과 검찰 역할을 한 거예요.

이 밖에 삼사는 화폐·곡식의 출납과 회계를 담당했어요. 참고로 조선 시대에도 삼사가 있었어요. 하지만 조선 시대의 삼사<sup>사헌부, 사간원, 홍문관</sup>는 언론 역할을 했어요. 고려의 삼사와 많이 다르니 혼동하면 안 돼요. 조선 시대의 삼사와 같은 역할을 한 고려 시대의 조직은 어사대랍니다.

중앙 정치 조직을 살펴보면 고려가 귀족 사회였다는 사실을 보여 주는 단적인 증거를 찾을 수 있어요. 국방과 군사 문제를 논의하는 도병마사, 각종 제도에 대한 규칙을 만드는 식목도감이란 회의 기구가 따로 있었거든요. 이 도병마사와 식목도감은 고려에서만 볼 수 있는데, 중서문하성과 중추원의 고위 관료들만 참석할 수 있었답니다. 맞아요. 도병마사와 식목도감은 귀족들의 회의 기구였던 거예요.

지방 행정 조직은 어떻게 개편되었을까요?

성종은 중요한 지역에 12목을 설치해 목사라는 수령을 파견했어요. 그전까지는 호족이 지방을 통치했죠? 성종 이후로는 지방에까지 관리를 보낼 정도로 중앙 집권 체제가 확실히 자리 잡았다는 사실을 확인할 수 있죠? 지방 행정 조직을 개편하는 작업은 이후 지속적으로 이루어져서 현종<sup>8대</sup> 때 완성됐답니다. 모든 작업이 끝난 후 고려의 지방 행정 조직은 어떤 모습일까요?

전국은 수도 개경이 있는 경기와 5도 양계로 나누었어요. 5도는 일반 행정 구역으로 안찰사를 파견해 통치하도록 했어요. 양계는 북쪽의 국경 지역에 설치된 것으로 병마사를 파견했어요. 안찰사는 행정 업무를 주로 담당했고 병마사는 군사 업무를 담당했답니다.

5도 아래에는 주, 군, 현을 두고 지방관을 파견했어요. 다만 모든 군, 현에 지방관을 파견하지는 못했어요. 지방관이 파견되지 않은 곳은, 다른 지역에 속한다는 뜻으로 속군, 속현이라고 했어요. 속군, 속현의 행정 업무는 그 지방의 향리˚가 담당했지만 지방관이 파견된 인근 군·현의 통제를 받았어요.

양계 밑으로는 군사 요충지에 도호부나 진을 설치했어요. 이와 별도로 하층민이 거주하는 특수 행정 구역으로 향, 부곡, 소가 있었어요. 향과 부곡의 주민들은 주로 농업과 관련된 일을 했어요. 소의 주민들은 종이나 자기, 먹 등 관청이 필요로 하는 물품을 생산했지요.

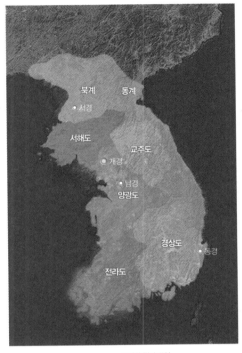

고려의 행정 구역

고려 시대의 수도는 개경이었지요? 이와 별도로 서경平壤, 동경慶州 등 2곳의 수도가 더 있었어요. 이 셋을 합쳐 3경이라 불렀어요. 이 가운데 동경은 나중에 반란이 일어나서 수도의 지위를 박탈당한답니다. 그때는 동경 대신 남경서울이 새로 3경에 포함되었어요.

군사 조직도 여러 차례 정비되다가 현종 때 완성되었어요. 중앙군은 2군 6위로 구성되었어요. 2군은 왕의 친위 부대였고, 6위는 수도와 국경을 방위했지요. 2군 6위에 소속된 군인은 직업 군인으로 군인전이란 토지를 따로 받았어요. 2군 6위의 장수들은 중방에 모여 회의를 했는데, 이 중방이 무신 정변 이후에는 최고 의사 결정 기구로 떠오르죠.

˚ 향리 고려 시대와 조선 시대에 지방에 파견된 관리 밑에서 일을 보던 사람. 공식적인 관직이라기보다는 집안 대대로 대물림된 직업이었다.

**최충**
고려 전기의 문신이자 유학자. 최고 직책인 문하시중을 지냈다. 은퇴한 뒤 사설 교육 기관인 구재학당을 세워 후학을 양성했다.

지방의 군대로는 주현군과 주진군이 있었어요. 주현군은 주와 현에 있는 지방군이었고, 주진군은 군사 지역인 양계에 배치된 군대였어요.

성종은 교육 기관도 재정비했어요. 성종은 유교를 국가 통치 이념으로 삼았죠? 그러니 유교를 공부할 학교가 있어야 해요. 성종은 최고 교육 기관인 국자감을 수도인 개경에 세웠어요. 국자감에서는 주로 유교 경전을 가르쳤는데, 수학이나 법률 같은 기술학도 가르쳤어요. 이 국자감에서 문벌 귀족의 자제들은 유학을 공부했어요. 국자감은 뒤에 국학이라 부르다가 고려 후기에 성균관으로 바꿔 불렀어요. 그 성균관이 오늘날 성균관 대학교의 시작이지요.

지방에도 유학을 가르치는 기관이 있었어요. 지방의 유학 교육 기관은 향교였는데, 여기에서 유교 경전을 익히고 역사를 공부했지요. 향교에는 경학박사˙나 의학박사˙가 파견되어 학생들을 가르쳤어요.

유학을 가르치는 사설 학교들도 있었어요. 대표적인 것이 최충의 구재학당이었어요. 학교에 아홉 개의 재齋˙가 있다고 해서 이런 이름을 붙였지요. 고려 전기에는 이 구재학당을 포함해 총 12곳의 사립 학교가 꽤 유명했어요. 이 학교들을 사학 12도¹²공도라고 하지요.

자, 이렇게 해서 고려의 통치 체제 정비 작업이 마무리되었어요. 그동안 문벌 귀족들은 가문과 가문의 결합을 통해, 혹은 왕실과 혼인함으로써 세력을 키우고 있었어요. 이런 가운데 상대적으로 지

˙ **경학박사** 고려 시대에 지방 교육을 담당하기 위해 파견한 벼슬
˙ **의학박사** 고려 시대에 지방 교육을 담당하기 위해 경학박사와 함께 파견한 벼슬
˙ **재** 고려와 조선 시대의 교육 기관에서 유학을 공부하는 학생(유생)들이 머물던 기숙사

위가 낮았던 무인의 불만이 서서히 커지고 있었어요. 그리고 북방의 유목 민족도 힘을 키우고 있었지요. 이 모든 상황이 나중에 큰 사건들로 이어진답니다.

## 묘청과 김부식, 누가 옳을까?
### ∟이자겸의 난과 묘청의 난

고려 전기의 문벌 귀족은 여러 가지 특권을 누리기는 했지만 민족의 패기를 잃지는 않았어요. 고구려를 계승하겠다는 자주 의식도 강했지요. 하지만 12세기 이후로 권력에 맛을 들인 그들은 패기를 잃었어요. 웅덩이에 고인 물은 썩기 마련이지요. 문벌 귀족이 딱 그랬어요. 문벌 귀족은 주요 관직을 독차지하고, 악착같이 땅을 늘려 대농장을 운영했어요. 문벌 귀족의 폐해가 나타나기 시작한 거죠.

타락한 문벌 귀족들은 백성을 가혹하게 수탈했어요. 백성이 부담해야 할 세금도 점점 늘어났지요. 민심이 불안해지니 사회도 혼란스러울 수밖에요. 하지만 문벌 귀족은 그러한 사회를 개혁할 마음이 조금도 없었어요.

여러 문벌 귀족 중에 가장 권력이 강했던 가문은 경원 이씨 가문이었어요. 경원 이씨 가문은 여러 차례 왕비를 배출한 대표적인 외척 세력이었죠. 이자겸은 그런 상황을 이용해 최고의 권력자가 되었어요.

이자겸은 처음에 둘째 딸을 예종[16대]에게 시집보냈어요. 그 딸은 왕자를 낳았고, 이 왕자가 인종[17대]이 되었지요. 그러니까 인종은 이자겸의 손자인 거예요. 그런데 이자겸은 인종에게 셋째 딸과 넷째 딸을 시집보냈어요. 손자에게 딸을 시집보낸 거예요. 인종의 처지에서 보면 이모들과 결혼한 거죠. 그러니 인종에게 이자겸은 외할아버지이면서 장인이 돼요. 아무리 권력 욕심이 강하다지만 족보를 엉망진창으로 만들어 놓다니, 좀 심하죠?

이런 상황이었으니 이자겸의 권력은 왕을 능가했어요. 이자겸은 정치와 군사를 총괄하는 지군국사라는 벼슬에 올라 권력을 마음대로 휘둘렀어요. 왕에게조차 "내 집에 와서 결제를 받으시오!"라고 할 정도였지요.

신변에 위협을 느낀 인종은 이자겸을 제거하려고 했어요. 하지만 인종이 움직이기도 전에 이자겸이 이 사실을 알아챘어요. 이자겸은 곧바로 측근인 척준경과 함께 반란을 일으켰어요. 이자겸 일당은 궁궐에 불을 지르고 인종을 가두었어요. 이 사건이 이자겸의 난이에요.[1126년]

모든 권력을 쥔 이자겸은 더욱 기고만장했어요. 고려 왕실이 위태롭게 됐어요. 인종과, 인종을 따르는 신하들은 이자겸의 측근인 척준경에게 접근했어요. 이자겸과 척준경의 사이가 살짝 벌어졌거든요. 인종은 척준경을 회유해 이자겸을 체포하도록 했어요.

이렇게 해서 이자겸의 난은 끝이 났지만 왕의 권위는 바닥으로 추락하고 말았어요. 개경의 궁궐도 불에 타 버렸잖아요? 이후 개경의 기운이 약해졌기 때문에 이런 사태가 일어났다는 이야기가 흘러나왔어요. 풍수지리설이 퍼지기 시작한 거예요. 고려의 정치가 상당히 어수선해졌지요?

인종은 문벌 귀족들에게 휘둘리지 않기 위해 신진 세력을 등용했어요. 윤언이, 정지상 같은 인물이 대표적이에요. 이들은 인종에게 서경<sup>평양</sup> 출신의 승려인 묘청을 소개했어요. 묘청은 서경에 궁궐을 지으면 여진족이 세운 금이 항복하고 주변의 서른여섯 국가가 스스로 신하가 될 것이라며 서경 천도˙를 주장했어요. 금과 고려와의 관계에 대해서는 뒤에서 다시 다룰 거예요. 여기서는, 금이 고려를 상당히 압박하고 있었다는 정도로만 이해하면 돼요.

묘청이 제기한 이 풍수지리설에 인종이 설득되었어요. 묘청은 나아가 이렇게 말했지요. "고려만의 독자 연호를 쓰고, 황제의 국가임을 선포하소서. 더 이상 금에 사대˙하지 말고 금을 정벌하소서."

귀가 솔깃해진 인종은 묘청의 제안을 따랐어요. 곧 서경에 대화궁이란 궁궐을 짓고는 자주 행차했어요. 황제의 꿈을 꾸면서 말이죠. 그런데 갑자기 서경 세력이 반란을 도모한다는 소문이 돌기 시작했어요. 누가 이 소문을 퍼뜨렸을까요? 바로 개경의 문벌 귀족들이었어요. 서경으로 수도를 옮기면 개경 귀족의 세력이 약해지니까 그런 거예요. 대표적인 개경 문벌 귀족으로, 《삼국사기》를 쓴 김부

● 천도 나라의 수도를 옮기는 일
● 사대 약자가 강자를 섬기고 따름

**고려 인종의 시호를 올리며 지은 글**
인종이 사망한 뒤 지어진 것으로, 인종의
업적을 기리고 공덕을 칭송하는 내용이
담겨 있다. 특히 묘청의 난을 진압한 일을
높이 사고 있다. ⓒ국립중앙박물관

식은 "서경 대화궁 주변에 벼락이 떨어졌다는데, 이
는 그곳이 재앙의 땅이지 길한 땅이 아니란 증거다."
라면서 서경 천도를 반대했어요. 뒷맛이 개운하지 않
았는지 인종은 결국 서경 천도를 중단했어요.

묘청에게는 날벼락 같은 소식이었어요. 수도를 북
쪽에 있는 서경으로 옮기면서 북진 정책을 꿈꾸었는
데, 야망이 물거품이 되어 버렸으니까요. 결국 묘청은
대위국이라는 새 나라의 건국을 선포했어요. 네, 반란
을 일으킨 거예요. 이것이 바로 묘청의 난이에요.[1135년]

반란이 일어나자 개경 귀족들은 똘똘 뭉쳐 진압군을 파견했어요.
이 진압군의 사령관이 김부식이었어요. 묘청은 서경 세력을 모아
저항했지만 역부족이었어요. 이후로도 묘청의 난은 1년간 계속되
었지만 결국 김부식의 군대에 진압되었어요. 그 결과 북진의 꿈은
좌절되었고, 꺾일 것 같았던 문벌 귀족은 되살아났지요.

묘청과 김부식에 대한 역사학계의 평가는 다양해요. 일제 강점기
의 민족 사학자 신채호는 묘청의 난을 "조선[고려부터의 우리 민족] 역사 1,000
년간 최대의 사건"으로 규정했어요. 또 그는 "묘청의 난은 진보 사
상 대 보수[수구] 사상, 독립당 대 사대당의 대결이었으며 묘청이 패했
기 때문에 우리 민족이 후퇴를 했고, 훗날 일제의 지배를 받게 되었
다."라고 한탄했어요. 묘청을 상당히 높이 평가하고 있지요?

하지만 많은 학자들이 이 평가에 완전히 동의하지는 않아요. 묘

청이 자주 정신이 뛰어난 인물이었던 것은 맞지만 보수적 유학자의 길을 택한 김부식이 틀렸다고 일방적으로 평가하는 것은 옳지 않다는 것이지요. 실제로 당시 국제 정세를 고려하면 금과 전면전을 벌였다가 고려가 멸망할 수도 있었어요. 어느 쪽의 평가가 더 타당할까요? 두고두고 생각해 봐야 할 문제인 것 같아요.

## 펜이 강할까, 칼이 강할까?
### └무신 정변과 무신 정권 수립

이자겸의 난과 묘청의 난이 잇달아 발생한 후 고려는 상당히 어수선해졌어요. 문벌 귀족들은 자기들끼리 똘똘 뭉쳤고, 왕권은 추락했어요. 개혁하지 않고서는 고려가 깊은 침체의 늪에서 헤어나지 못할 것 같았어요. 인종의 아들로 왕에 오른 의종¹⁸ᵈᵉ도 같은 생각을 했어요. 의종은 이자겸의 난에서 큰 교훈을 얻었어요. 권력이 약한 왕은 아무것도 하지 못한다는 것이지요. 의종은 왕권을 강화하기 위해서는 문벌 귀족의 세력을 약화시켜야 한다고 생각했어요.

의종은 문벌 귀족을 대신해 무신과 환관을 측근으로 두었어요. 이 사실을 안 문벌 귀족들이 가만히 있었을까요? 문벌 귀족들은 까불지 말라며 의종을 위협했어요. 의종은 힘이 없었어요. 결국 모든 것을 포기하고 정치를 멀리하기 시작했어요. 연일 흥청망청 잔치나 열었지요.

의종의 타락은 무신들을 크게 실망시켰어요. 그전까지 무신들은 문벌 귀족, 즉 문신들로부터 갖은 멸시와 차별을 당해 왔어요. 무신은 2품 이상의 관직에 오를 수 없었어요. 무신이 오를 수 있는 가장 높은 관직은 정3품 상장군이었어요. 하지만 무신의 으뜸인 상장군, 대장군이라 하더라도 군대 전체의 지휘관이 될 수는 없었어요. 전쟁을 지휘하는 사람은 문신이었지요. 실제로 고려 때 군사적으로 큰 공을 세운 서희, 강감찬, 윤관이 모두 문신이었답니다. 이는 과거 시험을 통해 따로 무신을 선발하지 않은 결과예요.

뿐만 아니라 무신들에게는 토지도 제대로 지급되지 않았어요. 계급이 낮은 하급 군인들은 정부가 시행하는 여러 공사에 동원되었기 때문에 더욱 불만이 많았지요. 이런 상황에서 의종이 무신을 등용하자 무신들은 "이제 우리에게도 볕이 드는구나."라고 환영했어요. 그런데 모든 기회가 도루묵이 되고 문벌 귀족이 다시 권력을 장악했으니 무신들의 불만이 커질 수밖에 없었지요.

불만이 쌓이고 쌓이면 언젠가는 터지기 마련이에요. 불만의 정도가 클수록 터지는 폭탄의 위력도 커지지요. 고려는 시한폭탄을 장착한 것처럼 위태로웠어요. 그러다가 마침내 시한폭탄이 터지고 말았어요.

사건은 보현원이란 곳으로 의종과 신하들이 나들이를 떠났을 때 터졌어요. 행차 도중에 넓은 공터가 나타나자 휴식을 취하기로 했

어요. 무료한 시간을 달랠 겸 왕이 무신들에게 수박희*

대련을 하도록 했어요. 수박희는 무신들이 몸을 단련하

는 무술이에요.

고려 시대의 동으로 만든 칼
©국립중앙박물관

　이 수박희 겨루기에서 50대의 대장군 이소응이 젊은

병사에게 졌어요. 체력이 달리다 보니 장수라 하더라도

젊은 병사를 이길 수는 없었을 거예요. 당연한 결과였죠. 그런데 젊

은 문신 한뢰가 대뜸 이소응의 뺨을 때렸어요. 대장군이 젊은 병사

하나 이기지 못하느냐는 거예요. 왕과 문신은 모두 낄낄거리며 웃

었어요. 반면 무신들의 분노는 하늘을 찔렀어요.

　얼마 후 목적지인 보현원에 도착했어요. 바로 그때 무신의 우두

머리인 상장군 정중부의 신호가 떨어졌어요. 무신들은 일제히 들

고일어나 문신들을 닥치는 대로 죽였어요. 나중에는 의종도 왕위

에서 끌어내리고, 의종의 동생을 명종[19대]에 앉혔지요. 이 사건이 바

로 무신 정변이에요.[1170년]

　곧 무신들이 모든 권력을 장악했어요. 문벌 귀족의 시대가 끝나

고 무신 정권 시대가 시작된 거예요. 무신 정권 시대에는 칼이 곧

법이었어요. 문신들은 무신을 보좌하는 역할에 만족해야 했지요.

칼이 펜을 이긴 거예요.

　무신 정권 시대에는 무신들의 최고 회의 기구인 중방을 장악하

는 자가 최고 권력자가 되었어요. 그러니 무신들은 중방의 수장 자

리를 차지하려 치열한 권력 다툼을 벌였어요. 일단 최고 권력자가

* 수박희 우리나라의 전통 무예 가운데
　하나

되었다고 해도 안심할 수는 없었어요. 누가 언제 자신의 목을 노릴지 모르니까요.

처음에는 정중부의 부하였던 이의방이 모든 무신을 제압하고 최고 권력자가 되었어요. 하지만 이의방은 4년 만에 정중부 세력에 의해 제거되었어요. 정중부가 최고 권력자가 되었지만 그 또한 5년 후 경대승에게 제거되었지요. 경대승은 자신도 피살될지 모른다는 두려움에 사병 조직을 만들었어요. 이 조직이 도방이에요. 이후 도방은 무신 정권의 최고 권력자를 지키는 경호대 역할을 했어요.

다시 5년이 흘렀어요. 경대승은 병으로 세상을 떠났고, 이의민이 최고 권력자의 자리를 계승했어요. 무신 정권이 들어서고 10년이 넘는 세월이 흘렀는데 무신들의 패권 다툼은 이처럼 도통 끝날 것 같지 않았어요. 이의민은 권력을 유지할 수 있을까요?

## 중서문하성이 약해진 까닭은?
└ 최씨 정권의 성립

이의민은 10년 넘게 권력을 유지했어요. 하지만 이의민의 운명도 무신 정권의 역대 최고 권력자와 크게 다르지 않았어요. 이의민을 제거하고 최고 권력자의 자리에 오른 인물은 최충헌이었어요. 이후 최충헌은 최고 권력자 자리를 아들에게 물려주었어요. 마치

왕이 태자에게 왕위를 넘겨주듯이 말이지요. 그래서 앞선 무신 정권과 달리 이때부터의 무신 정권을 최씨 정권이라고 한답니다[1196년].

이전의 무신 정권과 달리 최씨 정권은 나름대로 개혁을 추진했어요. 당시 사원과 승려 세력의 부패가 심했는데, 최충헌은 사원과 승려들을 강하게 억눌렀어요. 무신 정권이지만 문신들도 적극 등용해서 정책에 자문을 하도록 했지요. 이런 개혁들은 잠시 민심의 지지를 얻었어요. 하지만 전반적으로는 최씨 정권도 민심을 얻지는 못했어요. 그 본질이 독재 정치였으니까요.

경대승은 신변을 보호하기 위해 도방을 만들었지요? 최충헌은 여기에 추가로 교정도감을 만들었어요. 교정도감은 최충헌을 암살하려는 음모를 파헤치고 주모자를 잡기 위해 만든 임시 기구였어요. 하지만 최충헌은 교정도감을 곧 상설 기구로 변화시키고, 모든 국정을 교정도감에서 처리했지요. 교정도감의 수장을 교정별감이라고 했는데, 교정별감은 당연히 최충헌 자신이었어요. 교정도감이 최고 국정 기구가 되자 중서문하성은 이름만 남아 있는 껍데기가 되어 버렸어요. 교정도감은 무신 정권이 끝날 때까지 유지되었답니다.

정치와 군사 영역을 최충헌이 장악하자 왕은 허수아비가 되었어요. 명종[19대], 신종[20대], 희종[21대]은 모두 최충헌에 의해 쫓겨나거나 죽음을 맞았어요. 희종 또한 최충헌을 암살하려는 모의를 했다는 구실로 쫓겨났지요. 최충헌은 예전에 쫓아냈던 명종의 아들을 궁으로 불러 강종²²대에 앉혔어요. 최충헌 집권 기간에 이 4명 외에도 23대 고종까지 5명의 왕이 모두 허수아비 노릇을 해야 했답니다.

절대 권력자 최충헌이 죽자 그의 아들 최우가 권력을 이어받았어요. 무신 정권 시대의 권력자들은 늘 불안했나 봐요. 도방, 교정도감에 이어 최우는 자신을 보호하고 치안과 같은 국가 업무를 맡길 삼별초를 신설했어요.

삼별초는 도적을 잡기 위한 특수 조직인 야별초에서 시작했어요. 야별초 인원이 늘어나자 이를 좌별초와 우별초로 나누었어요. 몽골의 포로가 되었다가 탈출한 병사들로는 신의군을 만들었지요. 이 좌별초, 우별초, 신의군을 합쳐 삼별초라 불렀어요. 삼별초는 최씨 정권만을 위해 충성했는데, 훗날에는 최후까지 대몽 항쟁을 벌인 조직으로 유명하죠.

최우는 자신의 집에 정방이란 인사 기관을 설치했어요. 정방은 정부의 인사 행정을 총괄했는데, 이처럼 중요한 기관을 집에 둔 거예요. 사실상 집에서 국정을 수행한 셈이지요. 이 정방은 무신 정권이 끝날 때까지 지속되었어요.

최우는 유학자와 문인을 적극 우대해 서방이란 기관에서 활동하게 했어요. 서방 또한 최우의 집에 있었어요. 서방을 드나드는 문인들은 정방에서도 일하면서 최우에게 정부 정책에 대해 적극적으로 조언하고 자문했어요. 이 서방은 무신 정권이 무너진 후에도 한동안 사라지지 않았어요. 이 서방 출신들이 고려 말기에 사대부로

부상하게 되지요. 이때 최우의 서방에서 활동했던 대표적인 인물이 《동국이상국집》을 지은 이규보랍니다.

최우에 이어 최항, 최의 등으로 최씨 정권이 이어졌어요. 그러다가 김준이 최의를 제거하고 권력을 잡으면서 최씨 정권도 몰락하고 말았어요[1258년]. 최씨 정권 이후에도 한동안 무신이 권력을 잡았어요. 그러다가 몽골이 고려의 왕을 지원하면서 무신 정권이 막을 내리게 되지요.

사실 최씨 정권뿐 아니라 모든 무신 정권이 역사학자들에게 긍정적인 평가를 받지 못하고 있어요. 권력을 잡은 무신들이, 문벌 귀족이 타락시킨 정치를 바로잡고 백성의 삶을 증진시키려 하지 않았기 때문이에요. 오히려 무신 정권은 문벌 귀족보다 더 가혹하게 백성을 수탈했어요. 특히 무신 출신으로 지방의 수령이 된 사람들은 엄청난 세금을 내라고 강요했어요. 게다가 사회 개혁에 대해서는 무관심했어요. 이러니 무신 정권에 대한 백성들의 평가가 좋을 리 있겠어요?

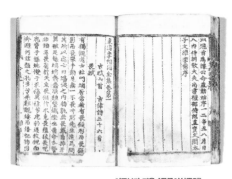

**이규보가 지은 《동국이상국집》**
창작물과 공적인 글, 작자 자신의 자전적인 전기 등 다양한 내용을 포함하고 있다.
ⓒ강화역사박물관

## 만적이 봉기한 목적은 무엇일까?

### └농민과 천민의 봉기

무신 정권이 성립할 무렵에는 문신들의 반발이 거셌어요. 서경 유수° 조위총은 평양에서 정중부와 이의방을 타도하자며 들고일어 났어요. 조위총은 한때 개경까지 진격했지만 무신 정권에게 진압되 었지요. 동북면 병마사 김보당도 무신 정권이 끌어내린 의종을 복 위시키기 위해 봉기했지만 역시 실패하고 말았어요.

문신들의 반란을 모두 진압했으니 더 이상의 반란이 없었을까 요? 아니에요. 이후로 농민과 천민의 반란이 끊이지 않았어요. 고 려에서 가장 힘없는 사람들이 무신 정권에 정면으로 반기를 든 것 인데, 도대체 왜 그랬을까요?

첫째, 무신 정권은 문벌 귀족보다 더 가혹하게 백성을 수탈했어 요. 《고려사》에 보면 최충헌은 자신의 집을 궁궐처럼 짓기 위해 민 가 100여 채를 허물었고, 공사에 강제로 백성을 동원했다고 해요. 다른 무신 권력자들도 선정을 베풀 생각은 하지 않았어요. 자기들 끼리 권력 다툼을 벌이느라 정치는 안중에도 없고, 더 많은 토지를 확보하려고 혈안이 되어 있었지요. 백성이 내야 할 세금도 크게 늘 었어요. 특히 향, 부곡, 소에는 일반 군현보다 더 많은 세금을 물렸 어요. 불평등도 이런 불평등이 없어요.

둘째, 하극상의 문화가 퍼졌어요. 하극상은 신분이나 계급이 낮

● 유수 고려 시대에 동경과 남경, 서경에
파견되어 그곳을 다스리던 지방관 벼슬

은 사람이 신분과 계급이 높은 사람에게 반기를 들거나 그들을 몰아내는 현상이에요. 1인자에 등극했던 이의민은 아버지가 소금 장수, 어머니가 절의 여종이었어요. 이처럼 천민 출신이 최고 권력자의 자리까지 올랐으니 많은 백성들이 "우리도 신분을 상승시킬 수 있다!"라고 생각하게 되었어요.

가장 먼저 대규모로 일어난 민란이 공주 명학소에서 일어난 망이·망소이 형제의 난이었어요[1176년]. 이들은 지나치게 과도한 세금을 더 이상 낼 수 없다며 봉기했어요. 반란군은 무서운 기세로 세력을 확장해 곧 충청도 일대를 점령했어요. 정부는 민심을 달래기 위해 명학소를 현으로 승격시켰어요. 그러나 반란군이 주춤한 사이에 대대적인 토벌이 시작되었고, 결국 망이·망소이의 난은 실패로 끝났지요.

6년 후에는 전라도 전주에서 관노들이 봉기했어요. 관노는 공노비라고도 하는데, 관청에 소속된 노비를 가리키는 말이에요. 이 관노들은 지방관의 횡포가 너무 심해 봉기했던 거예요. 다시 11년이 지난 후에는 경상도 운문에서 김사미가, 초전에서 효심이 봉기했어요. 이 반란도 1년여 만에 실패로 끝났어요. 이 무렵 경주 일대에서는 신라 부흥 운동이 일어났는데, 김사미와 효심도 신라 부흥을 외쳤어요.

다시 8년이 흘렀어요. 수도인 개경에서 최충헌의 사노비 만적이 봉기하려다 적발되는 사건이 발생했어요. 만적은 북산에 나무를 하러 갔다가 다른 노비들과 함께 봉기를 약속했어요. 만적은 이렇게 외쳤어요.

"무신 정변 이후로 천민도 권력자에 올랐다. 그러니 우리라고 해서 왕후장상王侯將相*이 되지 말라는 법이 있는가? 왕후장상의 씨가 따로 있는가? 각자 주인을 없애고 노비 문서를 태워 없애 시장에 모여 봉기하자."

하지만 거사 날짜에 약속 장소에 집결한 노비는 수백 명에 불과했어요. 사전에 발각되고 말았던 거예요. 결국 신분 해방을 위한 봉기를 해 보지도 못하고 끝나고 말았지요. 당시 만적을 비롯한 많은 노비가 처형되었어요.

흥미로운 이야기를 하나 들려줄게요. 만적의 난이 일어나고 200여 년이 지난 14세기 후반에 영국에서 대형 농민 봉기가 일어났어요. 한때 영국의 수도 런던을 점령할 정도로 큰 반란이었지요. 이 봉기는 지휘자의 이름을 따서 와트 타일러의 난이라고 하는데, 이 봉기 때 나온 구호가 만적의 난 때와 상당히 비슷해요. 와트 타일러는 "태초에 아담이 밭을 갈고 이브가 베를 짤 때 누가 귀족이었고, 누가 농노였는가?"라며 신분 제도에 불만을 표시했답니다. 만적이 "왕후장상의 씨가 따로 있느냐?"라고 부르짖은 것과 상당히 비슷하지요? 참고로 알아 두세요.

고려의 농민과 천민 봉기는 모두 실패로 끝났어요. 무신 정권은 눈도 깜빡하지 않았어요. 오로지 자기들의 이익을 챙기는 데만 혈

● 왕후장상 제왕과 제후, 장수, 재상을 뜻하는 말로, 신분이 높은 이들을 일컫는다.

262

안이 되었지요. 고려에서 무신들이 권력을 장악한 이 시기에 몽골 초원에서는 칭기즈 칸이라는, 세계사에 길이 남을 영웅이 등장했어요. 이어 세계 역사는 크게 요동친답니다. 하지만 무신 정권은 둔감했어요. 그러니 고려 후기의 역사가 순탄할 수 없었지요.

# ★ 단원 정리 노트 ★

## 1. 후삼국 시대가 시작된 배경

### ① 통일 신라 말기 호족의 대두

- 중앙 정부가 귀족들의 권력 다툼으로 혼란스러운 사이 지방에서는 지방 행정의 가장 낮은 단위인 촌을 다스리던 촌주, 국경 지역을 지키던 장수, 중앙 정치 싸움에서 밀려 지방으로 내려간 귀족이 세력을 키웠다. 이들이 곧 호족이다.

- 호족은 성을 쌓고 군대를 육성했으며 백성에게서 세금을 거두는 등 자신이 다스리는 지역에서는 왕과 다름없는 권세를 누렸다.

- 타락한 중앙 정치와 골품 제도에 환멸을 느낀 학자와 정치인들이 호족 휘하로 들어가 참모 역할을 하면서 호족 세력은 더욱 강해졌다.

- 호족은 중앙의 귀족이 지원하는 불교의 교종 대신 선종을 후원했고, 풍수지리설을 신봉했다. 새로운 시대를 여는 명당이 따로 있다는 풍수지리설의 이론에 따라 호족들은 자신이 새로운 나라의 주인이 되고자 했다.

### ② 후백제 건국

- 오늘날의 전라도 지역을 수비하던 견훤은 세력을 키웠다. 곧 무진주(광주)를 기반으로 전라도 지역을 장악했다. 완산주(전주)를 점령한 견훤은 백제의 부활을 외치며 후백제를 건국한다(900년).

- 견훤은 당의 빈공과에 합격한 6두품 출신 최승우를 영입하여 통치 체제를 정비하고, 중국·일본과 외교 관계를 맺었다.

– 후백제는 강력한 군사력을 바탕으로 전라도와 충청도, 경상도 서부 지역을 장악하여 백제의 옛 영토를 거의 회복하고, 신라를 위협한다.

③ 후고구려 건국
– 신라 왕족 출신의 승려 궁예는 오늘날 원주 지역의 호족인 양길의 휘하에 들어가 세력을 키운다. 궁예는 백성들의 두터운 신망 속에 강원도, 경기도, 황해도 일대에서 큰 지지를 얻고 결국 독립한다.
– 송악(개성)의 호족인 왕륭은 궁예의 인품과 정치 철학에 반하여 자신이 다스리는 지역을 궁예에게 바치고 아들인 왕건을 그의 휘하에 들어가도록 한다. 비로소 근거지를 마련한 궁예는 후고구려를 건국한다(901년).

④ 고려 건국
– 후고구려의 궁예는 수도를 철원으로 옮긴다. 그는 영토가 커지자 중앙 집권 체제를 추구한다. 이에 궁예를 지지하던 호족 세력이 크게 반발하고, 호족과 갈등을 빚던 궁예는 점점 폭군으로 변해 간다.
– 참다못한 호족 세력은 궁예를 몰아내고, 2인자였던 왕건을 왕으로 추대한다. 왕건은 고구려를 계승한다는 의미로 나라 이름을 고려로 고치고 새로운 출발을 한다(918년).

## 2. 고려 태조의 정책과 광종의 정책 비교

### 태조(1대)의 정책

목적  태조는 건국 초기의 혼란을 잠재우고 정치적 안정을 위해 다방면의 정책을 펼쳤는

데, 크게 4가지로 볼 수 있다.

① 민족을 결합하고 민심을 바로잡기 위해 노력했다.

② 옛 고구려 영토를 회복하기 위해 북진 정책을 추진했다.

③ 건국 초기에 개국 공신들과 갈등을 줄이기 위해 애썼다.

④ 호족 세력을 견제하기 위한 제도를 마련했다.

내용  ① - 신라와 후백제, 발해의 유민을 포용함

- 지방 호족들의 정치 참여

- 흑창을 설치하여 빈민을 구제함

② - 서경(평양)을 설치하여 북진 정책의 교두보로 삼음

- 청천강에서 영흥만에 이르는 지역까지 영토 확대

- 발해를 멸망시킨 거란을 적대시함

③ - 개국 공신인 지방 호족의 딸을 왕비로 맞아들이는 혼인 정책

- 왕족의 성씨를 호족에게 내리는 사성 정책

- 호족이 지방을 통치하도록 한 사심관 제도

④ - 호족의 자제를 수도인 개성에 머물도록 한 기인 제도

- 왕과 신하의 도리를 강조한 <계백료서> 반포

<h1 style="text-align:center;">광종(4대)의 정책</h1>

**목적** 태조가 죽은 뒤 왕권을 둘러싼 권력 다툼이 시작되었다. 태조의 왕비가 29명이었으니, 왕위를 놓고 큰 다툼이 벌어지지 않을 수 없었다. 이에 광종은 외척과 호족 세력을 약화시키고 왕권을 강화하는 등 중앙 집권 체제를 구축하기 위한 정책을 시행한다.

**내용**
– 노비안검법 시행 : 전쟁 중에 노비가 되었거나 호족에 의해 노비가 된 사람을 양인으로 되돌리는 정책이다. 호족의 수많은 노비가 양인이 되면서 호족 세력이 약해졌다. 또한 세금을 내는 양인의 수가 늘어나면서 국가 재정이 튼튼해졌다.

– 과거제 시행 : 개국 공신과 귀족의 자제들이 시험을 치르지 않고 관리에 오르는 음서 제도와 병행하여 과거제를 시행함으로써 귀족의 관직 독점을 막았다. 과거 시험을 통해 관리가 된 젊은 인재들은 왕을 향한 충성심이 높았다.

– 광종은 왕의 신분을 격상시켜서 '황제'라 부르도록 했다. 그리고 독자 연호를 씀으로써 고려가 중국에 예속되지 않는 자주 국가임을 강조했다.

– 광종의 강력한 왕권 강화 정책을 수용한 호족들은 중앙 정계에 진출하여 중앙 귀족이 되었다. 이들을 '문벌 귀족'이라고 한다.

## 3. 고려의 토지 제도 변화

※ 정부가 지급하는 토지는 크게 2가지인데, 하나는 곡물을 얻는 전지이고, 다른 하나는 땔감을 얻을 수 있는 시지다. 정부에서 관리에게 토지를 준다는 말은 땅 그 자체를 주는 것이 아니라, 그 땅에서 나는 세금을 걷을 수 있는 권리를 준다는 뜻이다. 이를 수조권이라 한다.

① 역분전과 공음전(고려 초기)

개국 공신(역분전)과 5품 이상의 관리(공음전)에게 주어진 토지. 세습이 가능했다.


② 전시과(976년)

경종(5대) 때에 실시한 토지 제도. 전 · 현직 관리를 18개 등급으로 나누어 벼슬에 따라 토지를 주었다. 이와 별도로 인품이 뛰어난 사람에게도 토지를 주었는데, 이는 개국 공신들에게 토지를 주기 위한 구실이었다.


③ 개정 전시과(998년)

토지(수조권)를 받은 관리들이 국가에 토지를 반납하지 않아 토지 부족 사태가 발생하자, 목종(8대) 때 시행한 토지 제도다. 대부분의 개국 공신이 사망하자, '인품이 뛰어난 사람에게 토지를 준다.'는 조항을 빼고, 전 · 현직 관리에게만 토지를 지급했다.


④ 경정 전시과(1076년)

여전히 토지 부족 사태가 해결되지 않자, 문종(10대) 때 시행한 토지 제도다. 전직 관리는 빼고 현직 관리에게만 수조권을 주었다. 이후 이 경정 전시과가 고려 토지 제도의 바탕이 된다.

4. 고려의 통치 체제

① 중앙 정치 기관

- 2성 6부제 시행 : 국정 최고 기관인 중서문하성과 상서성을 두었고, 상서성은 일반 행정 기관인 6부를 총괄하였다.

- 중추원 : 군사 기밀과 왕명을 전달하는 기관으로 왕의 비서실 역할을 했다.

- 어사대 : 관리를 감찰하고 왕을 견제했다. (오늘날의 언론과 검찰 역할)

- 삼사 : 화폐와 곡식의 출납과 회계를 담당했다.

- 도병마사 : 국방과 국사 문제를 논의하는 고위 관료 회의 기구

- 식목도감 : 각종 제도와 규칙을 만드는 고위 관료 회의 기구

※ 도병마사와 식목도감은 고위 관료만 참석하는 귀족 회의였다.


② 지방 행정 조직과 지방관

- 12목 : 광종(4대)의 왕권 강화 정책을 바탕으로 성종(6대) 때 실시한 지방 행정 체제다. 국토의 중요한 지역에 지방 행정 단위인 열두 개의 목을 설치하고 목사를 파견했다. 이는 중앙 정부에서 관리를 파견할 만큼 중앙 집권 체제가 자리 잡았음을 의미한다.

- 5도 양계 : 성종 이후 현종(8대) 때 고려의 지방 행정 조직이 완성되었다. 수도인 개경이 있는 경기 지역 외에 다섯 개의 도(서해도, 교주도, 양광도, 전라도, 경상도)와 국경 지역에 두 개의 계(양계-북계와 동계)를 두었다. 각 도에는 안찰사를 파견하고, 계에는 병마사를 파견했다.

- 주 · 군 · 현 : 5도 아래에 주와 군, 현을 두어 지방관을 파견했다. 지방관이 파견되

지 않는 지역은 속군, 속현이라 불렀고 지방 향리가 행정을 담당했다. 속군과 속현은 지방관이 파견된 인근 군과 현의 통제를 받았다.

- 도호부·진 : 양계 아래의 군사 요충지에 도호부나 진을 설치했다.

- 향·부곡·소 : 하층민이 거주하는 특수 행정 구역이다. 향과 부곡의 주민들은 주로 농업에 종사했고, 소의 주민들은 종이나 자기, 먹 등 관청이 필요로 하는 물품을 생산했다.

- 3경 : 수도인 개경(개성) 외에 서경(평양)과 동경(경주) 2곳에 수도 역할을 하는 특별 행정 구역을 두었다. 나중에 반란이 일어난 동경은 수도 지위를 박탈당하고, 남경(서울)이 새로이 3경에 포함된다.

### ③ 군사 조직

- 2군 6위 : 중앙군은 2군 6위로 편성되었다. 2군은 왕의 친위 부대이고, 6위는 수도와 국경을 지켰다. 2군 6위에 소속된 군인은 군인전이라는 토지를 받았다.

- 중방 : 2군 6위의 장수들이 모여 회의를 하는 기구다. 무신 정변 이후 고려의 최고 의사 결정 기구로 떠오른다.

- 주현군 : 주와 현에 주둔하는 지방군이다.

- 주진군 : 국경 지역인 양계에 배치된 군대다.

### ④ 교육 기관

- 국자감(국학·성균관) : 개경에 설치한 중앙 교육 기관이다. 유교를 통치 이념으로 수용한 성종(6대)이 설치했다. 문벌 귀족의 자제들이 유학을 비롯하여 수학, 법

률 등을 공부했다. 뒤에 국학으로 이름이 바뀌었다가 성균관으로 다시 이름이 바뀐다.

- 향교 : 지방의 교육 기관이다. 경학박사와 의학박사 등이 파견되어 유교 경전과 역사를 가르쳤다.

- 12공도 : 사설 교육 기관이다. 특히 유명했던 12개의 사설 교육 기관을 12공도라고 불렀다. 최고 벼슬인 문하시중을 지낸 최충이 세운 구재학당이 가장 유명하다.

# 고려의
# 대외 관계
## : 코리아의 기상을 널리 알리다

- 서희의 외교 담판이 갖는 의미에 대해 이야기해 보세요.
- 거란을 격퇴한 이후 달라진 고려의 국제적 위상에 대해 설명해 보세요.
- 12세기 여진과 고려의 관계에 대해 설명해 보세요.
- 고려의 대외 무역과 교류 상황에 대해 설명해 보세요.

## 서희가 외교 담판으로 얻어 낸 땅은?
### └ 거란의 침입과 격퇴

지금까지 고려 전기의 정치 상황을 주로 살펴봤어요. 지금부터는 고려 전기의 대외 관계를 살펴볼게요.

고려가 우리 민족을 통일한 것은 10세기 초반이었어요. 이 무렵부터 12세기까지 동북아시아의 국제 정세는 상당히 복잡했어요. 거란, 여진과 같은 북방 유목 민족이 세력을 키워 동북아시아의 강자로 떠올랐는데, 이 유목 민족들은 고려와도 여러 차례 갈등을 벌였어요.

고려 광종이 통치하던 10세기 중반, 중국에서 한족의 송이 후주를 멸망시키면서 5대 10국 시대가 끝났어요. 중국은 분열과 혼란에 마침표를 찍고 다시 평화를 찾은 것 같았어요. 하지만 착각이었어요. 북방의 유목 민족이 중국을 노리고 있었거든요. 게다가 송은 문치주의*를 표방했기에 군사력이 약했어요. 그 결과는 곧 알게 될 거예요.

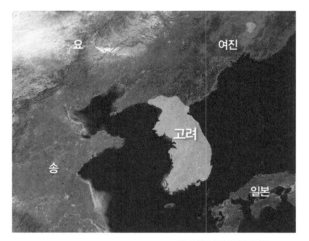

10~11세기 고려 주변의 국가들

아직 고려가 탄생918년 건국하기 전인 10세기 초로 거슬러 올라갈게요. 그때 중국 북쪽에서 거란족이 세력을 키워 통일 왕국을 건설했어요. 거란은 해동성국의 명성을 떨치던 발해를 멸망시켰고, 남진을 시작하며 송을 강하게 압박했어요. 거란은 나라 이름도 중국식인 요로 바꾸었어요916년.

거란은 고려에 사신을 보내 국교를 청했어요. 태조가 단칼에 거절했지요? 태조는 오히려 북진 정책을 추진했어요. 그런데 거란은 왜 고려와 손을 잡으려 했을까요? 거란은 중국 본토를 노리고 있었어요. 그러니 고려와 송 사이의 관계를 끊고 싶었던 거예요. 송도 이 점을 잘 알고 있었기에 고려와 더 가까이 지내려 했어요. 고려, 거란, 송 사이에 치열한 신경전이 벌어지고 있는 거예요.

* 문치주의 무력과 힘으로 나라와 백성을 다스리는 무단 정치와 달리 학문 교육과 법령 등을 통해 통치를 하는 정치 체제. 무(武)보다는 문(文)을 중요하게 여기기 때문에 문화적으로는 발달하지만 군사력이 약하다는 단점이 있다.

정종[3대] 때는 혹시 모를 거란의 침략에 대비해 30만 병력의 광군을 조직하기도 했어요. 하지만 광군은 정예 부대가 아니었어요. 광군은 국경의 성을 쌓는 등 공사에 많이 동원되었지요. 그 때문에 광군이 거란의 침략을 막을 정도의 힘은 없었어요.

광군이 조직되고 40~50년이 흘렀어요. 끝내 거란이 고려를 침략했어요[993년]. 거란은 중국 본토의 송을 치기 전에 배후에 있는 고려를 제압하기 위해 이 전쟁을 일으켰어요. 전쟁에 제대로 대비하지 못했던 고려의 피해는 컸어요. 여러 성이 순식간에 함락되었지요.

고려 조정에서 비상 대책 회의가 열렸어요. 몇몇 대신들이 "서경과 서경 이북의 땅을 주면 거란이 물러갈 것이다."라며 화친을 주장했어요. 하지만 서희는 우리 영토를 내줄 수 없다며 스스로 적진을 찾아갔어요. 서희는 고려와 송의 관계를 끊기 위해 거란이 침략했기 때문에 이러한 상황을 잘 이용하면 충분히 설득할 수 있다고 판단했던 거예요.

거란 사령관인 소손녕은 "고려는 신라의 땅에서 일어났다. 고구려는 거란의 영토다."라고 주장했어요. 소손녕은 또 "고려가 바다 건너 송을 섬기기 때문에 고려를 정벌하려 하는 것이다."라고도 했죠. 서희의 판단이 맞았던 거예요. 서희는 이렇게 맞받아쳤어요.

"고려는 고구려를 계승했다. 압록강 일대도 우리 땅인데, 여진이 차지한 바람에 요와 국교를 맺지 못한 것이다. 거란이 고려의 여진 정벌과 영토 개척을 묵인한다면 고려는 거란과 국교를 맺겠다."

서희의 전략은 적중했어요. 거란은 고려의 약속을 믿겠다며 철수했어요. 거란이 간섭하지 않은 덕분에 고려는 평안도 지역에 있는 여진을 몰아내고 강동 6주를 설치할 수 있었어요. 이로써 고려는 압록강까지 영토를 넓혔어요. 피 한 방울 흘리지 않고 영토까지 얻어 낸, 그야말로 최고의 실리 외교라 할 수 있지요.

서희의 실리 외교 덕분에 여진을 몰아내고 고려가 얻은 강동 6주

그 후로도 거란은 계속 성장했어요. 중국 본토의 송도 꺾었어요. 송은 거란에게 패배를 인정하는 조약을 체결해야 했지요. 이제 거란이 동아시아의 최고 강자로 우뚝 선 거예요.

그로부터 5년이 지났어요. 고려에서 강조란 인물이 반란을 일으켜 목종7대을 폐위하고 현종을 즉위시켰어요. 강조는 곧 목종을 시해했지요. 이 사건을 강조의 정변이라고 해요1009년. 1년 후 거란은 신하가 왕을 폐위하고 시해한 것에 책임을 묻겠다며 다시 고려를 침략했어요1010년.

강조의 정변이 침략 전쟁의 구실이었지만 실제 목적은 따로 있었어요. 1차 침략 때와 목적이 같아요. 맞아요. 고려와 송의 관계를 완전히 끊어 놓는 것이었어요. 거란의 1차 침략 이후에도 고려는 여전히 송과 교류를 하고 있었거든요.

이 2차 침략에서 거란은 고려 수도 개경까지 함락했어요. 거란은 궁성에 불을 지르고 민가를 약탈했어요. 하지만 고려인들의 강력한 저항에 부딪쳐 결국 철수할 수밖에 없었지요. 양규는 철수하는 거란군을 공격해 격파하고 고려인 1만여 명을 구하기도 했어요.

이 2차 침략 때 고려에서 처음으로 대장경*을 만들었어요.[1011년] 불교의 힘으로 외적을 물리치겠다는 의지가 담겼는데, 이때 만든 대장경을 초조대장경이라고 불러요. 최초로 만든 대장경이란 뜻이에요. 이 초조대장경은 훗날 몽골 침입 때 불에 타 버리지요.

그 후로도 고려는 거란에 쉽게 고개를 숙이지 않았어요. 화가 난 거란은 강동 6주를 내놓으라고 요구했어요. 고려는 받아들이지 않았고, 거란과의 교류도 끊어 버렸어요. 결국 거란은 3차 침략을 단행했어요.

이번에는 고려도 만반의 준비를 해 놓았어요. 강감찬이 압록강 근처 흥화진에서 강줄기를 막았다가 터뜨리는 방법으로 거란군을 대파했어요. 이어 퇴각하는 거란군을 귀주에서 또다시 격파했어요. 이게 그 유명한 귀주 대첩이에요.[1019년]

이로써 거란과의 전쟁은 끝이 났어요. 거란을 격파한 고려의 국제적 위상은 크게 높아졌어요. 고려는 송과 거란 사이에서 힘을 조정하는 균형자의 역할을 맡았지요. 또한 고려는 거란을 포함해 북방 유목 민족들이 또다시 침략해 올 것에 대비해 성을 쌓기 시작했어요. 압록강 어귀에서 동해안 도련포까지 천리장성을 쌓았고, 수도인 개경에는 나성을 쌓았지요.

• 대장경 불경을 집대성한 경전

# 윤관이 별무반을 조직한 까닭은?

└여진의 성장과 동북 9성 축조


이제 12세기의 동아시아 상황을 볼까요? 그전보다 더 복잡해졌어요. 거란의 세력이 점차 약해진 반면 여진이 새로이 세력을 키웠거든요. 중국은 여진, 거란, 송의 삼파전으로 양상이 바뀌었어요. 이에 따라 고려의 대응도 달라질 수밖에 없었지요.

보통 만주라 부르는 곳, 그러니까 고구려와 발해의 옛 영토에는 예로부터 말갈이라 불리어 온 여진족이 살았어요. 여진족은 만주 외에 함경도와 평안도에도 살았는데, 고려를 아버지의 나라로 섬겼어요. 때가 되면 고려 정부에 말과 가죽 같은 조공을 바쳤지요. 이에 대한 답례로 고려는 여진족에게 식량과 옷, 지방 관직을 주었어요. 물론 여진족이 가끔 국경을 넘어와 약탈을 했지만 그때마다 고려군에 격퇴되었어요.

12세기 들어 이 여진족의 분위기가 심상찮아졌어요. 여진의 여러 부족 중 하나인 완옌부의 세력이 커지기 시작한 거예요. 고려의 국경 지대에서 몇 차례 전투가 벌어졌어요. 유목 민족답게 여진의 군대는 기병이 강했어요. 몇 번의 패배를 당한 고려군은 여진에 맞서기 위해 특별 부대를 만들었어요. 이 부대가 바로 윤관이 주도한 별무반이었어요. 별무반은 기병인 신기군, 보병인 신보군, 승려병인 항마군으로 구성되었어요.

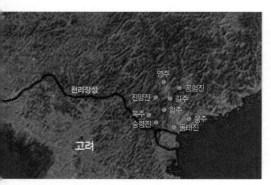

윤관이 이끈 별무반이 여진을 정벌하고
세운 동북 9성

윤관은 별무반을 이끌고 한반도 북동 지방으로 나아갔어요. 이어 그곳에 있는 여진을 정벌하고 동북 9성을 쌓았어요.[1107년] 고려의 영토가 다시 넓어졌지요? 하지만 2년 만에 동북 9성을 여진에 돌려주어야 했어요. 여진이 돌려 달라고 간곡하게 청하고, 행패도 부렸기 때문이에요. 우리로서는 동북 9성을 지키는 데 국력을 소모할 필요가 없었기 때문에 여진에게 돌려준 거예요.

이로부터 10년도 지나지 않아 여진족의 완옌부 추장 아골타가 여진을 통일해 금을 세웠어요.[1115년] 거란이 그랬던 것처럼 여진의 금도 중국 본토를 노렸어요. 이 무렵 중국을 보면, 거란의 요와 한족의 송이 대결하고 있었어요. 하지만 두 나라 모두 떠오르는 강자인 금을 상대하기가 벅찼어요.

거란의 세력이 차츰 약해지고 있다고 이미 말했죠? 사실 여진은 통일 왕국을 세우기 전까지 거란의 지배를 받았어요. 그러니 거란에 복수하고 싶은 마음이 굴뚝같았을 거예요. 정말로 금은 건국한 지 10년 만에 요를 쳤어요. 이 전투에서 요는 대패했고, 결국 멸망하고 말았지요.[1125년]

이후로도 금의 세력은 놀라운 속도로 커졌어요. 요를 멸망시키고 2년 만에 이번에는 송을 쳐서 멸망시킨 거예요.[1127년] 다행히 송의 황족 일부가 중국 남쪽으로 피신해 송을 재건했어요. 이때의 송을 이전의 송과 구분하기 위해 남송이라고 불러요. 그렇다면 그전의 송은 북송이 되겠지요?

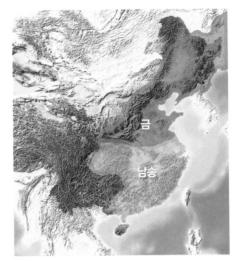

12세기 중국의 세력권

남송을 빼면 중국 대륙의 중앙부, 즉 화베이 지방 전체를 금이 차지했어요. 금의 자신감은 하늘을 찔렀어요. 금은 고려에 군신 관계 맺기를 요구했어요. 쉽게 말해 고려에게 금을 왕의 나라로 섬기라는 거예요. 금이 왕의 나라가 되면 고려는 신하의 나라가 되는 거죠.

이 무렵 고려에서 가장 권력이 강했던 문벌 귀족은 이자겸이었어요. 이자겸은 왕을 허수아비로 만든 후 모든 권력을 장악했죠. 이자겸의 이야기 또한 앞에서 했어요. 이자겸은 금과 싸우느니 금의 요구 조건을 받아들이는 게 자신의 이익에 도움이 된다고 판단했어요. 많은 신하들이 반대했지만 이자겸이 고집하는 바람에 결국 고려는 금을 왕의 나라로 섬기기로 했어요.

이 때문인지 금과의 전쟁은 일어나지 않았어요. 하지만 고려의 자존심은 크게 상했어요. 문벌 귀족은 자기들의 이익을 위해 패기를 저버렸지요. 이에 대한 반발도 적지 않았어요. 그리고 얼마 지나지 않아 문벌 귀족은 큰 위기를 맞았어요. 묘청의 난이 첫 번째이고, 무신 정변이 두 번째죠. 여러분은 그 결과를 이미 알고 있죠?

## 코리아를 세계에 알리다
└고려 전기의 활발한 대외 교류

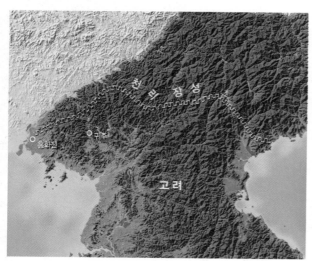

고려의 천리 장성

거란의 침략을 계기로 고려는 압록강 어귀에서 동해안 도련포까지 천리장성을 쌓았어요. 이 천리장성은 11세기 중엽, 그러니까 정종10대 시절에 완성되었어요1044년. 조금 이상한 점을 찾지 못했나요? 고려 3대 왕이 정종 아니었던가요? 맞아요. 고려에는 한자가 다른 정종이 두 명 있었답니다. 각각 3대와 10대 왕이에요.

《고려사》에 이 정종 시절에 대한 흥미로운 기록이 있어요. '정종 6년 11월 대식국 상인 등이 와서 향신료와 방부제를 바쳤다. 왕은 그들을 후하게 대접하도록 했고 돌아갈 때도 금과 비단을 하사했다.' 여기에서 말하는 대식국은 아라비아를 뜻해요. 그러니 이 기록은 멀리 아라비아 상인들이 고려까지 와서 교역을 했다는 내용인 거예요.

이처럼 고려 전기에는 멀리 아라비아 상인들과 활발한 교역이 이루어졌어요. 아라비아 상인들은 예성강 하구에 있는 국제항 벽란도를 통해 고려로 들어왔어요. 벽란도는 푸른 파도가 넘실대는 항구란 뜻이에요. 《고려사》의 기록에서 알 수 있듯이 아라비아 상인들은 주로 향료와 수은, 산호 같은 것을 팔았고, 금과 비단을 사 가지고 갔어요.

오늘날 한국을 영어로 코리아Korea라고 해요. 이 영어 단어의 기원이 바로 이때 만들어진 거랍니다. 고려를 찾았던 아라비아 상인들이 서양에 고려를 소개할 때 '꼬레아'라고 했는데, 이것이 코리아가 된 것이지요.

아라비아 상인들은 많게는 100여 명까지 한꺼번에 고려를 찾아와 교역했어요. 멀리 아라비아 상인들이 이처럼 고려를 찾을 정도였으니 가까운 송, 요, 금, 일본과의 교역 역시 활발했음은 두말하면 잔소리예요. 특히 송과의 교역이 활발했지요.

당시 송은 군사력보다는 학문이나 법에 의한 통치를 강조하는 문치주의를 표방하고 있었어요. 그러니 학문과 문화 수준이 상당히 높았지요. 고려는 주로 송으로부터 우수한 문물을 수입했는데, 이 수입품은 고려의 귀족들이 사용했어요. 대표적으로 서적, 약재, 비단 등을 들 수 있어요. 이 밖에도 고려는 학자와 승려를 송으로 유학 보내 선진 학문을 배워 오도록 했어요.

그렇다면 고려는 송에 무엇을 수출했을까요? 주로 금, 은, 나전칠기, 종이, 인삼 같은 것이었어요. 사실 송은 이러한 물품들보다

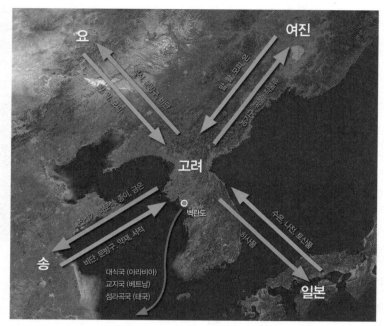

요

여진

고려

송

벽란도

비단, 문방구, 약재, 서적

대식국 (아라비아)
교지국 (베트남)
섬라곡국 (태국)

일본

고려의 대외 무역

는 군사적인 관계 때문에 고려와 교류했을 확률이 더 커요. 군사력
이 약한 송으로서는 거란, 여진과 싸우려면 고려 군대의 도움이 꼭
필요했거든요.

　고려는 거란과 세 차례 전쟁을 치렀어요. 그래서 거란과는 교역
을 하지 않았을까요? 아니에요. 전쟁이 끝난 후에는 다시 외교 관
계를 맺고 교역을 했어요. 거란은 대장경 문화가 상당히 발전한 나
라였어요. 고려는 거란에서 대장경 기술을 받아들여 자체 대장경
을 제작했죠.

사실 거란과 전쟁을 벌이기 전에도 교류는 있었어요. 고려는 송으로부터 우수한 문물을 전수받는 위치에 있었지요? 거란과 여진에게는 고려가 송의 역할을 했어요. 고려의 우수한 문화를 거란과 여진에게 전수한 것이지요. 거란과 여진은 고려에 주로 은, 말, 모피 등을 수출했고, 고려는 이들 나라에 농기구나 식량 같은 것을 수출했어요. 가끔은 고려가 이들 나라에 인쇄술이나 문방구를 수출하기도 했답니다.

특히 여진은 금을 세우기 전까지만 해도 고려에 복속되어 있었어요. 당시 여진은 고려에 와서 말과 화살을 바쳤어요. 고려가 그 대가로 준 것이 농기구와 식량이었지요. 여진의 문화 수준이 거란보다 더 낮았음을 짐작할 수 있지요.

일본과는 정부 차원의 교류가 아주 활발하게 진행되지는 않았어요. 다만 일본 상인들이 고려의 항구를 많이 드나들었어요. 일본 상인들은 유황이나 수은을 가지고 와서 고려의 서적이나 인삼, 식량으로 바꾸어 갔답니다.

# ★ 단원 정리 노트 ★

건국부터 무신 정변까지의 고려 왕과 중국의 상황

  1대        918 ~ 943, 태조

· 중국 상황  – 5대 10국 시대

             – 거란, 요 건국(916년)


  2대, 3대   943 ~ 949, 혜종 – 정종

· 중국 상황  – 5대 10국 시대


  4대        949 ~ 975, 광종

· 중국 상황  – 한족 왕조인 송이 건국해(960년) 중국을 통일하면서 5대 10국 시대 종료


  5대        975 ~ 981, 경종

· 중국 상황  – 거란의 세력이 커지면서 송을 압박


  6대        981 ~ 997, 성종

· 중국 상황  – 고려와 송의 외교 관계를 끊기 위해 거란이 침입(993년)

· 주요 사항  – 서희가 거란의 장수 소손녕과 담판을 벌여 강동 6주를 획득하고, 거란은

             물러감

7대　　　997 ~ 1009, 목종

· 중국 상황　－ 거란이 송을 공격하여 승리하면서 조공 관계를 맺음

· 주요 사항　－ 강조가 정변을 일으켜 목종을 시해함


8대　　　1009 ~ 1031, 현종

· 중국 상황　－ 거란의 2차 침입(1010년)

　　　　　　　－ 거란의 3차 침입(1019년) → 강감찬, 귀주 대첩

· 주요 사항　－ 거란의 2차 침입 때 고려 수도 개경이 거란에 함락되었으나, 고려의 강

　　　　　　　　력한 저항에 막혀 퇴각

　　　　　　　－ 초조대장경 간행(1011년)

　　　　　　　－ 거란의 3차 침입 때 강감찬이 귀주에서 거란을 대파


9대　　　1031 ~ 1034, 덕종

· 주요 사항　－ 천리장성 축조 시작(1033년)


10대　　　1034 ~ 1046, 정종

· 주요 사항　－ 천리장성 완성(1044년)


11대~15대　1046 ~ 1105, 문종 － 순종 － 선종 － 헌종 － 숙종

16대    1105 ~ 1122, 예종

· 중국 상황   – 여진이 금을 건국하고 중국의 새로운 강자로 떠오름(1115년)

· 주요 사항   – 1107년, 윤관이 여진을 정벌하고 동북 9성을 쌓았으나, 2년 만에 여진
에게 돌려줌


17대    1122 ~ 1146, 인종

· 중국 상황   – 금에 거란(요) 멸망(1125년)

             – 금의 공격에 송(북송)이 멸망하고, 남송이 명맥을 유지함(1127년)

· 주요 사항   – 요는 고려에 군신 관계를 강요하고, 고려의 실력자였던 이자겸이 이를
수용함


18대    1146 ~ 1170, 의종

· 주요 사항   – 무신 정변이 일어나고, 무신 정권에 의해 의종이 폐위됨

- 고려의 대몽 항쟁 과정과 이후 원의 내정 간섭에 대해 알아봅시다.
- 공민왕이 추진한 자주적 개혁의 내용과 결과에 대해 설명해 보세요.
- 고려 말기 신진 사대부와 신흥 무인 세력의 등장이 갖는 의미는 무엇일까요?
- 위화도 회군이 일어난 원인과, 그 후의 결과에 대해 이야기해 보세요.

## 처인성 전투의 승리가 의미 있는 까닭은?
### └ 몽골의 침략과 대몽 항쟁의 전개

13~14세기는 전 세계적으로 '몽골의 시대'였어요. 몽골은 대제국으로 성장해 세계의 절반을 지배했죠. 몽골 제국을 건설한 인물은 칭기즈 칸이었어요. 그의 이야기를 간략하게나마 해 볼까요?

칭기즈 칸의 이름은 테무친이에요. 13세기 초에 테무친은 몽골 고원에 흩어져 살던 여러 부족을 통일하고 황제에 해당하는 칭기즈 칸에 올랐어요[1206년]. 칭기즈 칸이 세운 몽골 제국은 곧 사방으로 영토를 확장했어요. 중국 대륙에서 경쟁을 벌이고 있던 금과 남송도

칭기즈 칸

모두 몽골 제국에게 멸망했지요.

중국 대륙을 정복한 몽골 제국은 원으로 나라 이름을 바꾸었어요[1271년]. 수도도 베이징으로 옮기고 모든 것을 중국식으로 바꾸었지요. 몽골에서는 왕을 칸이라 불렀는데, 이때부터는 중국식으로 황제라 칭했어요.

그렇다면 몽골과 고려는 언제 처음으로 접촉했을까요? 몽골 제국이 건국되고 얼마 지나지 않은 무렵이었어요. 몽골은 세력을 확대하면서 금을 강하게 압박했어요. 당시 거란족이 세운 요는 멸망한 후였고, 거란족은 금의 지배를 받고 있었죠. 몽골의 압박에 금이 당황하니까 거란은 이때다 싶어 반란을 일으켰어요. 그러다가 거란과 몽골이 충돌하게 되었어요. 몽골은 거란을 제압하러 나섰고, 거란은 몽골을 피해 고려로 도망쳐 왔어요.

몽골은 고려에 거란을 함께 소탕하자고 제의했어요. 이렇게 해서 몽골과 고려가 처음으로 접촉하게 되었지요. 두 나라의 군대는 평안도 강동성에서 거란을 상대로 전투를 벌였어요[1218년]. 이 강동성 전투 결과 거란은 완전히 소탕되었어요.

문제는 그다음에 생겼어요. 몽골과 고려가 국교를 맺었는데, 몽골이 본격적으로 상국上國 행세를 시작한 거예요. 툭하면 사신을 보내 막대한 공물을 보내라 했어요. 그러던 중 몽골 사신 저고여가 공물을 받고 돌아가다 살해되는 사건이 발생했어요. 고려 조정은 고려인의 소행이 아니라고 주장했지만 몽골은 이 해명을 받아들이지 않았어요. 몽골은 고려와의 국교를 끊어 버렸어요.

몇 년 후에 칭기즈 칸이 사망하고, 그 뒤를 이어 오고타이가 몽골 황제<sup>대 칸</sup>에 올랐어요. 이후 몽골군이 고려를 침략했어요<sup>1231년</sup>. 이 무렵 고려는 최씨 정권의 시대였어요. 최고 권력자는 최충헌의 아들인 최우였어요. 최우는 몽골과의 항전을 지시했어요.

귀주성에서 박서가 관군과 백성을 지휘해 몽골군에 맞섰어요. 몽골군은 한 달 동안 강하게 밀어붙였지만 끝내 귀주성을 정복하지 못했어요. 충주성에서도 고려군이 승리했는데, 이게 정말 값진 승리였어요. 성에 있는 관리들이 모두 도망가 버리자 노비를 비롯한 천민들이 몽골군을 물리쳤거든요.

이처럼 몇몇 전투에서 고려가 승리를 거두기는 했지만 나머지 전투에서는 모두 패했어요. 몽골군은 곧바로 개경을 포위했어요. 결국 최우도 어쩔 수 없이 몽골에 무릎을 꿇고 말았어요. 몽골은 개경을 비롯해 고려 여러 지역에 다루가치를 배치했어요. 다루가치는 몽골에서 관청 책임자를 부르는 말이에요. 몽골이 고려를 간접적으로 지배하겠다는 뜻을 읽을 수 있지요?

이후 몽골에 보내는 공물의 양도 크게 늘었고, 고려 조정에 대한 몽골의 간섭도 심해졌어요. 그러자 최우는 몽골과의 항전을 결심하고 수도를 강화도로 옮겼어요. 최우는 몽골이 유목 민족이기 때문에 내륙에선 강하지만 바다를 낀 강화도는 쉽게 공략할 수 없다고 판단했어요. 강화도야말로 항전하기에 가장 좋은 장소라고 여겼던

처인성의 대몽 항쟁을 그린 그림
ⓒ용인문화유적전시관

거지요. 최우는 백성들에게도 산성이나 섬 같은 곳으로 들어가 항전 태세를 갖추라고 했어요.

이처럼 고려가 맞서자 몽골이 다시 침략해 왔어요. 몽골 사령관 살리타가 사신을 보내 항복을 요구했지만 최우는 거절했어요. 그러자 몽골군은 한반도를 누비며 살인과 약탈을 자행했어요. 대구 부인사에 있던 초조대장경도 이때 불태워 버렸지요.

국가적 위기를 맞아 백성은 똘똘 뭉쳐 맞섰어요. 살리타가 이끄는 몽골 주력 부대가 처인 부곡오늘날의 경기도 용인에 도착하자 승려 출신의 장수 김윤후와 백성들은 목숨을 걸고 싸웠어요. 그 결과 적장 살리타를 사살하고 대승을 거두었죠. 부곡은 천대받는 사람들이 사는 고을이에요. 하지만 이들 천민의 애국심이 강화도에서 농성*하던 무신 권력자들보다 수천 배는 강했던 거예요.1232년

얼마 후 몽골은 금을 멸망시켰어요.1234년 그다음부터 몽골은 더욱 자주 고려를 침략했어요. 전쟁은 20년이 넘게 계속되었어요. 최우와, 그의 뒤를 이은 최항, 최의는 강화도에서 한 발짝도 나오지 않았어요. 그러면서도 몽골에 대한 항전을 포기하지 말라며 백성들을 독려했어요.

이즈음 충주성에서도 또다시 승리의 소식이 들려왔어요. 처인성 전투를 승리로 이끌었던 김윤후가 그 주인공이었어요. 김윤후는 결연히 싸우는 백성들을 위해 노비 문서를 모두 태웠어요. 백성들이

* 농성 적의 침입을 받았을 때 성문을 굳게 닫고 성을 지키는 행위

목숨을 걸고 70여 일 동안 맞서니 몽골군은 혀를 내두르며 철수했어요. 백성들이 또 한 번의 승리를 이루어 낸 거죠<sup>1253년</sup>.

하지만 몽골군은 강하고 잔인했어요. 몇 번의 뜻깊은 승리를 거두었지만, 고려는 점점 초토화되고 있었어요. 몽골군은 한반도를 휘젓고 다니며 온갖 약탈과 파괴 행위를 일삼았어요. 차라대가 이끈 몽골군은 충청도 일대를 휘저으면서 수많은 양민을 학살했으며 최소 20만 명 이상을 포로로 끌고 갔어요. 경주에 있는 황룡사 9층 목탑도 이때 불타 버렸지요.

정말 피해가 크지요? 이 때문에 무신 정권 내부에서도 몽골과 강화˚를 맺어야 한다는 주장이 나왔어요. 하지만 집권자인 최의는 끝까지 반대했어요. 결국 무신들이 그런 최의를 제거했어요. 사실 민심도 최씨 정권에게서 완전히 등을 돌렸어요. 최씨 정권은 강화도에 틀어박혀 호사스러운 생활을 했어요. 백성이 그토록 고통을 겪고 있는데도 말이지요.

새로 권력을 쥔 김준이 몽골과 전쟁을 끝내는 강화를 체결했어요. 고려 태자를 포함한 인질 40여 명이 몽골로 끌려갔지요. 이때부터 고려 태자는 왕이 되기 전에 몽골에서 생활해야 했어요.

몽골은 나아가 고려 정부에 개경으로 환도˚하라고 요구했어요. 무신 정권도 이 요구만큼은 들어줄 수 없었어요. 개경으로 돌아가면 무신들의 권력 기반이 모두 무너질 수 있거든요. 결국 무신 정권은 대몽 항쟁을 계속하기로 결론 내렸어요. 하지만 모든 무신이 여

• 강화 서로 싸우던 상대가 싸움을 그치고 평화로운 상태가 되는 것을 뜻한다. 하지만 일방적으로 밀리던 편이 강화를 맺는다는 것은 항복과 같은 의미라 할 수 있다.
• 환도 전쟁 등의 난리로 인해 정부가 한때 수도를 버리고 다른 곳으로 옮겼다가 다시 옛 수도로 돌아가는 일

진도로 남하한 삼별초가 대몽 항쟁의 근
거지로 축성한 남도진성

기에 따른 것은 아니에요. 다시 무신들 사이에 권력 투쟁이 벌어졌
어요. 김준이 10년 만에 임연에게 제거되었고, 임연이 죽은 후에는
임유무가 그 뒤를 이었어요. 이후 임유무도 제거되면서 무신 정권
시대는 종말을 맞이했어요. 고려는 강화도로 천도한 지 39년 만에
개경으로 환도했어요[1270년].

　이듬해에 몽골은 나라 이름을 중국식인 원으로 바꾸고, 중국 대
륙 전체를 통일했어요. 고려에 대한 내정 간섭은 더 심해졌죠.

　무신 정권이 무너졌지만 삼별초는 건재했어요. 삼별초는 개경
환도를 반대하며 끝까지 대몽 항쟁을 벌였어요. 고려와 원의 연합
군은 그런 삼별초를 강력하게 진압했어요. 그래도 삼별초는 굴하
지 않고 강화도에서 진도, 제주도로 옮겨 가면서 3년 동안 저항했
지요. 하지만 결국 삼별초는 진압되었고, 이로써 대몽 항쟁도 끝
이 나고 말았어요.

# 몽골풍과 고려양은 무슨 뜻일까?
└ 원의 내정 간섭과 권문세족의 성장

원이 어떤 방식으로 고려의 내정에 간섭했을까요?

원은 고려 왕실의 자존심부터 꺾었어요. 우선 고려의 왕을 원의 황제가 임명했어요. 고려를 원의 제후국˚ 수준으로 낮추어 버린 거지요. 이 때문에 고려의 왕들은 원에게 충성한다는 의미로 충忠자로 시작하는 시호를 써야 했어요. 시호는 왕에게 내리는 이름이라고 이해하면 크게 틀리지 않아요. 충렬왕25대부터 충정왕30대까지 6명의 왕이 이런 시호를 받았지요1274년~1351년.

왕을 부를 때 쓰는 호칭도 폐하에서 전하로 격을 낮추었어요. 왕이 될 왕자는 태자에서 세자로 낮추었지요. 원은 고려의 왕들이 죽은 뒤에 묘비에 쓰는 이름인 묘호에서도 '조祖'나 '종宗'을 못 쓰게 하고 '왕'으로 낮추도록 했어요. 왕이 자신을 부르는 표현도 '짐朕'에서 '고孤'로 낮추었어요. '짐'은 황제가 자신을 부를 때 쓰는 표현이었답니다. 참고로, 조선 시대의 왕들은 스스로를 '과인'이라 불렀어요.

왕이 되려면 반드시 왕자 시절에 원에 가서 살아야 했어요. 그곳에서 어린 시절을 보내고, 성장한 후에는 원의 황실 여성을 아내로 맞았지요. 왕이 된 후에야 고려로 돌아올 수 있었어요. 고려가 원의 사위 나라, 즉 부마국˚이 된 거예요. 원은 고려의 통치 조직을 2성 6부제에서 첨의부와 4사 체제로 격을 낮추도록 했어요. 고

● 제후국 왕이 관직과 작위를 내린 제후가 다스리는 나라. 왕이나 황제가 다스리는 나라를 섬겼다.
● 부마국 사위의 나라. 원의 내정 간섭기에 고려의 왕들이 원의 공주를 왕비로 맞아 그 사이에서 태어난 아들만이 왕위에 오를 수 있게 된 데서 유래했다.

고려 · 원 연합군의 일본 정벌을 실패하게
만든 태풍을 일본에서는 신풍(가미카제)
이라고 부른다. 신이 일본을 보호하기 위
해 바람을 일으켰다는 의미다. 그림은 고
려 · 원의 함선을 난파하게 만든 신풍을 묘
사한 것이다.

려의 대신들은 물론 왕도 몽골 옷을 입었고, 몽골식 변
발을 해야 했지요.

원의 횡포는 이것으로 끝나지 않았어요. 원은 고려에
이어 일본을 정벌할 계획이었어요. 물론 일본 정벌에 필
요한 물자와 병사를 고려에 내놓으라고 했지요. 이렇게
해서 구성된 고려 · 원 연합군이 일본 정벌에 나섰지만
태풍 때문에 실패했어요.

원은 포기하지 않고 2차 정벌을 준비했어요. 이때 설
치한 것이 정동행성이에요. 행성은 원이 직할지에 두는
기구였어요. 정동행성征東行省은 동쪽에 있는 일본을 정벌
하기 위한 기구라는 뜻이지요. 정동행성은 1차 정벌 때
보다 더 많은 물자와 병사를 내놓으라고 고려에 요구했
어요. 이 2차 정벌도 태풍 때문에 실패했죠. 그 후 원은
일본 정벌을 포기했지만 정동행성은 그대로 두었어요.
이 정동행성을 통해 더욱 노골적으로 고려에 대한 내정
간섭을 했어요.

원은 고려의 일부 지역을 직접 지배하기도 했어요. 서경평양의 동
녕부, 제주의 탐라총관부, 화주지금의 함경남도 영흥의 쌍성총관부가 바로
그 지역이에요. 고려 충렬왕은 서경과 제주를 돌려줄 것을 끈질기
게 원에 요청했어요. 그 결과 13세기가 끝나기 전에 두 지역을 되찾
을 수 있었지요. 다만 쌍성총관부는 돌려받지 못했어요.

고려 백성들의 고통이 커졌어요. 해마다 늘어나는 공물을 채우기가 너무 벅찼어요. 인삼<sup>산삼</sup>, 매를 보내라는데 이게 쉽지가 않았어요. 더 고통스러운 요구도 있었어요. 원은 처녀를 보내라며 성화를 부렸어요. 원으로 보내는 처녀를 공녀라고 했어요. 꽃 같은 딸을 잃게 된 고려 부모의 가슴에는 피멍이 들었지요. 이미 시집간 여성은 공녀로 보내지 않았기 때문에 딸을 아주 어린 나이에 혼인시키려는 부모들도 많았어요. 이 때문에 어린 나이에 결혼하는 풍습<sup>조혼</sup>이 생기기도 했지요.

여기서 잠깐. 지금까지의 상황을 정리해 보면 고려가 원의 지배를 받은 것이 아니냐는 의심이 들 수도 있어요. 하지만 고려의 법과 제도는 그대로 유지되었답니다. 비록 고려의 왕들이 자주적으로 정치를 할 수는 없었지만 독립국 지위까지 잃은 것은 아니란 얘기예요. 이 점, 반드시 기억해 두세요.

14세기로 접어든 후에는 원의 내정 간섭이 한층 더 심해졌어요. 원은 고려의 왕이 마음에 들지 않으면 주저하지 않고 교체했어요. 왕은 허수아비가 되었고, 그럴수록 백성의 고통은 커졌어요. 그런데도 원을 적극 떠받드는 사람들이 있었어요. 원에 기대어 권력을 잡은 귀족들이었어요. 이들을 권문세족<sup>권문세가</sup>이라고 해요.

무신 정권 때 용케 몰락하지 않은 문벌 귀족, 원의 고관대작과 친분이 있는 관리, 몽골어를 잘하는 통역사, 왕자와 함께 원에서 생활한 측근……. 이런 사람들이 새로이 권문세족의 지위에 올랐어요.

권문세족은 원을 믿고 온갖 횡포를 부렸어요. 권문세족은 마음대로 땅을 빼앗아 자신의 농장으로 만들었어요. 가진 땅이 얼마나 넓었으면 경계선을 하천이나 강으로 정했겠어요? 권문세족은 자신의 농장에 힘없는 백성을 강제로 끌고 와 노비처럼 일을 시켰어요. 노비가 되지 않으려면 유랑민처럼 떠돌아야 했지요. 이러니 세금을 내야 할 백성이 크게 줄었어요. 고려 경제는 파탄이 날 지경으로까지 악화했지요.

몇몇 왕들이 이런 상황을 개혁해 보려 했지만 권문세족은 대놓고 방해했어요. 그들의 뒤에는 원이 있으니 고려의 왕도 어쩔 수 없었지요. 이런 권문세족 중 가장 세력이 강했던 인물이 기철이에요. 기철의 여동생은 공녀로 원에 갔다가 원 황후의 자리에까지 올랐어요. 원 황후를 배출한 가문이니 무서울 것이 없었지요. 기철은 고려의 왕을 무시할 정도로 막강한 권력을 휘둘렀어요.

몽골 풍습이 고려에 전파되면서 백성들의 생활에도 변화가 생겼어요. 두루마기와 저고리, 여성들이 머리를 땋을 때 다는 도투락댕기, 귀고리와 같은 몽골 풍습을 따라 하는 고려 사람들이 많아졌어요. 몽골인들이 즐겨 먹던 음식들, 이를테면 만두, 설렁탕, 소주도 고려에 전래되었어요. 몽골 궁중에서 쓰던 수라, 무수리 같은 단어를 고려 궁중에서도 썼지요. 또한 장사치, 벼슬아치처럼 특정 직업의 사람을 가리키는 '치' 또한 몽골어에서 비롯된 거예요. 이처럼 몽골에서 전래된 풍습을 통틀어 몽골풍이라 불렀어요.

**기마도강도**
말을 타고 강을 건너는 고려 사람들을 그린 그림의 일부다. 인물들이 몽골
복장을 하고 있다. 고려 말기의 유학자 이제현의 그림이다.
ⓒ국립중앙박물관

정반대로 고려의 풍습이 몽골에 전래되기도 했어요. 약과의 일
종인 고려병, 상추에 음식을 싸서 먹는 쌈과 같은 고려 풍습이 몽
골에서 인기를 얻었어요. 이런 풍습을 몽골에서는 고려양이라 불
렀답니다.

## 전민변정도감을 만든 까닭이 뭘까?
### └공민왕의 자주적 개혁 추진과 결과

14세기 중엽에 공민왕[31대]이 즉위했어요. 바로 직전의 충선왕까지
만 해도 원 황제에게서 충<sup>忠</sup>자가 붙은 시호를 받았지만 공민왕은 이
를 거절했어요. 원에 대해 강하게 저항한 것인데, 공민왕의 이 자

신감은 어떻게 해서 생긴 걸까요? 이번에도 중국 상황을 알아야 이해하기가 쉬워요.

몽골은 중국을 정복한 후에 한족의 제도를 많이 받아들였어요. 광대한 대륙의 많은 백성을 통치하려면 선진 제도가 필요했으니까요. 하지만 몽골과 한족의 풍습이 다르니 부작용이 적지 않았어요. 예를 들면, 몽골은 막내에게 족장 자리를 물려주는데, 한족은 황제 자리를 큰아들에게 물려주었어요. 또한 중국에 눌러앉는 바람에 원이 유목 민족의 야성을 잃어 버렸다고 비판하는 사람들도 나왔어요. 이런 상황이었으니 원의 정치가 아주 어수선했겠지요?

뿐만 아니라 몽골 지배층에 대한 한족의 반감이 아주 컸어요. 몽골은 민족을 등급별로 나누어 통치했는데 가장 낮은 등급이 남송 한족 사람들이었어요. 14세기부터 곳곳에서 이런 몽골 통치에 반발하는 한족 농민의 반란이 일어났어요. 이 중에서 가장 세력이 큰 반란군이 홍건적이었지요. 홍건적이란 이름은 이들이 머리에 붉은 수건을 둘렀기 때문에 생겨났어요. 홍건적의 세력은 갈수록 커졌고, 급기야 원을 위협하기에 이르렀어요.

원이 위기에 처했죠? 공민왕은 지금이야말로 원의 간섭에서 벗어나 자주적으로 우뚝 설 수 있는 기회라 여겼어요. 공민왕은 즉위하자마자 관리들의 몽골 복식과 변발을 폐지했어요. 이어 왕권을 강화하고 고려의 자주성을 회복하기 위한 개혁에 착수했지요.

우선 정방을 없앴어요. 정방은 무신 정권이 무너진 후 권문세족이 모여 작당하는 기구로 변질되어 있었거든요. 공민왕은 또 관제를 원래대로 돌려놓았고, 관청들은 5일마다 왕에게 업무를 보고하게 했으며, 신하들과 정치 현안을 토론하는 서연도 되살렸어요. 권문세족이 개혁에 반발하자 공민왕은 정면으로 맞섰어요. 공민왕은 기 황후의 오빠인 기철을 비롯해 원에 기대는 권문세족을 단칼에 제거했어요.

공민왕과 왕비를 그린 그림이다. 조선을 건국한 태조 이성계가 이 그림을 그리도록 해서 종묘에 안치했다.

공민왕은 원과의 본격적인 대결에 나섰어요. 원의 연호를 거부하고 고려를 황제 국가로 선포했어요. 정동행성을 폐지했고, 쌍성총관부를 공격해 화주오늘날의 함경남도 영흥군를 되찾았어요. 화주를 되찾을 때 그곳의 실력자인 이자춘과, 그의 아들 이성계가 고려의 편에 서서 싸웠어요. 이후 이성계가 고려의 벼슬을 얻고 맹활약을 하게 되지요. 공민왕은 요동 지방을 정벌해 일부나마 고구려 옛 땅을 되찾았고, 사실상 고려의 통치를 벗어났던 제주도를 다시 병합했어요.

공민왕 때 회복한 고려 영토

공민왕은 국내 정치 개혁에도 착수했어요. 임시 개혁 기구인 전민변정도감을 설치하고 승려 신돈을 개혁의 책임자로 임명했어요. 기구의 이름이 어렵지요? 한자를 알면 이해하기 쉬워요. 전민은 토지와 노비를 뜻하고, 변정은 판정한다는 뜻이에요. 도감은 고려와 조선 시대의 임시 관청을 가리키는 용어예요. 그렇다면 전민변정도감은 토지와 노비를 제대로 파악하는 임시 관청인 거죠.

전민변정도감은 이 작업을 통해 권문세족이 불법으로 빼앗은 토지와 노비를 원래대로 돌려놓았어요. 또 억울하게 노비가 된 사람은 본래 신분인 양인으로 돌려놓았지요. 이런 조치는 권문세족에게 큰 타격이 되었어요. 공민왕은 권문세족을 상대로 목숨을 걸고 개혁을 추진한 거죠.

이와 함께 공민왕은 유학 연구를 강화하기 위해 성균관도 부활시켰어요. 고려가 다시 활기를 되찾고 있는 것 같지요? 바로 이 무렵 중국에서는 홍건적 출신의 주원장이 몽골을 북쪽으로 쫓아내고 명을 건국했어요[1368년]. 그 후로도 명은 몽골을 계속 몰아붙였고, 결국 몽골은 자기들의 고향인 몽골 초원으로 돌아갈 수밖에 없었어요. 공민왕은 떠오르는 별인 명과 국교를 맺었지요.

이처럼 숨 가쁘게 진행된 개혁의 성과는 놀라웠어요. 텅텅 비었던 국고가 다시 튼튼해졌고, 고려인의 자존심이 되살아났어요. 하지만 이 개혁은 곧 중단되고 말았어요. 그 이유는 복잡해요. 일단 겉으로만 보면, 공민왕과 신돈의 관계가 틀어졌기 때문이에요. 신돈은 유배되었다가 살해되었어요. 얼마 후에는 공민왕마저 살해되고 말았어요. 이로써 공민왕의 개혁은 물거품이 되고 말았지요.

이 두 개혁가가 몰락한 이유에 대해서는 아직도 논란이 많아요. 신돈과 공민왕이 초심을 잃고 부패했다는 분석이 있는가 하면, 권문세족이 조직적으로 이 두 사람 사이를 이간질하는 바람에 불행한 결과로 이어졌다는 분석도 있어요. 대부분의 역사학자들은 후자가 진실에 가깝다고 보고 있어요. 공민왕이 그토록 권문세족과 대결했지만 끝내 그들을 제압하지 못한 셈이지요.

## 신진 사대부가 힘을 얻으면 누가 몰락할까?
└고려 말 신진 세력의 등장

공민왕 시절의 역사를 조금 더 살펴볼까요?

당시에 중국에서는 홍건적의 난이 일어났어요. 원은 홍건적의 난을 제압하지 못하고 결국 무너졌어요. 이어 명이 건국됐지요. 그만큼 홍건적의 난은 상당히 규모가 큰 반란이었어요. 그 여파는 고스란히 고려에 미쳤어요. 홍건적 무리가 고려를 침략한 거예요.

홍건적의 첫 침략 때는 서경이 함락되었어요. 두 번째 침략 때는 수도인 개경까지 함락되었지요. 이때 공민왕은 경북 안동까지 피난을 가야 했어요. 다행히 첫 침략은 이방실, 이승경이 격퇴했고, 두 번째 침략은 최영, 이성계, 이방실 등이 물리쳤어요.

홍건적의 침략으로 수도까지 잠시 빼앗길 정도였으니 정치가 어수선할 수밖에 없었어요. 엎친 데 덮친 격으로 남쪽 해안 지방에는 왜구*들이 들끓었어요. 이러니 공민왕의 개혁 정치가 무슨 소용이 있겠어요? 권문세족만 공민왕의 개혁을 방해한 게 아니라 이

* 왜구 우리나라의 바닷가 지역에 침범하여 약탈을 일삼던 일본의 해적

약탈을 하는 왜구를 그린 16세기의 그림

런 불안한 정치 환경 또한 개혁에 큰 걸림돌이 되었던 거예요.

사실 왜구는 공민왕 때 처음 모습을 드러낸 게 아니에요. 이미 무신 정권 때부터 슬슬 고려 해안 지방에 나타나 약탈을 일삼고 사라지고는 했어요. 그러다가 이 무렵부터 더욱 기승을 부린 거예요. 고려 조정이 제 구실을 못하니 왜구들도 고려를 얕잡아 본 것이지요.

왜구들의 노략질로 해안 지방은 완전히 황폐해졌어요. 왜구들은 점점 내륙으로 들어와 약탈을 하더니 급기야 수도인 개경까지 위협했어요. 지방에서 거둔 세금을 개경으로 옮기는 것도 왜구들의 방해 때문에 수월치 않았어요. 그 결과 고려의 국가 재정도 어려워졌어요.

이런 상황이었으니 왜구를 그냥 둘 수 없었어요. 고려는 본격적으로 왜구를 토벌하기 위한 군사 작전을 감행했어요. 왜구 토벌은 공민왕의 뒤를 이은 우왕32대 때부터 본격화했어요. 특히 최영과 이성계가 왜구 토벌에서 많은 공을 세웠어요. 이 때문에 두 사람은 백성들 사이에 영웅으로 떠올랐지요.

왜구를 토벌하는 과정에서 첨단 무기도 선보였어요. 최무선은 진포오늘날의 충남 서천에서 직접 제작한 화포로 왜선 500여 척을 격파했어요. 우왕의 뒤를 이은 창왕33대 때는 박위가 왜구들의 근거지인 쓰시마섬대마도을 처음으로 정벌하기도 했어요.1389년.

외적을 물리치는 무인들에 대한 백성들의 존경심이 갈수록 높아졌어요. 이런 무인들의 세력이 점점 커지니 권문세족들도 무인들을 두려워했어요. 고려 말에 새롭게 등장했다고 해서 이 무인들을 신흥 무인 세력이라고 불러요. 대표적인 신흥 무인 세력으로는 최영과 이성계가 있지요.

신흥 무인 세력과 더불어 고려 말에 등장한 또 하나의 새로운 세력이 있어요. 바로 신진 사대부예요. 신진 사대부는 새로 등장한 사대부라는 뜻이에요.

공민왕은 권문세족과 대결하는 과정에서 이 신진 사대부를 끌어들였어요. 신진 사대부는 귀족과는 거리가 멀었어요. 명망 있는 가문 출신도 있었지만 대부분은 낮은 직급의 관리 혹은 지방 향리의 자제들이었어요.

신진 사대부의 가장 큰 특징은 성리학을 배운 유학자라는 점이에요. 또한 신진 사대부들은 모두 과거 시험을 통해 관리가 되었어요. 애초에 귀족 출신이 아닌 거예요. 공민왕이 그들을 가까이한 것이 바로 이 때문이었어요. 유교 지식과 행정 능력이 뛰어난 젊은 학자들인 데다 귀족 신분과도 거리가 있으니 개혁의 적임자라고 생각했던 거지요.

성리학은 중국 송대의 유학자 주희<sup>주자</sup>가 집대성한 학문이에요. 그전까지의 유학은 보통 경전을 어떻게 해석할 것이냐에 많은 관심을 가졌어요. 하지만 성리학은 인간의 마음<sup>심성</sup>과 우주의 원리에 깊은 관심을 가졌어요. 심오한 철학이 담긴 유학인 셈이지요. 또한 성리학은 명분과 도덕을 아주 중요하게 여겼어요. 성리학은 고려 말의 안향이 원에서 수입하면서 국내에 소개되었어요.

신흥 무인 세력과 마찬가지로 신진 사대부들도 세력을 키웠어요. 신진 사대부들은 권문세족이 타락했다며 강하게 비판하면서 개혁을 주장했어요. 또한 원을 멀리하고 명과 교류해야 한다는 입장을 고수했어요.

이 신진 사대부와 신흥 무인 세력이 고려 말의 정치를 주도하기 시작했어요. 이는 꽤 의미가 있는 정치적 사건이에요. 신진 사대부는 귀족이 아니지요? 그런 신분의 사람들이 정치를 주도한다는 것은, 곧 고려의 귀족 사회가 종말을 향해 가고 있다는 뜻이 되거든요.

## 이성계는 왜 요동 정벌을 반대했을까?
└고려의 멸망과 조선의 건국

자, 공민왕이 피살된 시점으로 돌아가서 그다음 역사를 살펴볼까요?

권문세족이자 문하시중인 이인임은 왕위를 비워 둘 수 없다며 공민왕의 열 살짜리 아들을 우왕에 즉위시켰어요. 물론 우왕은 허수아비였고, 실제로 권력을 장악한 인물은 이인임이었지요. 그러나 이인임의 시대는 오래가지 못했어요. 최영과 이성계가 그를 제거 했거든요. 최영과 이성계는 나머지 권문세족을 모조리 제거한 뒤 권력을 잡았어요.

고려에서 신흥 무인 세력과 신진 사대부가 권력을 장악할 무렵 명으로부터 황당한 통보가 왔어요. 공민왕이 원으로부터 되찾은 쌍성총관부 영토를 내놓으라는 거예요. 명은 도대체 무슨 근거로 이런 터무니없는 요구를 한 걸까요?

명은 자신들이 원을 대신해 중국을 지배한다는 점을 강조했어요. 따라서 원의 영토는 곧바로 명의 영토가 된다는 논리를 들이댔어요. 이 논리에 따라 원의 영토였던 쌍성총관부도 당연히 명의 영토가 되니 반환하라는 거예요. 심지어 명은 고려 정부의 허가도 받지 않고 쌍성총관부 자리에 철령위*를 설치해 직접 통치하려 했어요. 뿐만 아니라 명은 막대한 공물도 내놓으라고 했지요.

고려의 사실상 1인자였던 최영은 크게 분노했어요. 최영은 우왕에게 당장 명의 군대가 주둔해 있는 요동 지방을 정벌하자고 주장했어요. 최영은 요동 정벌이 성공할 가능성이 크다며 다음과 같이 말했어요.

"명의 과도한 요구를 계속 들어주면 원의 내정 간섭과 뭐가 다른가. 처음부터 싹을 잘라야 한다. 명이 대국이라고는 하나 지금은 원과 명이 교체되는 시기라 요동 지방이 어수선하다. 게다가 요

* 철령위 고려 시대에 중국의 명이 함경도 철령에서 중국 라오양에 이르는 곳에 설치하려 했던 병참 기지

요동 지방과 위화도 위치

동 지방에는 고려인이 많이 살고 있다. 이 정벌은 승산이 있다."

하지만 이성계는 요동 정벌을 강하게 반대했어요. 이성계는 그 이유로 4가지를 제시했어요. 이것이 이른바 4불가론이에요.

"첫째, 작은 나라가 큰 나라를 거역해선 안 된다. 둘째, 농번기인 여름에 군사를 일으키면 병사들의 사기가 떨어진다. 셋째, 요동 정벌을 떠난 사이에 왜구가 침략해 올 수 있다. 넷째, 장마철이라 전염병 우려가 있고 활의 아교가 녹아 제 기능을 하지 못할 것이다."

두 사람의 주장이 팽팽히 맞섰어요. 우왕은 최영의 손을 들어 주었어요. 최영의 권력이 이성계보다 강했으니까요. 결국 이성계는 5만의 군사를 이끌고 요동 정벌을 떠났어요. 하지만 이성계의 정벌군은 요동 지방에 가지 않았어요. 압록강 하류에 있는 섬 위화도까지 갔다가 군대를 돌렸지요. 이제 목표가 요동 지방에서 고려의 수도 개경으로 바뀌었어요. 네, 이성계가 반란을 일으킨 거예요. 이 일이 고려의 명줄을 끊은 계기가 된 위화도 회군이에요.[1388년]

반란은 성공했어요. 이성계는 개경을 장악한 후 최대 정적인 최영을 처형하고 허수아비 왕인 우왕을 끌어내렸어요. 우왕의 9세 된 아들이 창왕에 올랐지만 이성계는 곧 창왕도 쫓아내고 공양왕[34대]을 등극시켰어요.

• 온건파 생각이나 행동이 과격하지 않고 점진적인 변화를 시도하는 무리
• 급진파 서둘러 변화를 시도하고자 목적이나 이상을 급히 실현하고자 하는 무리

고려의 정치가 상당히 급박하게 돌아가고 있지요? 이 무렵까지 신진 사대부는 썩은 고려의 정치를 개혁하기 위해 힘을 합치고 있었어요. 하지만 위화도 회군 이후 신진 사대부는 온건파˚와 급진파˚로 분열했답니다. 양쪽의 목표가 크게 달랐거든요.

온건파는 고려를 유지한 상태에서 점진적인 개혁을 추구하자고 했어요. 불교에 대해서도 온건파는 우호적이었지요. 반면 급진파는 권문세족이 가진 토지를 완전히 재분배하고 불교를 억압해야 한다고 주장했어요. 정몽주, 이색 등이 대표적인 온건파였고, 정도전, 조준 등이 대표적인 급진파였지요.

이색 초상

이성계는 급진파와 손을 잡았어요. 급진파의 주장대로 권문세족의 토지를 빼앗아 신진 사대부에게 나누어 주는 과전법을 실시했어요.[1391년] 과전법에 대해서는 조선 역사를 다룰 때 자세히 설명할게요. 일단 이 과전법을 통해 신진 사대부들의 경제적 기반이 탄탄해졌다는 점만 알아 두세요.

급진파 신진 사대부들은 이성계와 함께 새로운 왕조 건설을 착착 진행했어요. 당연히 온건파와 충돌했겠지요? 이성계와 급진파 신진 사대부는 온건파를 모두 제거했어요. 모든 신진 사대부들로부터 존경을 받았던 정몽주도 이때 이성계의 아들 이방원에게 죽임을 당했어요.

정몽주 초상

이제 공양왕이 의지할 사람이 모두 사라졌어요. 결국 공양왕은 왕위를 이성계에게 내주었어요. 이렇게 해서 고려가 역사 속으로 사라졌어요. 더불어 조선의 역사가 시작되었지요[1392년].

건국 과정에 생긴 일화가 있어요. 고려의 충신 일부가 조선에 협력하지 않겠다며 두문동[경기도 개풍군 광덕산 인근의 골짜기]에 들어가 숨어 살았어요. 이성계가 벼슬을 주겠다고 회유했지만 아무도 나오지 않았어요. 불을 지르면 나오겠지, 이렇게 생각하며 이성계의 부하들이 불을 질렀지만 고려 충신들은 끝내 아무도 나오지 않았어요. 배신 대신 죽음을 택한 거죠. 집 안에 틀어박혀 바깥으로 나오지 않을 때 쓰는 두문불출[杜門不出]이라는 말이 나온 유래랍니다.

# ★ 단원 정리 노트 ★

## 1. 몽골의 침략과 고려의 항쟁

### ① 칭기즈 칸의 몽골 통일

1206년, 몽골 부족을 통일한 테무친은 몽골 제국을 건설하고 칭기즈 칸에 올랐다. 당시 중국은 북쪽의 금과 남쪽의 남송이 대치하고 있는 상황이었다. 몽골은 금을 압박하는 동시에 중앙아시아를 넘어 유럽으로 접근해 갔다.

### ② 여몽 연합군의 거란 격퇴

몽골이 금을 압박하자, 금의 지배를 받고 있던 거란족이 반란을 일으켰다. 공교롭게도 거란과 몽골 군대가 충돌하게 되었다. 거란은 몽골 군대를 피해 고려 쪽으로 달아났고, 이때 몽골이 고려에 거란의 잔당을 소탕하자고 제의했다. 1218년, 여몽 연합군은 평안도 강동성에서 거란을 소탕한다.

### ③ 몽골 사신의 피살과 국교 단절

고려와 국교를 맺은 몽골은 상국 행세를 하기 시작한다. 무신 정권기의 혼란에 빠져 있던 고려는 몽골에 공물을 바치는 것으로 몽골을 달랜다. 그러나 고려의 공물을 가지고 귀국하던 몽골 사신 저고여가 도중에 피살되는 사건이 발생한다(1225년). 이 일로 몽골은 고려와의 국교를 단절한다.

④ 몽골의 1차 침입과 대몽 항쟁

칭기즈 칸이 사망하고(1227년), 오고타이가 몽골의 황제에 오른다. 그리고 4년 뒤인 1231년, 몽골이 고려를 공격한다. 당시 최씨 무신 정권의 우두머리였던 최우는 몽골에 맞서 싸울 것을 결의한다. 귀주성과 충주성 등에서 몽골군을 상대로 승리를 거두었지만, 결국 최우는 몽골과 강화를 맺는다.

⑤ 강화도 천도와 대몽 항쟁

1차 침입 이후 몽골은 고려에 몽골의 관리인 다루가치를 배치하는 등 내정 간섭을 시작한다. 최우는 몽골에 항전할 것을 결심하고 수도를 개경에서 강화도로 옮긴다 (1232년). 몽골이 다시 쳐들어오자 승려 김윤후는 부곡의 주민들과 처인성에서 몽골 군대를 격파하고, 충주성에서는 관노비들이 몽골 군대를 막아 낸다. 무신들이 강화도에 숨어 있는 동안 평범한 백성들이 몽골에 맞서 싸운 것이다(1232년).

⑥ 팔만대장경 간행

거란이 침입했을 때 만든 초조대장경(1011년)이 몽골에 의해 불타자, 고려 정부는 다시금 불력으로 외적을 물리치겠다는 의도로 재조대장경을 만든다. 1236년 만들기 시작한 재조대장경은 1251년에 완성한다. 재조대장경은 목판의 개수가 8만 개를 넘어 '팔만대장경'이라고도 부른다. 거란의 침입 때는 초조대장경을, 몽골의 침입 때는 팔만대장경(재조대장경)을 만든 것이다.

⑦ 원 건국과 금의 멸망

123나년, 몽골은 기어이 중국 북쪽의 금(여진)을 멸망시킨다. 몽골은 굳이 남쪽의 남

송을 공격하지는 않았는데, 몽골 입장에서는 남송에게서 항복을 받아 낸 것이나 마찬

가지였기 때문이다. 몽골은 대신 서쪽으로 방향을 잡아 중앙아시아와 서아시아, 유

럽 일부를 점령하면서 대제국으로 성장했다. 참고로 몽골은 1271년 국호를 원으로 고

치고, 1279년 남송을 멸망시킨다.


⑧ 개경 환도와 삼별초의 대몽 항쟁

무신들 사이에 권력 투쟁이 극심해지면서 결국 1270년에 무신 정권은 막을 내린다.

고려 정부는 원래의 수도였던 개경으로 환도한다. 하지만 무신 정권에 의해 탄생한

군사 기관인 삼별초는 개경 환도에 반대하며 끝까지 대몽 항쟁을 벌인다. 삼별초는

강화도에서부터 진도, 제주도 등으로 옮겨 다니며 몽골과 싸웠지만 결국 1273년 고

려와 원(몽골) 연합군에 진압되었다.


## 2. 고려의 지배 세력 변화

호족 세력

고려를 세운 태조 왕건은 당시 후삼국 시대의 혼란 속에서 각 지방을 지배하고 있던 세력

가인 호족들의 도움을 받아 나라를 세웠다. 때문에 왕건은 자신을 도왔고, 또 지방에 대

한 지배력이 막강했던 호족 세력의 눈치를 보지 않을 수 없었다.

⇩

## 문벌 귀족

여러 가지 개혁을 통해 고려의 왕권이 안정기에 들어서자 지방의 호족 세력은 중앙의 정계로 진출하면서 중앙 귀족으로 변신한다. 이들은 음서 제도를 통해 관직을 독점하고, 역분전과 공음전을 통해 경제력까지 확보했다.

⇩

## 무신

문신들에 비해 턱없이 낮은 대우를 당하고 괄시를 받던 무신들이 반란을 일으켜 정권을 장악한다. 정중부가 1170년에 무신 정변을 일으킨 이후부터 1270년까지 100년 동안 무신들의 최고 우두머리가 왕과 같은 권력을 누렸다. 이때의 왕은 허수아비에 불과했다.

⇩

## 권문세족

중국을 지배한 몽골(원)이 고려의 왕을 지원하면서 무신 정권은 막을 내린다. 이후에는 몽골 세력을 등에 업은 이들이 지배 세력을 형성한다. 이들을 이르러 권문세족 또는 권문세가라고 부른다.

⇩

## 신흥 무인 세력과 신진 사대부

공민왕 시절, 원과 대결을 벌이고 왜구 등의 외적을 물리치면서 백성들로부터 지지와 신임을 얻은 신흥 무인 세력이 등장했다. 아울러 성리학을 공부하고 과거 시험을 통해 관리로 등용된 신진 사대부를 왕이 가까이하면서 이들 역시 새로운 세력으로 부상한다. 신흥 무인 세력과 신진 사대부는 권문세족과 대결하면서 개혁을 추진했다. 바로 이 신흥 무인 세력과 신진 사대부가 훗날 조선을 건국하는 주요 세력이 된다.

## 3. 무신 정변 이후 고려 왕의 계보

19대    1170 ~ 1197, 명종  /  20대    1197 ~ 1204, 신종

· 중국 상황  – 북쪽의 금(여진)과 남쪽의 남송이 대치했으나, 대체로 남송이 금에게 공물을 바치며 달램

· 주요 사항  – 무신 정권

   – 최충헌이 권력을 잡으면서 최씨 정권 시대 시작(1196년 ~ 1258년)


21대    1204 ~ 1211, 희종  /  22대    1211 ~ 1213, 강종

· 중국 상황  – 칭기즈 칸이 몽골 부족 통일하고(1206년) 점점 세력을 키움

· 주요 사항  – 최씨 무신 정권


23대    1213 ~ 1259, 고종

· 중국 상황  – 몽골이 금을 멸망시키면서(1234년), 사실상 중국을 지배함

· 주요 사항  – 몽골의 고려 침입(1231년)

   – 고려 정부의 강화도 천도(1232년)

- 처인성 전투(1232년)

- 팔만대장경 간행(1236년 ~ 1251년)

| 24대 | 1259 ~ 1274, 원종 |
|---|---|
| · 중국 상황 | - 몽골이 나라 이름을 중국식인 원으로 고침(1271년) |
| · 주요 사항 | - 고려의 무신 정권이 막을 내리면서 개경으로 환도(1270년) |
| | - 삼별초의 대몽 항쟁(1270년~1273년) |

| 25대~30대 | 1274 ~ 1351, 충렬왕 - 충선왕 - 충숙왕 - 충혜왕 - 충목왕 - 충정왕 |
|---|---|
| · 중국 상황 | - 원에 의해 남송 멸망(1279년) |
| | - 원은 중국을 지배했을 뿐만 아니라 유럽까지 이르는 대제국 건설 |
| · 주요 사항 | - 고려가 원의 부마국이 되면서 원의 내정 간섭 시작 |
| | - 원에 충성한다는 의미로 고려 왕의 시호에 '충(忠)'을 쓰고, 묘호는 '왕'을 |
| | 사용 |
| | - 몽골풍 유행 |
| | - 원을 등에 업은 권문세족이 권력을 누림 |

| 31대 | 1351 ~ 1374, 공민왕 |
|---|---|
| · 중국 상황 | - 중국의 한족 세력이 원의 지배에 반기를 들며 여러 곳에서 반란을 일으킴 |
| | - 주원장이 이끄는 홍건적이 중원에서 원을 몰아내고 명 건국(1368년) |
| · 주요 사항 | - 중국의 중심 세력이 원에서 명으로 교체되는 시기에 공민왕은 반원 정책 |

을 추진

- 원의 시호를 거부하고 고려가 자주 독립 국가임을 선포

- 권문세족에 맞서기 위해 공민왕이 등용한 유학자들이 신진 사대부 세력을 형성

- 홍건적이 고려를 침략했을 때(1359년 ~ 1361년) 이를 물리친 최영, 이성계 등이 신흥 무인 세력으로 부상함

- 공민왕은 같은 개혁 세력인 신돈과의 갈등 끝에 피살됨


32대    1374 ~ 1388, 우왕

· 중국 상황    - 중국을 지배한 명이 고려에 영토와 공물을 요구함

· 주요 사항    - 고려의 실력자였던 최영은 명의 부당한 요구에 맞서 요동 정벌을 단행했으나, 이성계가 요동 정벌 도중 위화도에서 군대를 돌려 반란을 일으킴 (1388년)


33대, 34대    1388 ~ 1392, 창왕 - 공양왕

· 주요 사항    - 이성계와 급진파 신진 사대부가 힘을 합쳐 조선 건국(1392년). 공양왕을 마지막으로 고려는 역사 속으로 사라짐

## 4. 고려 시기 중국의 유목 민족이 세운 국가

고려는 918년에 건국되어 1392년에 멸망하기까지 474년 동안 유지되었다.

이 시기에 중국은 세 유목 민족에 의해 차례로 지배되었다.

**요(거란)  916 ~ 1125**

거란족의 야율아보기가 여러 부족을 통일하고 세웠다. 처음에는 국호를 거란으로 지었으나, 947년 나라 이름을 요로 바꾸었다. 5대 10국 시대를 지나 한족의 송(북송)이 건국하자, 송과 대치하다가 평화 조약을 맺고 조공을 받으면서 중국의 실질적인 지배자가 되었다. 1125년에 금(여진)에 의해 멸망했다.

**금(여진)  1115 ~ 1234**

요의 지배를 받던 여진족의 아골타가 건국했다. 북송과 동맹을 맺고 1125년에 요를 공격해 멸망시켰다. 이후에는 북송을 멸망시켰다. 이때 북송은 남쪽으로 내려가 남송을 세웠다. 금은 북쪽에서 일어난 몽골의 잦은 공격에 시달리다가 1234년 결국 몽골에 의해 멸망했다. 열 명의 황제를 배출하고 120년 만에 사라졌다.

**원(몽골)  1206 ~ 1368**

테무친이 여러 부족으로 흩어져 있던 몽골족을 통일하여 나라를 세웠다. 테무친은 '황제'를 뜻하는 칸에 올랐다. 이가 바로 칭기즈 칸이다. 1271년 나라 이름을 원으로 바꾼 뒤 1279년 한족의 나라인 남송을 멸망시키고 중국의 지배자가 되었다. 원은 동아시아를 넘어 서아시아와 유럽까지 진출했다. 1368년 주원장이 명을 건국한 뒤 몽골고원으로 영토가 축소되었고, 몽골은 북원을 세워 명맥을 유지했다.

## 11 고려의 생활과 문화

: 남녀차별 없는 성숙한 문화를 자랑하다

- 고려 시대의 가족 제도와 남녀평등에 관해 이야기해 보세요.
- 고려의 불교 예술품이 시기에 따라 어떻게 변화했는지 설명해 보세요.
- 고려 인쇄술의 우수성을 이해하고 어떤 작품이 있는지 이야기해 보세요.
- 고려 시대 청자의 변천 과정을 설명해 보세요.

### 박유가 사람들에게 손가락질 당한 까닭은?
└고려의 가족 제도와 풍속

지금부터 고려 시대의 사회와 문화를 살펴볼 거예요. 이미 얘기했던 내용이 다시 나올 수도 있어요. 그럴 때면 그냥 스치듯 지나가지 말고, 고려 문화를 종합적으로 알아 둔다고 생각하고 다시 찬찬히 읽어 보는 게 좋아요. 우선 고려 시대의 가족 제도부터 들여다볼게요.

요즘도 그렇지만 고려 시대에도 일부일처제가 원칙이었어요. 남편이나 부인 모두 오로지 한 명의 배우자만 얻을 수 있는 제도이지

318

요. 대체로 남자가 20세, 여자가 18세를 전후해 결혼해 가정을 꾸렸어요. 할아버지, 할머니, 먼 친척 등이 함께 살기보다는 부부와 자식만 단출하게 사는 소규모 가족 형태가 많았어요.

결혼은 같은 신분이나 계층끼리 했어요. 신분이 다른 남녀의 결혼은 사실상 허용되지 않았지요. 혼인식은 신부의 집에서 했어요. 식을 마치면 신랑은 신부 집에서 살았어요. 임시로 산 게 아니라, 자녀를 낳고 그 자녀가 다 자라 분가할 때까지 신부 집에서 사는 경우가 대부분이었죠. 그러니까 고려 시대에는 남자의 처가살이가 가장 보편적인 결혼 생활이었던 거예요.

부부가 함께 살다가 뜻이 맞지 않으면 이혼을 하기도 해요. 고려 시대에도 이런 일이 있었을까요? 당연히 있었어요. 남성과 여성, 그 누구라도 먼저 이혼을 요구할 수 있었죠. 물론 재혼하는 것도 가능했어요. 부부 중 한 쪽이 사망하면 살아남은 쪽이 재혼하는 것이 당연한 일이었어요.

고려 시대에는 남성과 여성의 지위가 대등했어요. 어쩌면 요즘보다 더 남녀평등 지수가 높았을지도 몰라요. 족보를 보면 이런 추정이 가능해요. 오늘날에도 족보에 이름을 올릴 때 아들 먼저 올리고 딸을 나중에 올리는 경우가 많아요. 누나보다 남동생의 이름이 족보의 위쪽에 오르는 거죠. 고려 시대에는 그렇지 않았어요. 족보에는 태어난 순서대로 이름을 올렸어요. 또한 딸이 결혼해서 낳은 자식, 그러니까 외손자도 친손자와 마찬가지로 족보에 이름을 올렸어요. 아들과 딸의 구분이 전혀 없었던 거예요.

족보상으로만 차별이 없는 것 아니냐고 생각할 수도 있어요. 아니에요. 경제적으로도 부부는 독립적으로 재산을 관리했어요. 쉽게 말하자면, 남편의 재산과 아내의 재산이 따로따로 있었던 거예요. 만약 아내가 결혼할 때 패물을 많이 준비했다고 쳐요. 결혼했으니 그 패물을 남편이 함부로 내다 팔 수 있을까요? 그럴 수 없었어요. 그 패물은 여전히 아내의 재산이니까요.

만약 아내가 친정에서 상속받은 다른 재산이 있다면 어떨까요? 이때도 마찬가지로 그 재산에 남편은 손을 댈 수 없어요. 아내가 재혼한다면 아내는 그 재산을 모두 가지고 새 가정으로 가도 돼요. 재산을 물려줄 자식이 없다면, 그 재산은 다시 친정으로 돌아갔어요.

부모가 죽고 재산을 자식에게 물려줄 때에도 아들과 딸의 구분이 없었어요. 네 명의 자식이 있다면 남녀를 가리지 않고 똑같이 4분의 1씩 나누어 주었죠. 만약 고의든 실수든 재산을 공평하지 않게 상속했다면 관청에 이의 제기를 할 수 있었어요. 그러면 관리는 재판을 통해 재산을 공평하게 다시 나누라고 명령을 내렸죠.

조상에 대한 제사는 남자들만 지내는 걸로 아는 사람들이 있는데, 틀린 생각이에요. 고려 시대만 하더라도 부모가 돌아가시면 아들과 딸이 돌아가면서 제사를 모셨어요. 친가와 외가 쪽 제사를 모두 지내면서도 아무런 차등이 없었어요. 조선 시대에는 아들이 없으면 양자를 들여서라도 그 아들이 제사를 지내게 했어요. 당연히 고려 시대에는 이런 경우가 없었어요. 딸이 제사를 지내면 됐으니까요. 여성이 한 집안을 대표하는 가장인 호주가 될 수도 있었어요.

어때요? 고려 시대에는 정말로 남녀 차별이 거의 없었던 것 같죠? 실제로 친가니 외가니 하는 구분도 없었어요. 호칭에서 이 점을 확인할 수 있어요. 요즘엔 외가 친족의 경우 외할아버지, 외할머니, 외삼촌, 이모라고 불러요. 친가 친족을 부를 때는 할아버지, 할머니, 삼촌, 고모라고 하지요. 고려 시대에는 친가와 외가 구분 없이 호칭이 통일되어 있었어요. 할아버지는 한아비, 할머니는 한어미라고 했어요. 엄마와 아빠의 남자 형제는 아자비, 여자 형제는 아자미라고 했지요. 아자비는 '아버지 버금가는 분'이란 뜻이고 아자미는 '어머니 버금가는 분'이란 뜻이랍니다.

이런 상황이었으니 여자에 대해 함부로 말했다가는 혼쭐이 나기도 해요. 《고려사》에 이와 관련된 학자 박유의 일화가 실려 있어요. 당시 고려는 원에 공녀를 보내고 있었어요. 박유는 그게 안타까워서 해법을 찾다가 아내 외에 첩을 두는 걸 허용하자고 주장했어요. 그러면 처녀도 구할 수 있고 인구도 늘릴 수 있다는 거죠. 이 사실이 알려지자 여성들이 첩을 허용해서는 안 된다며 크게 분노했어요. 심지어 할머니들은 길거리를 지나가는 박유에게 손가락질까지 했지요. 그러니 박유의 이 주장은 실현되지 못했어요. 여성의 지위가 상당히 높았다는 사실을 알 수 있는 일화죠.

마지막으로 고려 시대에 있었던 농민의 풍속 한 가지를 알려 줄게요.

당시 농민들은 향도라는 조직을 구성했어요. 향도는 함께 노동하고 함께 불교 신앙을 따르는 농촌 공동체였어요. 향도가 했던 활동 중에 매향이란 게 있었어요. 매향은 향나무를 심는다는 뜻이에요. 죽은 사람의 명복을 빌면서 강이나 바닷가에 향나무를 심었기 때문에 이런 이름이 붙은 거죠. 이렇게 장례를 치른 후에는 연회를 열었다고 해요. 나중에는 이런 행사들이 그 지역의 고유문화로 발전했답니다.


## 고려 전기의 불상은 왜 클까?
└고려 시대 불교 예술의 발달


고려 시대에는 삼국 시대에 이어 불교가 상당히 발달했어요. 모든 문화의 중심에 불교가 있었다고 해도 과언이 아니었지요. 불상, 석탑, 불화*와 같은 불교 예술 작품이 많이 만들어졌어요.

특히 귀족들은 불교의 경전을 일일이 손으로 베끼고 그림을 그려 넣은 사경寫經을 만들기도 했어요. 사경은 경전을 베낀다는 뜻으로, 삼국 시대부터 시작되었어요. 귀족들은 사경을 만들면 불교에

* 불화 불교의 교리와 내용을 표현한 그림

서 말하는 공덕이 쌓인다고 믿었답니다. 귀족들의 이러한 풍속은 조선 시대로 접어들면서 거의 사라졌어요.

불교문화에 대해 하나씩 살펴볼게요. 고려 시대의 불상은 어땠을까요?

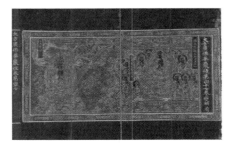

화엄경의 내용을 그린 고려 시대의 그림
ⓒ국립중앙박물관

고려의 불상은 시기별로 뚜렷한 차이가 있어요. 신라의 대표적 불상인 석굴암 본존불은 상당히 정교하고 과학적으로 만들어졌어요. 고려 초기와 전기의 불상도 이 석굴암 본존불처럼 세련되었을까요? 아니에요. 고려 초기와 전기의 불상들은 대체로 안정감이 떨어졌어요. 인체 균형이나 눈, 코, 입, 귀의 비례도 맞지 않아 투박하게 느껴지지요. 그래도 표정만큼은 대체로 온화해요.

충남 논산 관촉사 석조 미륵보살 입상

고려 초기와 전기의 불상으로는 경기 하남 하사창동 철조 석가여래 좌상, 충남 논산 관촉사 석조 미륵보살 입상, 경북 안동 이천동 마애 여래 입상, 경기 파주 용미리 석불 입상 등이 있어요. 불상의 이름을 이해하는 방법은 앞에서 다루었지요? 철조는 철로 만들었다는 뜻이고, 마애는 바위를 깎아 만들었다는 뜻이에요. 석조는 돌로 만들었다는 뜻이죠.

영주 부석사 소조 아미타여래 좌상

금동 관음보살 좌상 ⓒ국립중앙박물관

　　고려 초기와 전기의 불상 중에는 거대한 것들이 많아요. 논산 관촉사 석조 미륵보살 입상은 높이가 18미터에 이르지요. 도대체 왜 이렇게 불상을 크게 만들었을까요? 당시 호족들의 자유분방함과 패기를 표현하기 위해서였어요. 불상 제작을 지원한 호족들은 권력자가 되고 싶다는 원대한 포부를 가지고 있었어요. 그 포부의 크기만큼 불상도 커졌다는 거지요.

　　고려의 통치 체제가 정비되면서 문벌 귀족 사회가 안정을 찾았고, 호족들은 중앙 귀족으로 변신했어요. 호족 시절의 패기는 사라졌어요. 이런 정치적 영향이 불상에도 나타났어요. 전기의 소박하고 자유분방했던 불상이 중기로 넘어가면서 형식적이고 근엄하게 바뀐 거예요.

　　고려 중기의 대표적인 불상인 부석사 소조 아미타여래 좌상을 보세요. 온화한 미소가 사라지고 근엄한 표정을 짓고 있어요. 불상의 이름을 해석해 볼까요? 이 불상은 찰흙 같은 것을 붙이면서 모양을 만드는 소조 기법으로 제작되었어요. 그렇다면 이 불상은 소조 기법으로 만들었으며 아미타여래가 앉아 있는 형태의 불상이라는 뜻이 되겠죠? 아미타여래는 부처 중 한 명으로 아미타불이라고도 하는데, 극락세계를 관장하는 부처예요.

불상의 양식은 고려 후기에 원의 영향을 받아 다시 바뀌었어요. 금동 관음보살 좌상이 대표적인데, 얼굴은 역삼각형이고 상체는 가늘고 길어요. 몸에 부착한 장식들도 화려하지요. 원에서는 라마교가 유행했는데, 라마교에서는 이처럼 화려한 치장을 한 불상을 만들었어요. 고려도 그 영향을 받았다고 할 수 있지요.

이제 석탑 분야를 볼까요?

통일 신라를 대표하는 석탑은 불국사 3층 석탑<sup>석가탑</sup>이에요. 안정미가 넘치고 상당히 세련된 것이 특징이지요. 이 석탑 제작 기법이 고려로 이어졌을까요? 꼭 그렇다고는 할 수 없어요. 하지만 아니라고 할 수도 없어요. 고려 석탑은 신라의 양식을 계승하면서도 다각 다층 형태로 만들어져 신라의 탑과는 차이가 있거든요.

고려 전기를 대표하는 석탑은 강원도 평창 월정사 8각 9층 석탑이에요. 신라 때의 석탑이 주로 3층이었지만 고려에는 9층까지 높아졌어요. 또한 탑의 생김새도 4각형에서 8각형으로 바뀌었어요. 다각·다층탑으로 제작 기법이 바뀌다 보니 아무래도 안정감은 떨어지는 느낌이에요. 월정사 8각 9층 석탑도 어딘가 균형이 맞지 않는 것 같지만 하늘 높이 뻗었다는 점에서 고려 초기 호족들의 패기를 보여 주고 있어요.

강원도 평창 월정사 8각 9층 석탑

**경천사지 10층 석탑**
경복궁에 복원되었다가 2005년 국립중
앙박물관에 다시 복원되어 현재 국립중앙
박물관에 소장되어 있다.
ⓒ국립중앙박물관

　고려 후기를 대표하는 석탑은 개성에 있는 경천사지 10층 석탑이에요. 이 석탑은 통일 신라나 고려 전기의 석탑과 느낌이 많이 달라요. 원의 영향을 받아 만든 것이라서 이국적인 느낌을 주지요.

　탑은 원래 부처의 사리를 모시기 위해 만든 것이에요. 이런 탑과 조금 다른 것으로 승탑이라는 것이 있어요. 승탑은 공덕이 높은 승려의 사리를 모신 탑이에요. 승탑은 대체로 팔각형이고 몸체 중간 부분이 원통 형태가 많아요. 이런 승탑으로는 경기 여주 고달사지 승탑이 대표적이에요.

　승탑의 모양이 꼭 팔각형인 것만은 아니에요. 충주의 정토사지 홍법국사탑은 몸체의 중간 부분이 공처럼 동그란 모양을 하고 있어요. 원주의 법천사지 지광국사탑은 몸체의 중간 부분이 평면 사각형 형태로 되어 있답니다. 참으로 다양하지요?

　고려 후기에는 불교적 내용을 담은 불화도 많이 만들어졌어요. 주로 왕실이나 권문세족이 극락왕생과 복을 기원하며 이런 불화를 그리도록 했지요. 당시 귀족들 사이에는 불화를 소장하는 게 큰 유행이었답니다. 중국이나 일본에서도 불화가 많이 만들어졌는데, 고려에서 만든 불화에는 금가루가 많이 사용되었다고 해요.

　고려 후기에 만들어진 불화 중 대표적인 것은 수월관음도예요.

수월관음도는 관음보살이 불법을 구하는 선재동자를 맞이하는 내용인데, 물*과 달^月이 꼭 등장해서 이런 이름이 붙었어요.

마지막으로 고려 시대의 사찰에 대해 살펴볼게요.

고려 전기에 개성 궁궐이 있었던 터인 만월대를 빼면 고려 시대의 건축물은 별로 남아 있지 않아요. 그나마 지금까지 남아 있는 고려 시대의 건물은 대부분 사찰이에요. 대표적인 것이 안동 봉정사 극락전, 영주 부석사 무량수전, 예산 수덕사 대웅전 등이지요. 하지만 이 사찰은 고려 시대에 지은 게 아니에요. 신라 시대에 지은 절을 고쳐 지은 것이지요.

안동 봉정사 극락전은 고려의 목조 건축물 중 가장 오래된 건물이에요. 영주 부석사 무량수전은 배흘림기둥으로 유명하지요. 더불어 이 사찰들은 주심포 양식으로 만들어졌어요. 배흘림기둥과 주심포 양식이 무엇인지 궁금하지요?

배흘림기둥은 가운데가 두툼하고 위아래가 좁은 기둥을 가리켜요. 이 기둥과 지붕의 처마 사이에는 처마를 떠받치는 구조물이 있는데, 이것을 공포라고 해요. 이 공포를 기둥 위 가운데 부분에 둔 것이 바로 주심포 양식이에요.

**수월관음도**
일본으로 반출되어 일본중요문화재가 되었다.

부석사 무량수전의 공포

이 주심포 양식은 고려 후기로 접어들면서 다포 양식으로 바뀌게 됩니다. 주심포 양식에서는 공포를 기둥 위에만 두었지요? 다포 양식에서는 기둥과 기둥 사이, 그러니까 기둥이 없는 곳에도 공포를 두었어요. 이런 식으로 지붕의 무게를 분산한 거예요. 황해도 황주의 성불사 응진전이 이 다포 양식으로 지어진 건물이에요. 이후 조선 시대에는 이 다포 양식으로 건물을 많이 지었는데, 대표적인 것이 경복궁 근정전이랍니다.

## 고려 시대에 가장 유명한 사립 학교는 무엇일까?
└불교 사상, 유학과 도교의 발달

이미 말한 대로 고려는 불교가 가장 융성했던 시대였어요. 왕실은 물론 백성들까지 모두 널리 불교를 믿었으니까요. 이를테면 연등회 같은 불교 행사는 온 국민이 즐기는 최대의 국가 축제였어요. 거란과 몽골 침략 때 두 차례나 초대형 대장경을 만든 것도 모든 백성이 간절하게 부처에게 기원하면 외적을 물리칠 수 있을 것이라고 믿었기 때문이에요.

이처럼 불교가 융성했으니 불교 사상도 다양하게 발전했어요. 승려 중에서 덕이 높은 이를 뽑아 국사와 왕사에 임명하기도 했죠. 국사는 나라의 스승, 왕사는 왕실의 스승이란 뜻이에요. 이런 승려 중 한 명이 대각국사 의천이었어요. 의천은 문종[11대]의 넷째 아들로, 11세기 후반 송에서 불교를 공부하고 돌아와 불교 통합 운동에 나섰지요.

대각국사 의천 초상화

앞에서 말한 대로 불교는 크게 교종과 선종으로 나뉘어 있었어요. 교종은 교리를 중요하게 여기는 종파이고, 선종은 참선을 중요하게 여기는 종파라고 이해하면 크게 틀리지 않아요. 고려 전기에는 문벌 귀족의 시대였으니 아무래도 교리를 중요하게 여기는 교종이 우세했어요.

의천 또한 교종에 속해 있었어요. 의천은 먼저 교종을 화엄종으로 단일화해 통합하려 했어요. 그다음에는 해동 천태종을 창시해 교종과 선종을 합치려고 했지요. 해동 천태종은 교관겸수를 주장했어요. 이해하기 어려운 용어죠? 쉽게 말하면, 교리와 참선이 모두 중요하니 함께 수행해야 한다는 뜻이에요. 의천은 송과 요의 여러 대장경을 연구한 뒤 해설서인 《교장》을 간행하기도 했답니다.

대각국사 의천의 노력이 빛을 보는 듯했어요. 여러 종파가 합쳐지는 것 같았지요. 하지만 의천이 죽자 종파끼리 다시 분열했어요. 그러던 중 무신 정변이 일어났어요. 무신 정권은 교리를 중요시하는 교종을 좋아하지 않았어요. 참선을 통해 깨달음을 얻으면 누구나 부처가 될 수 있다는 선종을 훨씬 좋아했지요. 이 선종의 가르침대로라면 무신들도 실력을 갖추면 왕이 될 수 있다는 논리가 가능해지니까요.

보조국사 지눌 초상화

　이런 이유로 인해 무신이 집권하던 시기에는 선종이 유행했어요. 그러다 보니 권력과 결탁해 제 잇속을 챙기는 사찰들도 나타났어요. 불교가 타락하는 조짐을 보인 거예요. 바로 이때 보조국사 지눌이 나섰어요.

　지눌은 불교계가 타락했다며 승려 본연의 자세로 돌아가자고 주장했어요. 지눌은 정혜결사라는 단체를 조직한 뒤 본격적으로 불교 개혁에 뛰어들었어요. 지눌은 선종을 중심으로 종파를 통합하려 했어요. 참선과 교리를 함께 수행해야 한다는 정혜쌍수, 깨달음을 얻은 후에도 계속 수행해야 한다는 돈오점수를 주장했지요.

　사실 지눌만 불교 개혁 운동을 벌인 것은 아니었어요. 지눌의 뒤를 이어 혜심이란 승려는 유교와 불교를 하나로 통합하려는 유불일치를 주장했어요. 천태종의 요세라는 승려도 불경 낭송을 통해 극락왕생하자는 결사結社 운동을 벌였지요.

　지눌의 개혁을 비롯해 이 모든 개혁은 대부분 실패했어요. 원 간섭기의 권문세족들이 불교와 결탁해 온갖 비리를 저질렀기 때문이에요. 타락한 사원도 권문세족과 기꺼이 손을 잡았어요. 바로 이 점 때문에 고려 말기의 신진 사대부들은 사찰과 승려를 강하게 비판했어요. 이 분위기가 조선에도 이어져 조선 시대의 성리학자들도 불교를 강하게 배척했죠.

이번에는 유학 이야기를 해 볼게요. 불교가 백성들의 종교였다면 유학은 국가의 통치 이념으로 자리 잡았어요. 유교적 소양을 갖춘 인재를 양성할 필요가 있겠죠? 그래서 만든 것이 국립 대학인 국자감이었어요. 또한 지방에는 향교를 세웠어요.

고려 시대에는 사학도 꽤 성행했어요. 오늘날로 치면 사립 학교인 셈인데, 명문 사학들이 아주 많았답니다. 대표적인 게 최충의 구재학당이에요. 이 구재학당을 포함해 12곳의 사학을 사학 12도<sup>12공도</sup>라고 불렀어요.

고려 전기만 해도 유교 경전을 공부하는 경향이 강했어요. 아무래도 체제를 정비해야 하니까 경전을 더 연구한 거죠. 하지만 어느 정도 체제가 정비되고 문벌 귀족의 패기가 사라진 후로는 시나 문장 같은 글쓰기가 더 중요해졌어요. 고려 후기에는 성리학이 수입되면서 또다시 유학의 경향이 바뀌었어요. 이 성리학을 받아들인 신진 사대부들이 개혁의 전면에 나서면서 조선 건국으로 이어지게 되지요.

불교와 유교 말고도 고려 시대에는 여전히 도교가 유행했어요. 특히 왕실에서 도교를 많이 보호했어요. 도교 사원인 복원궁을 궁궐 안에 설치하는가 하면 왕실이 직접 하늘에 제사를 지내는 도교 행사인 초례를 지내기도 했지요.

신라 말부터 퍼지기 시작한 풍수지리설도 고려 시대에 널리 퍼졌어요. 서경 천도를 주장한 묘청 또한 이 풍수지리설의 영향을 받았지요. 이 밖에 민간 신앙도 명맥을 유지했어요. 사실 오늘날까지도 구석진 시골에서는 조상신과 산신을 섬기는 사람을 간혹 볼 수 있어요. 그러니 고려 시대에 이런 토속 신앙이 완전히 사라졌을 리가 없겠지요?

## 세계에서 가장 오래된 금속 활자 인쇄본은?
└ 인쇄술의 발달과 역사서의 편찬

부처의 설법, 경전의 내용, 종단의 규칙 등을 모두 수록한 것을 대장경이라고 해요. 고려 시대에는 이 대장경을 두 차례 만들었어요. 거란 침략 때 만든 고려 최초의 대장경을 초조대장경이라고 하는데, 몽골 침략 때 불에 타 버렸어요. 그러자 최우가 다시 대장경을 찍기 위한 목판, 즉 대장경판을 만들도록 했어요.

크고 곧은 나무를 바닷물에 오랫동안 담근 후 건조하는 데에만 상당한 시일이 걸렸어요. 엄선한 판목에 글자를 새긴 후에는 옻칠을 하고 구리판을 대었지요. 이렇게 정성을 들이다 보니 대장경판을 만드는 데 무려 16년이 걸렸어요. 목판의 수만 8만 장을 넘었지요. 글자의 수는 5,200만 자가 넘었는데, 마치 한 사람이 목판에 새긴 듯 솜씨가 고르고 정확했어요.

당시 고려는 강화도에서 대몽 항쟁을 벌이고 있었어요. 그러니

이 대장경판은 강화도의 선원사에 보관했지요. 그러다가 조선 시대에 경남 합천 해인사로 옮겼어요. 이 해인사 대장경판은 목판이 8만 장을 넘는다고 해서 팔만대장경이라고 더 많이 부르지요. 해인사 대장경판은 800여 년이 지난 지금까지도 원본 그대로 완벽하게 남아 있어요. 고려의 목판 제작 기술 수준이 얼마나 높았는지를 짐작할 수 있겠지요?

팔만대장경의 목판으로 찍은 인쇄물
ⓒ국립중앙박물관

목판 인쇄술에 이어 고려 사람들은 한 걸음 더 나아갔어요. 세계 최초로 금속 활자를 발명해 책을 인쇄한 거예요. 과거 제도가 시행된 것도 금속 활자의 발명에 한몫했어요. 시험공부를 하는 사람이 많아지면서 책을 많이 찍어야 하니까 목판보다 견고한 금속 활자를 쓰기 시작한 거지요.

고려 시대에 만들어진 금속 활자
ⓒ국립중앙박물관

금속 활자를 만들어 찍은 첫 번째 책이 《상정고금예문》이에요[1234년]. 이 책은 몽골과 전쟁을 하는 도중에 만들었어요. 동서고금의 예의와 규범 같은 것을 모은 것으로 총 50권 분량이었다고 알려져 있어요. 안타깝게도 이 책을 금속 활자로 찍었다는 기록만 남아 있고 지금은 전하지 않아요.

그렇다면 현재 존재하는 책 가운데 금속 활자로 인쇄한 가장 오래된 책은 무엇일까요? 청주 흥덕사에서 간행한 《직지심체요절》이에요[1377년]. 《상정고금예문》보다 140여 년 후에 만든 책이지만, 여

직지심체요절 ⓒ강화역사박물관

전히 서양보다는 앞서 있었어요. 《직지심체요절》은 고려뿐 아니라 전 세계에서 가장 오래된 금속 활자본으로 공식적인 인정을 받았답니다.

팔만대장경을 간행한 기관은 대장도감이었어요. 이 대장도감에서 13세기 중엽 의학 서적을 만들었어요. 바로 《향약구급방》인데 현존하는 가장 오래된 의학 서적이랍니다. 향약은 향토에서 난 약재란 뜻으로, 우리나라에서 생산된 약재를 가리켜요. 향약과 달리 중국의 약재는 당약이라고 했어요.

고려 시대에는 이 밖에도 많은 서적이 편찬되었어요. 그중에서도 특히 역사 서적이 많이 편찬되었어요.

고려 전기에는 《삼국사》와 《실록》 등의 역사서가 편찬되었어요. 《실록》은 태조부터 7대 목종 때까지의 기록을 담았어요. 그래서 '7대 실록'이라고도 해요. 하지만 이 책들은 현재 남아 있지 않아요. 지금 남아 있는 가장 오래된 역사서는 김부식의 《삼국사기》예요[1145년]. 총 50권으로 구성된 《삼국사기》는 삼국 시대부터 후삼국까지의 역사를 담았어요. 우리 민족의 자주성을 강조하는 것보다 유교적 합리주의를 따랐기 때문에 설화나 신화는 별로 다루지 않았어요. 또 고려가 신라를 계승한 나라라고 보았기 때문에 신라를 위주로 역사를 서술했어요.

김부식은 대표적인 문벌 귀족이었어요. 그러니 보수적으로 역사를 서술한 것이 어쩌면 당연할 수도 있어요. 하지만 이런 역사관은 무신 집권기와 원의 간섭기를 겪으면서 바뀌게 돼요. 우리 민족의 자주 의식을 강조하는 역사서가 많이 편찬됐죠.

무신 집권기에 이규보는 《동국이상국집》을 썼는데, 여기에 〈동명왕편〉이 실려 있어요. 〈동명왕편〉은 고구려의 건국 신화를 담고 있어요. 이규보는 이 책을 통해 고려가 고구려를 계승하고 있다는 점을 분명히 밝히고 있어요. 원 간섭기로 접어든 후 승려 일연은 《삼국유사》를 썼고, 이어 이승휴는 《제왕운기》를 썼어요. 《삼국유사》는 최초로 단군의 건국 신화를 수록했고, 《제왕운기》는 고조선을 우리 민족 최초의 국가로 기록했지요.

고려 후기 성리학을 받아들인 신진 사대부들은 대의명분을 강조했어요. 이런 역사관에 따라 공민왕 때 편찬된 역사서가 있는데, 이제현의 《사략》이에요. 이 책은 전하지 않아 정확한 내용을 알 수 없어요. 다만 고려 시대의 전체 역사, 즉 통사를 다루었을 것으로 추정하고 있지요.

## 세계가 놀라는 고려청자의 비법은 뭘까?
└ 고려청자와 고려의 공예

이미 말한 대로 고려 시대에는 그 어느 때보다 귀족 문화가 발달했어요. 고려 시대에 화려한 공예 작품이 많이 만들어진 것도 이

**청자 음각 연꽃 넝쿨무늬 매병**
고려 시대에 만들어진 것으로, 국보 제97
호로 지정되어 있다. ⓒ국립중앙박물관

**청자 상감 운학무늬 매병**
상감 기법으로 만든 고려청자다.
ⓒ영암도기박물관

런 이유 때문이에요. 그중에서도 단연 고려청자가 돋보
이지요.

　고려 초기까지만 해도 중국 송의 기법을 따라 자기를
만들었어요. 그러다가 고려만의 독창적인 기법을 개발하
면서 오늘날 우리가 알고 있는 독창적인 고려청자가 탄생
했어요. 고려청자를 만드는 방식은 시기별로 약간씩 달
랐어요. 고려 전기에 해당하는 11세기까지는 문양을 넣
지 않고 비취색으로 칠한 청자가 유행했어요. 단색으로
칠한 이런 순청자는 대체로 맑고 깨끗한 느낌을 주지요.

　고려 중기에 해당하는 12세기부터는 상감 청자가 새로
유행했어요. 상감 청자는 상감 기법으로 만든 청자란 뜻
이에요. 상감 기법은 그릇 표면에 문양이나 그림을 새긴
후 바로 그 자리에 바탕색과 다른 색의 흙을 메워 넣는 방
식이에요. 이렇게 하면 다양한 색상의 무늬를 만들 수 있
고 화려함을 더 강조할 수도 있지요.

　상감 기법은 원래 금속 공예에서 사용하던 것이었어
요. 이 기법을 고려에서 독창적으로 도자기 제조에 응용
한 것이지요. 대표적인 상감 청자로는 학과 구름을 상감
기법으로 새긴 청자 상감 운학무늬 매병이 있어요. 매병
은 입구가 작고 몸체는 윗부분이 넓었다가 밑으로 갈수
록 좁아지는 형태의 병을 가리켜요.

고려청자는 여러 형태로 만들어졌어요. 병이나 항아리는 물론 대접이나 접시, 찻잔으로도 만들어졌지요. 이런 작품들은 주로 귀족들의 생활 도구로 쓰였어요. 벼루, 붓걸이, 연적벼루에 먹을 갈 때 쓸 물을 담아 두는 도구과 같은 문방구도 청자로 만들었어요. 심지어 집을 지을 때 쓰는 건축 재료, 그러니까 기와나 바닥에 끼는 전돌 같은 것도 청자로 만들었지요. 귀족들의 일상생활에 모두 청자가 쓰인 거예요. 이 밖에 향을 피울 때 쓰는 향로나 목이 긴 형태의 물병을 뜻하는 정병도 많이 만들어졌는데, 이런 것들은 주로 불교 의식에 쓰이는 도구들이었지요. 이러니 고려를 '청자의 나라'라고 해도 틀리지가 않아요.

고려 후기에 해당하는 14세기부터는 고려청자 기술이 점차 쇠퇴했어요. 대몽 항쟁 과정에서 수많은 청자 기술자들이 죽거나 끌려간 것이 첫 번째 이유였어요. 고려 말기에는 왜구들이 전라도 해안 지방을 약탈했는데, 이때 부안, 강진 등 청자를 만드는 시설들이 거의 파괴되어 버린 것도 또 하나의 이유였지요.

그 결과 고려 후기부터는 순청자에 산화철 안료로 문양이나 그림을 새긴 회청자가 유행했어요. 또한 청자 열풍이 평민에게까지 확대되어 품질이 다소 떨어지는 청자들이 많이 생산되었지요.

이쯤에서 도자기의 이름을 해석하는 방법을 알아볼까요? 앞서 이야기한 청자 상감 운학문무늬 매병을 예로 들어 볼게요.

맨 앞의 '청자'는 도자기의 종류, 그러니까 백자나 분청사기가 아니라 푸른빛의 청자란 뜻이에요. '상감'은 도자기 무늬를 표현한 기

**청자 투각 칠보무늬 뚜껑 향로**
ⓒ국립중앙박물관

**청동 귀면 화로**
고려 시대의 뛰어난 금속 공예 기술을 알
수 있다. ⓒ국립중앙박물관

법, '운학문'은 구름과 학 무늬라는 뜻이고, '매병'은 도자기의 형태와 용도가 매병이란 뜻이에요. 정리하자면 청자 상감 운학문 매병은 몸체 윗부분이 넓다가 밑으로 갈수록 좁아지는 매병인데, 겉에 구름과 학 무늬가 상감 기법으로 새겨진 청자라는 뜻이 된답니다.

고려청자 중 또 다른 명품으로 꼽히는 청자 투각 칠보무늬 뚜껑 향로를 같은 방식으로 해석해 볼까요? '청자'는 도자기의 종류이고, '투각'은 재료의 면을 도려내거나 깎거나 혹은 구멍을 뚫는 식의 조각 기법을 뜻해요. '칠보 무늬'는 일곱 개의 보물을 무늬로 사용했다는 뜻이고, '뚜껑 향로'는 뚜껑이 있는 향로란 뜻이에요. 종합하자면, 이 도자기는 일곱 개의 보물 무늬를 새겼는데, 깎고 도려내고 구멍을 뚫는 식으로 만들었으며, 뚜껑이 있는 향로 청자가 되지요. 나머지 도자기들도 이런 식으로 직접 해석해 보세요.

고려 시대에는 청자 외에 금속 공예도 발전했어요. 금속 그릇의 표면에 흠을 내서 은실을 입히는 은 입사 기법이 유행했어요. 금이나 은으로 병이나 잔을 도금해서 사용하기도 했지요. 이런 작업은 상당히 복잡해요. 그러니 작품은 모두 상당히 비싼 값에 거래되었지요. 귀족이 아니면 살 수 없었어요. 화려한 금속 공예에서도 귀족 문화가 얼마나 발달했는지 짐작할 수 있겠지요?

금속 공예뿐 아니라 목공예도 발달했어요. 특히 나무로 만든 제품의 표면에 먼저 옻칠을 하고 그 위에 자개<sup>조개껍데기의 조각</sup>를 붙이는 나전 칠기 공예가 발달했지요. 고려의 나전 칠기 작품은 국내뿐 아니라 송과 원에서도 큰 인기를 얻었어요. 원의 황후가 고려에 직접 나전 칠기로 불경을 담는 함을 만들어 달라고 요청할 정도였지요.

고려 시대 예술에 대해 조금만 더 살펴볼까요? 글씨, 그림 모두 송이나 원의 영향을 많이 받았어요. 당시 예술을 누리는 사람들이 대부분 귀족이었기에 아무래도 귀족 문화가 발달한 중국의 영향을 받았던 거지요.

이를테면 글씨는 중국 당의 서예가인 구양순의 글씨체를 뜻하는 구양순체가 인기를 얻었고, 그림은 전기에는 송의 영향을 받은 산수화가 유행했다가 후기에는 원의 영향을 받아 사군자 같은 문인화가 유행했어요. 음악도 송에서 수입한 대성악을 바탕으로 아악을 발전시켰어요. 아악은 궁중에서 연주하는 음악을 가리켜요. 반면 서민들 사이에는 우리 고유의 노래인 속요가 만들어지기도 했답니다.

# ★ 단원 정리 노트 ★

## 1. 고려의 가족 제도

### ① 남녀가 평등한 사회

고려 시대에는 대체로 남녀가 평등한 사회였다. 가족 내에서도 남편과 부인이 대등한 관계를 맺었고, 재산, 상속, 제사, 족보 등에서도 아들과 딸의 차별이 없었다. 오늘날 가족의 호칭에서 친가와 외가에 차이를 두는 것과는 달리 고려 시대에는 외가와 친가 구분 없이 같은 호칭으로 불렀다(한아비, 아자비, 아자미 등). 심지어 여성이 한 가정의 호주가 될 수도 있었고, 왕실에서는 오히려 외가 쪽의 성씨를 따르기도 했다.

### ② 일부일처제 사회

고려는 일부일처제가 가족 구성의 기본 골격이었다. 원이 내정 간섭을 하던 시기에 처녀를 몽골에 공녀로 보내는 것을 안타까워한 박유라는 유학자가 첩을 허용할 것을 제안했다가 숱한 아녀자들로부터 손가락질을 당한 사례에서 보듯 조선 시대와 달리 첩을 용인하지도 않았던 것으로 보인다. 이혼과 재혼도 비교적 자유로웠다.

### ③ 사위의 처가살이

혼인을 한 뒤에 남편이 신부의 집에서 지내는 처가살이가 보편적인 결혼 생활이었다. 단, 사회적으로 같은 신분끼리만 혼인을 맺을 수 있도록 했다.

## 2. 불상에 나타난 고려의 시대상과 국민의 의식 변화

역사를 공부하면서 왜 그 시대의 예술 작품이나 문화 유물도 함께 살펴보아야 할까? 예술 작품과 유물은 시대 상황과 사람들의 의식을 반영하기 때문이다.

경기도 파주의 용미리에 있는 마애 이불 입상이다. 고려 초기에 만들어진 것으로, 몸에 비해 두상이 비정상적으로 크고 투박해 보인다. 자연 암벽을 몸체로 하여 그 위에 머리와 갓 등을 올려놓았다. 인체 비례나 균형미를 고려하기보다는 크고 웅장하게 만드는 것을 목적으로 했다. 고려 초기에는 이처럼 예술성보다는 웅장함을 강조한 불상이 많이 만들어졌다. 불상을 이처럼 크게 만든 이유는 건국 초기 호족 세력의 패기와 자유분방함을 표현했기 때문이다.

영주 부석사 아미타여래 좌상이다. 지방의 호족 세력이 중앙의 문벌 귀족으로 변신하면서 불상의 생김새가 달라졌다. 기득권을 가진 문벌 귀족들은 사회가 변화하는 것을 원치 않았다. 그래서 질서와 조화를 중시했는데, 이러한 성향은 불상에서도 안정미를 추구하는 것으로 나타났다. 때문에 고려 중기의 불상은 구도가 안정적이고 표정이 근엄한 것이 특징이다.

고려 후기에 만들어진 금동 관음보살 좌상이다. 우리나라 것이 아니라는 느낌을 준다. 하지만 분명 고려의 불상이다. 고려 후기에는 몽골(원)의 영향력 아래에 있게 되는데, 이 무렵 원의 풍습이 고려에 전래된다. 그래서 불상에서도 원에서 유행한 라마교의 색채가 나타난다. 라마교는 티베트에서 발달한 불교의 한 종파로, 불상이 화려한 것이 한 가지 특징이다.

## 3. 고려의 인쇄술

### ① 초조대장경

1011년 현종(8대) 때 만든 우리나라 최초의 대장경이다. 거란의 침입을 불교의 힘으로 막아 내고자 하는 의도로 만들었다.

### ② 팔만대장경

초조대장경이 몽골 군대에 의해 불탄 뒤 고려 정부가 다시 만든 대장경이다. 1236년에 만들기 시작해 1251년에 완성했다. 몽골의 침입을 불교의 힘으로 막아 내고자 하는 의지가 담겼다.

### ③ 금속 활자

책의 수요가 많아지면서 목판보다 견고한 금속 활자를 만들었다. 1234년에 금속 활자로 《상정고금예문》을 펴냈다는 기록이 있으나 이 책은 현재 전하지 않는다. 현재까지 전하는 가장 오래된 금속 활자본은 1377년에 펴낸 《직지심체요절》이다. 이 책은 세계에서 가장 오래된 금속 활자본으로 인정받고 있다.

참고로 세계에서 가장 오래된 목판 인쇄본은 751년경에 만들어진 《무구정광대다라니경》으로, 이 역시 우리나라(신라)의 유물이다.

정말 알찬 한국사 세계사 책을 만나서 좋았어요. 중등 아들을 키우는 입장에서 맞다, 맞다 하면서 읽었었네요. 딸아이와 함께 이 책을 열심히 읽어서 한국사 시험을 준비해 볼까 계획 중이랍니다.

_행복지기

자세한 삽화와 함께 최대한 쉽게 풀어 설명하여 3학년인 우리 아이도 책의 두께에 놀랐을 뿐 문제없이 이해할 수 있었습니다. 중학생 자녀를 둔 저자가 최대한 부모의 입장에서 책을 썼다는 것이 느껴집니다.

_Go high

생각보다 두껍고 글밥이 많아서 초등 4학년이 읽을 수 있을까 하며 책을 잡았답니다. 물론 4학년 역사를 대비해서요. 시대별 흐름을 잡아 주는 역사 지침서이자 참고서 같은 책이에요. 제목 그대로 한 번에 끝내 주는 역사책이네요.

_4학년 보라 엄마

잘 몰랐던 부분도 자세하고 재미있게 언급해서 이해하기 편했어요. 중학교 가기 전 6학년 겨울 방학 즈음에 다시 읽어 보면 아이한테 많은 도움이 될 것 같습니다.

_상효양

지금껏 읽어 왔던 한국사 책과는 다소 차이가 있었어요. 그만큼 깊이 있는 내용까지 다루고 있어서 한국사검정능력시험을 준비 중이라면, 그리고 역사에 관심이 많은 초등 고학년이라면 꼭 읽어 보길 추천하고 싶어요^^.

— 할수있다

중학교 교육 과정과 동일하게 차례가 구성되어 있고, 한국사와 세계사를 연결하면서 이해의 폭을 넓힐 수 있도록 만들어져서 많은 도움이 될 것 같아요. 아이가 내년에 중학교에 가면 다시 한 번 읽어 보도록 해야겠어요.

— 지니맘

그림과 사진이 풍부하고, 어려운 단어는 사전 찾을 필요 없이 바로바로 제시되어 있는 점. 그리고 다시 한 번 정리를 도와주는 각 단원의 요점 정리를 보면 아이들이 교과서 읽을 때 많은 도움이 될 것 같습니다.

— 엄마표한국사

각 장의 서두에 핵심을 짚어 주는 질문이 있어서 생각하며 읽게 되더라구요. 역사의 맥과 흐름을 이해하고, 관련된 용어의 뜻을 제대로 아는 것만으로도 역사 공부에 많은 도움이 될 것 같습니다.

— 맨발로뚜벅이

**"교양 함양과 시험 성적이라는 두 마리 토끼를 잡게 해 줍니다."**

마치 동화책을 읽듯 글이 참 부드럽게 다가오는 역사책이네요. 단원을 시작할 때 배워야 할 내용이나 목표 등을 미리 제시해 주니 무엇을 알아야 할지 짐작이 됩니다. 페이지 양쪽으로 사진이나 지도 등이 있고, 아이들이 어려워하는 용어 풀이도 있더라고요. 다른 책과는 다른 느낌이에요.

중학생 아이들의 눈높이에서 이해를 도와주는 역사책이라 아이도 마음에 들어 하네요. 단원 끝에는 앞의 내용을 간단하게 정리해 주는 코너도 있어요. 시험 전에 무작정 외우지 말고, 필요한 부분만 골라서 반복 학습을 하면 더욱 좋을 것 같아요.

방학 기간을 이용해서 한국사 능력 검정 시험에 도전해 볼 생각인데, 많은 도움이 될 것 같아요.

_ toto720님

**"역사에 관심이 많은 초등 고학년에게 추천합니다."**

지금껏 읽어 왔던 한국사 책과는 차이가 있어요. 그만큼 깊이 있는 내용까지 다루고 있어서 한국사 능력 검정 시험을 준비 중이라면, 그리고 역사에 관심이 많은 초등 고학년이라면 꼭 읽어 보길 추천하고 싶어요. 중학생들의 눈높이에 맞추어 쉽게 이해할 수 있도록 풀어 놓아서 지루하지 않게 읽을 수 있었어요.

지금껏 역사책을 재미 위주로 읽었다면, 이 책은 역사에 대해서 통찰하는 시간을 갖게 해 주는 것 같아요.

_ bhh76님

**"한국사 중급을 준비하는 5학년 아이와 읽고 있습니다."**

지금 5학년 아들과 함께 한국사 능력 검정 중급을 공부 중입니다. 초등 2학년 때 초급 취득 후 바로 중급 시험을 준비했지만, 책들이 아이에게 너무 어려워 5학년 겨울 방학 때 하자고 미루었는데, 그때 이 책이 나왔으면 하는 생각을 해 봅니다. 아이의 의견을 물었더니, 검정 문제집은 짧게 정리만 되어 있고 이 책은 스토리가 있어서 재미있게 읽었다고 합니다. 지금도 계속해서 읽고 있습니다. 여러 번 읽어도 지루하지 않게 잘 만들었다고 생각합니다.

_ 용장군맘님

**"챕터마다 읽고 나서 아이가 설명을 해 줍니다."**

6학년 아들이 중학교에 가기 전에 꼭 읽어야 할 것 같아 구매했습니다. 만화로 된 역사책을 많이 읽다 보니 글로 된 책을 피하는 경향이 있어서 안 읽을까 싶어 걱정했는데, 괜한 걱정이었어요. 한 챕터 읽고 나더니 아주 재미있다고 챕터별로 설명을 해 주더라고요. 이 책을 다 읽고 중학교에 가면 세계사, 한국사는 문제없을 듯합니다.

_ ohm7922님